从教之初
——和学生一起幸福

姚俊松 ⊙ 著

Cong Jiao Zhi Chu

He Xuesheng Yiqi Xingfu

东北师范大学出版社

长 春

图书在版编目(CIP)数据

从教之初:和学生一起幸福/姚俊松著.—长春:
东北师范大学出版社,2013.5
ISBN 978 - 7 - 5602 - 9010 - 2

Ⅰ.①从… Ⅱ.①姚… Ⅲ.① 初中 - 学校教育 -
经验 Ⅳ.①G63

中国版本图书馆 CIP 数据核字(2013)第 115598 号

□策划编辑:梅亦稞

□责任编辑:王 蕾 □封面设计:张 然
□责任校对:张 曼 □责任印制:刘兆辉

东北师范大学出版社出版发行
长春净月经济开发区金宝街 118 号(邮政编码:130117)
网址:http://www.nenup.com
东师大出版社旗舰店:http://nenup.taobao.com
读者服务部:0431—84568069 0431—84568213
电子函件:sdcbs@mail.jl.cn
东北师范大学出版社激光照排中心制版
北京柯蓝博泰印务有限公司印装
2016 年 5 月第 2 版 2019 年 5 月第 3 次印刷
幅面尺寸:169 mm×239 mm 印张:14.25 字数:244 千

定价:35.00 元

序

因为爱，所以幸福

（"十大师德标兵"事迹材料）

对于很多教师来说，教书是枯燥的，因为在被动的应付中会有太多的重复与单调；对很多班主任来说，育人是烦琐的，因为在无休止的蹲点与说教中会有太多的无奈与冷漠，但在姚俊松的心目中俨然另一番天地。因为爱教育，所以他会把教学中遇到的每一次挑战当成自己进步的阶梯；因为爱孩子，所以他会把问题学生当成自己教育故事的素材；因为学生爱他，所以爱他的课堂，喜欢他举手投足中投射出的教育理念。因为爱，他和他的学生都忘却了教与学的压力与烦躁；因为爱，他每天在给予学生幸福教育的过程中也享受着教育的幸福。

因为爱教育，所以他在不断的创新与挑战中实现着自身价值的精彩。

2000 年 9 月，姚俊松带着对教育事业的无限憧憬，带着未脱去的那份学生的稚嫩走进了中学的校园。是对教育近乎痴迷的热爱，让他在教育教学的投入工作中不断创新，不断超越。他是第一批接受新课程培训，并敢于大胆革新课堂的教师。当别人还在抱残守缺中徘徊观望时，姚老师已经用自己个性的教育特色融合新课改的先进理念全新优化着自己的课堂。

在这种先进的教育理念与无所畏惧的拼闯精神的引领下，姚老师以优质课为舞台不断地历练着自己的教学艺术与技巧，也在不同级别的交流与展示中传播着自己的教育智慧。濮阳市优秀课一等奖，河南省优质课大赛一等奖，河南省课改优质课大赛一等奖，河南省教学技能大赛一等奖，一路走来，他在一次次反思中提升，在一次次的优化中蜕变。对于不少教师来说，优质课更多的是为了拿个证件以备评职称之需，但对姚俊松而言则是向自己的一次又一次的突破与挑战。也正是他的这种不知足、不退缩、敢为人先的品格让他连续两次获得了代表河南省参加全国优质课大赛及观摩的机会。当然，这样的机会也给了他更大的挑战，姚俊松积极投入地准备，冷静沉着地应战，最后以独特的设计理念和精彩的课堂展示均获得了最高的奖项，同时也得到全国各地与会同行们的认可与赞誉。面对这些很多人看来已经到了顶峰的荣誉，姚老师没有停下进取的脚步和思考的心，他在思考如何将教师的优秀转化为学生的优秀，如何让自己对课的设计技巧转化为对学生生命质量的优化和学习幸福指数的提高。

因为爱学生，所以他在关注生命成长的过程中享受着教育的幸福与感动。

2005年，在课堂教学已经达到很高境界的姚俊松中间接班以"后娘"的身份跻身于班主任的行列，角色的转变让他由关注学科教学转向关注学生的全面发展，由关注学生的成绩转向关注学生生命的成长。虽然比以前更忙更累更辛苦，但姚俊松也会在与学生心灵更近、更深的碰撞与交流中收获更多的灵感与感动。从第一天当班主任起，他就给自己定下了一项任务，那就是每天坚持写教育日志，坚持写教育故事。也正是因为这项每天都必须完成的任务，让他与学生有了更多的交流，当别的老师因为问题学生而大发雷霆时，姚老师则会因为遇到好的教育故事素材而欣慰。为了让每天的故事更加感人，他会用智慧和爱心对待班级中的大小问题，他会用坚持与耐心等待一个个学生心灵向善向美的转向，他会用孩子的心态和学生的眼光来看待班里发生的一切。

他为大病初愈的学生送上一束自制的"鲜花"，他为失去父爱的学生补上哥哥般的温暖，他用美丽的谎言为因丢钱而伤心欲绝的学生垫付欠款，他用掌温的力量帮助考试怯场的学生渡过难关。学生病了，他会彻夜陪伴在孩子的病床前；学生考试失利了，他会耐心地帮其分析原因，直到看到学生找回自信的笑脸。面对学习吃力的后进生，他愿意站在他们的一边和那些看不起自己的人打赌，赢得考试，更赢得未来。他曾经冒着作弊的嫌疑为一名因偏科而丧失考学希望的学生巧妙漏题，让他重新找回自信；他曾经费尽周折挽回多名因贫困而险些辍学的学生，并对他们投入了更多物质上的帮助和心灵的呵护；他还……这些故事也是每年教师节时回来看他的孩子们津津乐道的话题，而越来越多的学生还在这种爱的故事中将真情延续。

每接一届新生，姚老师都会向学生公开承诺，不会因为学生犯错而叫家长，更不会用任何借口来体罚或变相体罚学生，他是这样说的，也是这样做的。因为在他的心中，叫家长是无助的表现，体罚学生是无能的表现，而侮辱学生则是无德的表现。面对在所难免的问题学生与违纪现象，他开创性地设立了"将功补过展示台"，每天下午上课前10分钟的歌舞秀，是那些在前一天出现问题的学生将功补过的展示空间，通过这种要求渐严、水平渐高的展示平台，让那些因犯错而心存愧疚的学生在给大家送去开心快乐的同时，也在大家欣赏的掌声中找到了优秀的平衡。他与他的学生一起制订班规，在这种民主和谐的环境中让制度有了更加广泛的群众基础，也自然得到了更多学生的拥护与遵守。在他的眼里没有学困生，只有存在着不同需要和帮助的天使，他在关注优秀学生的成绩与成长的同时，会将更多的时间放在那些暂时落后或者有心理负担的问题学生身上，当班主任以来他从来没有出现过因为成绩或纪律问题而放弃任何一名学生的情况。

在班级管理上，姚老师则更加注重在坚持中优化，在优化中创新。他用班级的"奉献岗"代替了传统的卫生责任区，学生们选择自己喜欢的岗位，也就自然会在精益求精的参与奉献中做到极致。他用男生、女生相互参观宿舍的方式来提高学生们的卫生意识，在参观与评论中让宿舍卫生实现了突破与革新。他将学生们轮流写的班级日志与自己的教育日志及时地发送到网上，在网上共享的新奇与喜悦中感受班级的魅力。他用"专家会诊"的方法让同学去帮助同学，他用"预支课堂"的理念让学困生有了主动战胜困难的机会和空间。他让自己的学生问"老师好"的时候加上老师的姓，他让学生们在下课的时候对任课老师报以热烈的掌声。这些看似细微的变化，却让教师在感动之余更加喜欢在他的班级上课。他鼓励学生在课堂上积极主动地举手发言，他让学生们在公共场合敢于大胆表达自己的观点，他让孩子们认真对待学校组织的各项团体活动，更不惜时间和精力包装特长孩子的才艺表演，同学们有了生活的精彩，学习也自然在水涨船高的趋势下不断得到优化和提高。

因为受到学生的爱，所以他和孩子一起在爱与幸福的环境中快乐成长。

正是有了姚老师对学生无私的关爱，自然生成了学生对他的感恩与回馈；正是有了他与学生亲密无间的朋友情深，自然出现了学生对他的追捧与效仿。学生会学习他的那份投入与执着，更会学习他生活中的严于律己与工作中的一丝不苟。孩子们会在他出差时借其他老师的手机给身在外地的他发出思念的短信，会在他生日时"密谋"给他惊喜，住校的学生会在每天晚自习放学时，从宿舍楼上传来送他回家的齐声歌曲，春节时他会收到学生们送给他的精致的手工作品。他会将学生们的一片片心意精心地珍藏，他会用自己更多的关爱回应那帮可爱的天使。记得他将一个学生送他的苹果一直保存到风干，还用这个风干的苹果挽救了那个几乎辍学的孩子。春天，他会找合适的机会到田野与学生们一起享受大自然的恩赐；冬天，他会和学生们一起打雪仗感受心灵的温暖；中秋节后，他会和学生一起品尝家里的月饼；端午节时，他会跑很多地方买来粽子和大家一起分享；元旦，他会大力支持学生们开联欢会，在互动的精彩中感受团结的力量。面对学生的委曲或困难，他会用长者的姿态给学生以引导和保护，面对更多平凡的日子他便成为学生中普通的一员，和孩子一起早读，一起出操，一起奉献，一起感悟心灵的成长。在他的班主任工作里，好像没有太多的命令与管理，更多的是与学生一起欢喜一起忧的心灵体验，更多的是师生相互理解和信赖背后的欣赏与成长。在他的眼里总是充满了幸福的喜悦，在他学生的心里总是撒满了快乐的七色阳光。

因为爱的炽热，所以越来越多的教师在他的感染与熏陶下开始享受到了教育的精彩。

每当看到那些不堪工作的重负而病倒的老师，姚俊松都会在痛惜之余反思教育的现状与教师面对教育的心理姿态。为什么要把教育当成负担？为什么要把脑力劳动变成体力劳动？为什么要不惜牺牲自己的幸福去剥夺学生的幸福？为什么要做感情与体力双重透支的苦行僧？于是，他承接了市教育局对新班主任的培训工作，他愿意将自己的故事讲给更多的教师听；他承担了师德宣讲的职责，让更多的教师明白，优秀的师德就是在给学生幸福的同时更给了自己生命的幸福；他承担了新入编教师的入职培训工作，在培训班管理与培训讲师双重身份的诠释中给学员们身体力行的榜样效应。他自发组建了"物理成长工作室"，定期地会晤、赛课、评课、读书心得交流，并将个人的教学资源优化共享，给所到学校的教师们带去教育创新的范例，也展示着自己独到的育人理念。他多次被邀请到省内外做学术心得交流，在输出与学习的过程中彰显着人生别样的精彩。

市优秀班主任，市学科带头人，市教学名师，省级骨干教师，省级名师，河南省教学标兵，河南省学术技术带头人，河南省最具成长力教师，国家级优质课教师，国家级骨干教师……每一个荣誉称号都意味着姚俊松新的开始。"读书、反思、写作，不断地追求更优秀的自己，努力向教育家的境界靠近。有梦想，不彷徨，有爱在心间；心在飞，路还长，坚持在路上。"姚老师教育日志中的这段话给人无限的遐想。

目　　录

第一篇

我的成长我的路

就如同自然界不可能出现两片完全相同的树叶一样，我们也不可能有相同的人生，但也正是因为人生的独特，才让我们拥有了回忆的魅力。我们不能复制别人的人生经历，但可以从中找到比对和学习的感悟。一路走来，风景与坎坷同在，鲜花与荆棘重生，但我风雨兼程。

走出校门后的彷徨

心灵感悟

学校与社会虽然只有一墙之隔，却有着太多的践行困惑；学生与教师虽然同在一个教室，却有着太多的情感落差。

什么是大学？它是一个深造的学府，更是一座过渡的桥梁，一个由学校这个小集体过渡到社会这个大空间的桥梁。所以我经常这样安慰自己，虽然自己上的大学不怎么样，但毕竟是座"桥"，只要能过得了河，一样可以打拼出一片属于自己的天空。

就这样我带着没有拥有一座好"桥"的遗憾，更带着对未来的无限憧憬于2000年6月走出了校门。

有在学校时各个领域的崭露头角，更有导师们对自己各方面才能的高度评价，我怀揣着自信而乐观的希望步入社会。可走出校门后，面对现实的茫然与空虚，面对工作的渴望与无奈，我突然变得无助而又不知所措。校门内外尽管只有一墙之隔，却让我的思想与心态都发生了巨大的落差与扭曲，更让我在这种扭曲中陷入了深深的彷徨。

按照常理的做法，我应该回濮阳县乡镇的老家任教，面对没有竞争的环境，日益减少的生源和那少而又时常被拖欠的工资，我选择了拒绝，我宁愿留在市里执着地漂泊，这也开始了我一系列的应聘与竞争的心路历程。

还记得我号召我们物理班的全体学生与市区一所小学的领导协商，开展了为期一天的备课、上课活动。虽然年级和教学内容与我们所学的专业格格不入，但我们还是认真地积极准备；虽然我们每个人只有短短的一节课，但我们都异常珍惜，因为这是我们职业生涯的开始，也是我们人生的第一课啊！

顺利结束了这难忘的第一课，临别时，我们和小朋友们一起合影留念，难忘那相互拥抱祝福依依惜别的场景，难忘那一个个稚嫩的孩子挥动着小手含着眼泪送我们离开的场景，更难忘这第一节课给我们全班同学带来的那种复杂的阅历与感受。

在回去的路上，本该激动着，讨论第一次上课的种种趣闻，但我们都选择了沉默。人生的第一课，给我们的不仅仅是新鲜的尝试，更多的是一种责任和压力。而我则在心底最深处开始埋下了一颗爱的种子，我爱孩子，也愿意把这份爱播撒在脚下的讲台。

难忘我的第一份工作。我应聘到了市里的一所私立学校，经过了严格的面试、试讲之后我顺利通过。那是我第一次在自己的学校以外的竞争比赛，所以对胜利的结果有着不一样的珍惜。没有住房，我就在外租房住，没有预付的工资，我就先借钱来"养家糊口"，日子虽然清贫，但也乐在其中。更让我兴奋的是，我可以和学生一起快乐与悲伤，我不是班主任却比班主任更加关注他们的成长。这所学校是封闭式管理，生源鱼龙混杂，随着了解的不断深入，我发现班里为数不少的学生，在生活和学习习惯上存在着很大的问题，也正是在这种越来越深刻的交流与感悟中让我产生了新的彷徨。

曾经我把自己借来的钱慷慨地转借给了班里的学生，后来才发现这个学生是出了名的"有借不还"；曾经我挺身而出把遭受围攻的学生藏在自己的身后，到头来却惹来了许多社会小混混的干扰；曾经我因为学生的成绩急剧下滑而辗转家访，却被无情地因"告状"的嫌疑而受到闭门羹的冷落；曾经……

我开始怀疑，教师的工作是不是应该浅尝辄止，是不是付出了本"不该"付出的心血之后，反而会受到这份痴心投入的羁绊。

不长时间后，我便结束了我步入社会以后的第一份工作。还记得我辞职时校长的挽留，更难忘学生们那一封封挽留的信件。短暂的工作经历让我对教师这个职业有了全新的认识与理解，同时，在这段浓缩的喜怒哀乐中让我真真切切地体验到了一把育人的艰辛。

大学物理系里的老师出于对我们这些曾经为他们立过汗马功劳的优秀"将士"们的关怀，及时地将有关的招聘信息传递给了我们。县城一所当地最有名的私立学校对外招聘优秀教师。工资与各项待遇都是很多刚毕业的学生所期待的。我和我的几个同学一起去参加应聘。由于距离较远，所以我们选择了提前一天住在那里，学校热情地接待了我们这一批应聘者，还为我们提供了住处。可是当时正值夏天最炎热的时候，不仅热得无法入睡，更可恶的是蚊子肆虐，好像专门欺负我们这些外来的人。再加上要准备明天应聘材料的紧张，至今还清楚地记得那几乎未眠的一夜。

第二天，带着一夜同蚊子与酷热作战的疲惫上场应聘，也许是重视的紧张，我竟然忘记了自己是一个一夜未眠的弱者，当时心中只有一个信念，那就是把自己最好的一面展示出来。一节课的试讲，一段时间的面试交谈，校长们会心的微笑让我心中有一丝成功的喜悦，但最后的结果还要等待几天之后的通知。

就这样我经历了人生中的第二次应聘，也接受了一群新领导的检阅与考验，同时也让我有了新的认识与成长。

再次回到市里时，听说市直学校要招教，这也是我市第一次公开对毕业生进行招教。听到这个消息我仿佛一下子看到了黎明的曙光，我可能有机会在市直学校教学了，这可是我梦寐以求的事情，但我很快让自己冷静下来，理智地分析当前的形势。

首先，大学毕业生不只我一个，大批的应届毕业生和往届毕业生都和我一样，把这次招教当成一次难得的机遇，这肯定会造成竞争的异常激烈。

其次，条件明确要求必须有本市户口，而且父母必须有一方在市里上班，还必须出示上班单位出具的证明。

最要命的是，当多人抢吃同一小块肥肉时，就会有很多人开始找渠道走关系，自己可以吗？

当把所有的问题都摆在自己面前的时候，我原来激动的兴奋变成了忐忑与不安。这个社会本来就是一个综合竞争的社会，单方面的能力不可能让你走得更远。

……

我努力地准备着，既要让自己的能力提高，更要让自己竞争的道路顺畅。

真正的竞争终于开始了，考试共分为笔试、试讲、答辩三个部分，在笔试部分我以总分第二的成绩进入了试讲的晋级名单，然后我一鼓作气在试讲和答辩中将自己的成绩刷新成为第一名，而那一年我们整个市直只招两名物理教师。

当招考结果张榜公布时，当我看到自己的名字赫然写在第一的位置的时候，我的心中反而没有了激动的喜悦，取而代之的是莫名的心酸，眼泪奔涌而出，好像是一个无助的孩子受尽了无数的委曲之后终于看到了希望。就这样，我一个人在喧闹的大街上独自流浪了整整一天，没有吃饭，因为根本不饿；也没有思想，因为混乱的思绪纠结着，让我根本不知道该想什么。我在欣赏着这个城市熟悉环境背后的那份陌生的严酷，品味着身边这个人情世故的社会单纯背后的那份复杂的参差。

我即将以一个合法公民的身份融入所处的这座城市，即将用自己的努力在教育的天空中播撒自己事业的种子。但从一个校门走进另一个校门这段不长的时间里，我感受到了太多课本上没有告诉我们的东西，也让我体验了许多我愿意的或是不愿意经历的人生阅历。曾经的年少轻狂，曾经的宏伟志向还没有付诸实践，却让我感受到它的轻如鸿毛，面对一个没有航标，没有司南，没有天气预报的大海，我带着自己仅剩的勇敢出发了。

庆幸中的失落

心灵感悟

得到了，不等于你就拥有了，付出了，不等于你就有收获；成功了，我们应该眺望新的危机，失败了，我们更应该感悟眼泪背后的灵感。

终于，带着竞争优胜者的喜悦，带着正式有编一族的庆幸，我走进了濮阳市第四中学，这个我步入社会后的第一个人生舞台。虽然正在施工的各种建筑用品让这个校园显得有些拥挤和脏乱，但毕竟是市直"官印"笼罩下的"城堡"，所以校园的一切依然在太阳的照射下熠熠生辉。培训、座谈、提前备课等一系列活动在没有正式开学之前就已经有条不紊地进行着。但我并没有因为这些挤占假期休息时间而不满，因为我的"假期"已经太长了，更何况这些举动让我更加深刻地认识到正规学校的本色体现。

一起来到这所学校的还有另外十位教师，很庆幸这让我拥有了一个能和自己一同成长的教师团体，更庆幸的是十一位新老师中只有我一个是男士，物以稀为贵嘛，我也一下子就感受到了自己位置的优越。正如当时一位老师所描述的："一批新进的教师，只有一个男的，还长得特别帅，真的羡慕死他了。"当这些话传到我这里的时候，相信大家能体会我的那种兴奋与庆幸吧。

开学了，因为我们学校是八规制，每个年级有八个教学班，学校分给我六个班的物理课，而另外两个班由学校的政教主任带着。现在看来这六个班的工作量虽构不成天文数字，但说大大超过工作量则一点都不夸张。没有什么现代化的教学设备，用的是手写教案，教的是满堂灌输，当每天拖着疲惫的身体回到自己的"小窝"时，很多情况下都是倒头便能进入梦乡，饿醒了，再爬起来用自己最拿手的饭菜——"鸡蛋方便面"来充饥。现在想想还会有很深的心酸在涌动，但我活得很开心，很快乐。也许是特殊的环境造就特殊的心态吧，而我那种不辞辛劳的幸福之源就是我的学生和我的讲台。

时间久了，对当时自己讲课的形式与风格开始模糊了，但那时与学生相处的一幕幕场景则成了我最纯、最真、最永恒的回忆。

还记得开学后第一次放假回老家，父母为自己的儿子骄傲，邻居羡慕我幸福的父母，提亲的也多了起来。现在看来那是多么有意思的变化呀，但我当时忘记留意这一切，因为我心中装的全部是学生，就像是一个热恋中的人满心装的都是他的另一半一样。我对家人、对邻居、对朋友都不时地谈论着自己上课的感受、学生有趣的新鲜事，还有我们学校的建设与发展，仿佛我所有的谈话都成了关于校园的专题报道。当时的自己真的达到了一种忘我与痴迷的境界，还好我的神智是正常的，因为离开家时还没有忘记给我的那一大批学生带上"礼物"。

从家返校的前一天，我来到了自家的苹果园，挑了整整一下午，把全园中最大的六个苹果摘了下来，父母那个心疼呀，全部都挂在了脸上，但看到我这份认真与执着也无话可说。告别了父母，也结束了"漫长"的假期，我带着"礼物"又回到了课堂。

一个班一个，洗得干干净净，又红又大的苹果，每个学生一口，就这样六个苹果的甘甜传达到了近三百名孩子的心中。很多那一届我的学生后来回忆说，那是他们有生以来吃过的最甜、最大，也是最特殊的一个苹果，也让他们永远记住了我。不是作秀，只是出于本能，因为我爱他们，更爱教师这个职业。

由于一个人要担任六个班的课，所以自习的辅导就不可能每个班都有，因此自习课时去哪个班就成了学生讨论与争执的焦点。最"怕"的就是晚自习了，因为我所担的六个班在同一个楼层，所以在自习前学生们总会在门口等着，当我经过的时候就把我往他们班里拉。每节课前对老师的争抢也成了学校一道难得的风景。这里不排除有些人动机不纯，或是唯恐天下不乱，但我还是为他们的热情感动着，幸福着。

还记得我参加工作后下的第一场雪，为了使学生正确释放对雪的热情，以雪作为依托增进师生之间的感情，我选择了用大学生的心态和小学生们一起走进操场，走进雪的世界。本来明明分好的"战斗"队伍，后来成了我孤军奋战，当所有的雪都朝着你开来的时候，你想那时的我会是什么感觉呢？也许只有亲身体验过那些场景的老师才能体会。"战斗"结束后，学生们推着我向教室走去，每一处暴露的皮肤都被融化的雪打湿，而被包裹的部位也都被汗水浸湿，但和学生一起疯狂的酣畅淋漓，是在课堂的交流中无法获得的。在这场用爱击打与碰撞的"战斗"中，我和学生们的关系拉得更近，融得更深了。

最幸福、最期盼的莫过于元旦各班的联欢会了，先不说各班对我的争抢多么激烈，现场的掌声与欢呼声足以说明一切，学生们还刻意制造让我与一个漂亮的女老师同台演出的机会。既生气于他们的目无尊长，又可爱于他们的人小鬼大。而我的表演也让学生看到了我另一面的精彩。

在接下来的全校联欢会上，当报幕员报出即将出场的我的节目时，全场的学生因为我所担的六个班的学生的站立而都站了起来，群起的欢呼与掌声让所有的教师不知所措。后来有人告诉我，我校的一个老师因为很多学生站起来观看把后面挡住了便站在自己的凳子上看，却不小心从凳子上摔了下来，还好没有造成安全事故。

正是那份超乎寻常的投入，让我与越来越多的学生成了无话不谈的朋友，很多学生竟公开向班主任表态，他们只听我的话。而我的这种投入的张扬也越来越多地遭到了其他老师的不满。

很多老师侧面批评我，说我破坏了他们惯用的"师道尊严"，更有甚者，说我打乱了正常的教学秩序，助长了学生们叛逆的心理。我虽然也冷静地思考过自己教育的轨迹，但惯性的思维没有让我停下，更没有让我改变什么。

终于到了检验自己的时刻了，我所担的六个班面临着升级考试，更面临着与平行班级和平行学校的比对。到了这个时候，我才突然意识到自己面临的最大职责是教学生好好学习，提高成绩，但我平日里所投入的一切，所付出的一切到底是为了什么？就连我自己也不清楚了。当学生开始书写物理统考试卷时，我才猛然感受到学生书写的每一个数字和公式都是对自己一年工作的衡量与描述。在考试结果的等待中，我突然有一种惶恐与不安，因为自己的能力，更因为自己的教学策略。揭榜的成绩印证了我的忐忑，失败的泪水让我如梦初醒。一张"试聘"的通知单，是对我一年工作的最后定格。难忘那次校长的训话："你很有潜质，但你没有把钢用在刀刃上，有努力的激情，但你没有确定的目标，不要用你学生的心态和方法去对待你现在的学生，面对现实吧，你是一名教师，做人就是要么轰轰烈烈地活着，要么痛痛快快地消失。"一席话，像是在鼓励，但更像是最后的警告，朴实的话语字字都震颤着我的心灵。

没有眼泪却充满了比眼泪更多的心酸，付出与收获在我的心灵深处再一次出现了错位式的落差。短短一年的时间，我经历了太多，初涉讲台的自己，感受到了太多本不该属于这个讲台的困惑。还没有完全退去的庆幸，此刻仿佛变成了一声声刺耳的嘲讽，让我与本该属于自己的幸福擦肩而过，取而代之的是深深的失落和伤感。

优质课给我点亮自信的明灯

心灵感悟

　　面对挫折与失败时，心态彰显一个人的强韧本色；面对诱惑与抉择时，动向映射一个人的性情本源。

　　面对学校联考中自己成绩的落差劣势，我的精神蒸汽瞬间凝固，脑海里不时闪现出过去一年里自己痴心的付出，操场上与学生的嬉戏，课堂上的另类创新，对别人反对意见的不屑。此时这一切仿佛变成了一双双嘲讽的眼睛，冷冷地注视着我，冷冷地讥讽着我。我的女友（现在的爱人）不知道该如何安慰我，只是不停地翻阅着学生的试卷，反复地核对，希望从批改的漏洞中为我找回一点遗失的尊严，但当最后的一切都变成徒劳的时候，我的心也只会伤得更痛。

　　痛定思痛，我开始反思自己走过的这段路，没有努力的躲闪，更没有付出的逃避，但为什么我所做的一切都变成了徒劳？矛盾的心理在不断的纠结中苦苦地挣扎着。

　　也许一开始我就把自己的职业重心放错了位置，也许是我自己还没有掌握好飞行的能力，就执意去教雏鹰们飞翔的动作。我完全没有在意训练他们飞翔的技能与姿势，而是过于注重他们飞翔的心情，只要他们开心，我根本没有察觉他们是不是张开了翅膀，因为在我的心里和视野中全部被情感的痴迷占据了。当从空中无情地摔落时，最后受伤的不仅是自己，更有无数可怜的雏鹰们。我突然意识到，在专业水平都无法达标的情况下，自己是没有资格去爱学生的，因为自己还不懂得如何去爱，更没有爱的能力，而此时再看先前的那些付出，大多是自己的一厢情愿，更多的是对学生情感的放纵，从而让学生在盲目的爱与被爱中迷失了自我。这时我也猛然发现，自己充电的时间到了，让自己在专业上发展起来已经迫在眉睫。

　　从哪里开始呢？就从听别人的课开始。从此我开始摘下了那件虚无而又高傲的外衣，让自己试着谦卑地向身边的每一位教师学习，同时也向自己的潜能挑战。还记得那个时候，学校刚刚给教师配备了几台电脑，虽然数量远达不到每人一台的地步，但毕竟每个办公室都有。我仿佛一下子抓住了发展的载体和机遇，努力学习课件制作，疯狂地优化自己的教学手段。用"疯狂"来形容我觉得一点都不为过。记得那时为了赶制一个教学课件熬夜到凌晨是太平常不过的事情了，我们办公室的灯也变成了学校的长明灯，因为当时同样疯狂的不止我一个人，不是为了竞争，而是近乎"癖好"的喜欢。就这样在摸索中前进，在前进中成长，在成长中我也渐渐地抚平了曾经的那块心伤。

市里要举办优质课大赛了，我作为观众去学习观摩，当时最优秀的物理教师是我市一所重点中学的万老师，讲的是什么课已经模糊了，但当时她的教学风格、教学手段及课堂的设计环节让我佩服得五体投地，原来物理课还可以这样上。听完了万老师的课之后，有心理落差的酸楚，但更多的是上进追赶的激情，天生不服输的我仿佛找到了前进的方向，找到了学习的榜样，我一定要参加优质课大赛，一定要设计像万老师那样精彩的课堂！

一年的积淀之后，我报名参加了市优质课大赛。经过精心的准备，反复的试讲之后，我终于站到了比赛的舞台上，面对众多同行挑剔的目光，面对着朋友、亲人无限的希望，更带着对实现自身价值的渴望，一节"蒸发"呈现到了全市教师的面前。从课件的设计到课堂实验的进行，从学生参与的互动与辩论，再到老师的调控与引导，从我讲台上的自信从容到台下观众们的掌声与喝彩，我是在讲授交流，更是在享受感悟。

当成绩出来时，我与我的偶像都被列入了一等奖，更庆幸的是我获得了一等奖的第一名。手捧着那张证书，我心潮澎湃，因为它意味着我告别了昨天的稚嫩，更意味着我站在了一个新的起点，而它对于我来说更大的意义是让我重新找回了自信。

接下来，有了自信的我，随之而来更多被选择的机会，也就比其他人有了更多的机遇，当然也有了更多的比赛，更多的挑战与竞争。

随着新课程的提出，很多出版商认识到了其中的商机，所以要搞一次课堂录像课光盘的制作，虽然数量有限，但是一个很诱人的机会，虽然没有任何酬劳，但它的发行毕竟是让更多的人了解自己的一种渠道。所以当听说教育局给了我一节录课机会的时候，我欣喜若狂，更将其视为珍宝去精心准备。在学校同事的帮助下，在教研室老师的指导下，我的"浮力的利用"课例顺利完成了录制任务，且通过了审核并面向全国发行。

当拿着公开发行的光盘放在 VCD 机里通过电视屏幕看自己课例的时候，那种幸福与自豪是无法用金钱与证书来衡量的。

接下来，我又赶上了两年一届的河南省优质课大赛，规格高，要求严，竞争自然也异常激烈。感谢教研室的刘老师，为了保证选拔比赛的公平，他打破了以往赛课地点固定的惯例，选择了没有一个参赛选手的中学进行比赛。最终我经过努力以课例"光的反射"为载体赢得了比赛，同时也获得了代表濮阳市出征河南省优质课大赛的入场券。这一结果给我的不仅仅是胜利的喜悦，更多的是如何面对更大挑战的思考。到了这个阶段，我反复地告诫自己，我已经不能输了，因为我不再是代表个人，而是代表一个团队，代表我们濮阳市。

省里的第一场比赛，比的是说课，地点选在了河南省信阳市景区附近的宾馆，可能这是为了让广大与会者在观摩过后能有一个便于观光的好去处。但这些对于我来说并不重要，在我的心中只有赢得比赛的决心。

比赛中我抽到了上午的最后一号，不太好，因为比赛进行到最后已经到了评委们的疲劳期，所以你的课如果再没有什么个性化特点的话，相信你的分数只能是中等偏下了。更要命的是高中组提前结束了，省教研室的物理教研员刘老师（这次大赛的负责人）这个时候也来到了初中组，这无疑再次加大了我压力的筹码。

尽管紧张，比赛还是如约来临，我也必须按时上场，所有的一切都在我的设计中进行着，唯一的遗憾是在展示自制的教具"光的反射演示器"的时候出了点故障，所以规定的时间内没有进行完。当我带着遗憾准备结束时，刘老师竟然笑着对我说："大家都想了解一下你的器材，给大家展示一下吧。"就这样，我用了一些额外的时间将自己的器材做了详细的展示与说明，这也是在那次比赛中唯一的破例：延长了说课时间。

中午吃饭的时候，几个评委遇到我时都和我都热情地打招呼，从他们的语气和神情中我仿佛预见到了好的结果。当我以第一名的身份位居参赛者的榜首时，我长长地舒了一口气，为了顺利地完成使命，为了自己新的成绩，更为了与我同行的苏校长和市教育局的领导的付出。那天晚上，当全部比赛都结束的时候，河南省教研室的刘老师找到我，交给了我一项新的任务，即代表河南省参加全国优质课观摩，比赛的同时推广新课程及人教版新教材，课题就是"光的反射"，但与这次不同的是要到湖北宜昌为来自全国各地的教师现场作课，任务级别又大幅度的提升了。面对新的挑战，我没有了先前的紧张，心中只是不停地憧憬着如何全面地让自己与新课程、新教材更加完美地融合。

第二天，会晤组特意安排了统一的旅游线路——鸡公山，放下了比赛的竞争与紧张，我们的旅途开心而兴奋。就在鸡公山山顶，一位知名的省直属学校的校长热情地与我交流，了解我的基本情况，我没有太在意地应付着，但不知道她正在为自己的学校选拔人才。

从信阳回来以后，我就继续在新乡师范学院进修学习，仿佛一切又恢复了往日的平静。但是一个电话，又一次让我感受到成绩的魅力，也又一次让我面临了人生的选择。

是那位校长，在景区与我聊天的校长，通过我们市教育局的相关领导辗转要到了我的电话号码并联系到了我。"到我们学校来吧，你的条件符合我们的要求，希望你早做准备，早做安排。"简短的几句话充分显示了一所名校校长强烈的优越感，好像对我的决定早就胸有成竹，那口气不是在征求我的意见，而是要让我为她的青睐顶礼膜拜。我没有给她答复，只是平静地承诺会好好考虑。放下电话后心情再也无法平静，与其说是一种抉择，倒不如说是一种诱惑，一种很难抗拒的诱惑。但冷静下来的我马上恢复了理智，分析自己成长的足迹，回忆自己走过的这段不算平坦的道路，更看到了学校领导对自己的培养与心血的倾注。深思熟虑之后，我清醒地认识到自己缺少的不是平台，而是更加坚强有力的翅膀。

最后，我选择了拒绝，并用略带心酸的失落来赞美自己从容的高傲。后来，对方虽然又加大了待遇的筹码，甚至答应可以安排解决我爱人的工作，但我依然坚持了自己的选择。今天再来看自己当时的决定真的很感动，也为自己当时为感恩果断放弃而自豪。

终于，结束了那年的暑假，结束了自己比赛的征战，又开始了课堂教学，批改作业，一切都在平凡的笼罩下进行，而新的应战也在这平凡的工作中积蓄着力量。我一边继续着正常的教学，一边紧张地准备着全国观摩课的相关事宜。试讲、评教、修改、进步，如此反复的精雕细刻，让我更深入、更透彻地理解着新课程的理念，研读着每一节教材，也正是在这种精细化的历练中让我的专业化成长经历了一次全新的优化。

为了让我更好地应对全国性的观摩课比赛，在比赛前的一周时间学校把我的课停了，让我专心准备那节课。除了课程上的设计创新以外，我将不少的精力投入到了分组实验的器材设计与演示器材的革新上。

终于，踏上了前往湖北宜昌的列车，带着责任，更带着希望。韦校长一起随行，和上次比赛一样，韦校长在我的面前没有了权威，有的只是赞许的鼓励与服务的体贴。

我们提前来到了宜昌，提前到学校熟悉环境，提前与学生认识交流，一切都在紧张而有序地进行着。学校正忙着筹办艺术节，可能是想与这次全国的赛事一同举行，借此展示一下学校的特点与风范吧，这也充分体现了这次比赛的级别与大家的重视程度。大赛观摩同时设置了两个会场，教师们可以根据需要有选择地去观摩。

比赛终于在大家的期待与关注中开始了。现代化的录像设备，高素质的参赛队伍，高科技的教学手段，个性化的实验设计，还有朝气蓬勃的互动学生，让我忘记了自己是普通的教师，而是创造与享受教育魅力的使者，也让我第一次感受到明星的风范。

还记得那节课前，我开玩笑地对为我服务的一个老师说："讲课结束，你一定要保护好我哟，万一太多的粉丝一拥而上，我的人身安全就要面临威胁了。"谁料想，课结束后真的出现了那样的一幕：学生还没有离开的时候，下面的老师就一拥而上，虽不是什么鲜花和掌声，但他们争抢着看我设计的分组器材与演示教具，争抢着要我的联系方式，争抢着要我的课件，把我围得水泄不通。我没有想到，全国各地的老师们如此热情，更没有料到各地的学校里会有这么多谦虚一个同行。

我成功了，至少这一节准备已久的观摩课成功了。这次最高级别的经历给我的不仅仅是一张录制精美的光盘，更多的是与众多名师的交流，更多的是对课程改革中的新教材与新理念更加深刻的理解。

这次比赛结束后，我又马不停蹄地录制了河南省教育厅组织的新课程优秀示范课例。

有很多人说，我的压力太大了，也太忙碌了，但我好像已经习惯了这种忙碌，也享受着这种压力、忙碌过后给我的那份充实。

没过多久，就又要备战河南省优质课大赛了，因为上次说课大赛评出的优秀选手要另选课题，再组织一次讲课大赛，这也是我省以往优质课大赛的基本流程（由于比赛战线拉得太长，也太麻烦，现在这种制度已经改革了）。虽然规格不是最高的，但与会人数是最多的，全省的物理教师大部分都会去参加观摩，所以这对于我来说又是一次不小的挑战。

还记得当时现场的气氛，真的是让人紧张而又兴奋，上、下两层的观众席足足有两千余人，以往这样的赛事我作为观众参加的时候也没有觉得有这么多人呀，这一天从舞台上向下望去，全部是注视的眼睛。当时讲课的内容是"电功率与安全用电"，我把目光对准的是面前的 30 名学生，我的所有精力都集中于我倾心的课堂，忘掉了外界的干扰，课堂也开始变得轻松自然，师生都在投入的状态下让灵感碰撞，让心飞翔，要不是掌声，我会忘却这是个舞台。但细细想来，我们的讲台又何尝不是我们人生的舞台呢？

那节课后，我们又接到了去黑龙江大庆市参加"全国物理创新大赛"的参赛任务。

那一天，在郑州我喝醉了，感受了一次将一切忘掉的酣畅淋漓，也想让自己在酒精的麻醉后更加清醒，更加振作。

第二次代表河南省参加"全国物理创新大赛"已经是第二年的暑假了，我一边参加着研修班的学习，一边积极准备着参赛的内容。没有同事们的清闲自在，但有冲刺的激情与战胜一切的豪气。有人说，我有讲优质课的天赋，现在想来，我最深的感受便是：之所以我能取得胜利，只是因为比别人付出得更多，准备得更充分而已。

又一次出远门，在韦校长与教育局领导的陪同下，我们一起来到了美丽的东北——黑龙江省大庆市。当我们安顿好住处准备先逛逛调整一下紧张的心绪的时候，却听到了一个始料不及的消息，那就是这次评课的主题不是我所准备的内容，这也就意味着我要在最短的时间内重新准备全新的内容。当时我几乎被这突如其来的变动震晕了，虽然已有很多次大赛的经验与自信，而且具备了很多的新课程的理念基础，但这毕竟是全国大赛，面对的是如云的高手和他们充足的准备呀。

韦校长看出我的紧张，安慰我说："这么多次大赛你都闯过来了，你还怕这点困难吗？我们都不出去转了，陪你一起准备新的内容吧！"

就这样，我们在正式抽签比赛的前一天，重新准备参赛的内容，真的有点儿戏，但更多的是无奈与紧张。真的不知道自己那些天是怎么挺过来的，也不得不让我重新认识自己的潜能。经过努力，我按时备足了比赛所需的"粮草"，紧张的严肃掩盖了所有的倦怠与疲劳。

接下来便是一气呵成的讲课与评课，我的观点、我的看法都在专家评委面前得到了自由充分的展现。

"说课、评课初中组一等奖"的最后定格，是对我所有努力最高的肯定。领奖、合影虽然已经没有太多新奇，但是这次让我有着不一样的珍惜与感动。

据说，国家级规格的物理教学赛事有三个，即"全国物理观摩课大赛"、"全国物理创新大赛"和"全国物理优质课大赛"，我已经顺利参加两个，这在很多人眼里已经是不可思议的事情了，但在我的心里，又把目标盯在了最后一个要攻克的堡垒。

有人对我说，不可能了，你也别想了，因为一个省不可能让同一位教师参加完所有的赛事，要不然，别人会说这个省太没有人才了，更何况在这类比赛上也从来没有过这样的先例。但我坚决不信，因为我始终觉得自己是最棒的，更何况晋级的名额是靠选拔比赛获得的，几次省里的比赛我都是以第一的身份晋级的，他们没有理由将我刷下。就这样，我与开封的一位老师在郑州会面了，任务是我们两个竞争最后参加"全国优质课大赛"的晋级名额。

和往常一样，有校长的陪同，有教育局领导的坐镇指挥，更有我满满的自信与乐观，在郑州市的一所中学，我们讲了同一节课"家庭电路"。还记得课是他先讲的，对别人的课，我们无法指手画脚，因为每个人设计的角度毕竟不同，但从他的课堂上我找到了更大的自信。

比赛顺利结束了，正常的课堂发挥让校长满意，也达到教育局领导的预想。结合先前的战斗，我相信自己等来的一定是胜利的喜悦。但不知道是自己过于自信，还是自己的思想过于单纯，最后落选的是我，理由是我太年轻，需要再历练，面对这个结果，悲伤的不止是我一个人，但我只能服从。

不服输的我，在接下来的全国优质课大赛上，认真地学习着，比对着，看到了更多的优秀教师，也看到了自己课例设计的影子，虽然不是我，但我深知，那里面有自己的一份心血和努力。

在那次大赛上，我同样也有收获。在学习了各位名师的特点之余，我还主持了全国物理教师研讨会。会后，当很多老师见面都用"主持人你好"来与我打招呼的时候，我顿时感受到比赛之外也能创造同样的精彩。

一路走来，同样的是那份痴情与投入，不一样的是收获与成长。优质课不仅让更深更准地把到了物理这门学科知识的脉搏，更让我的能力得到了优化和提高，所以在对新教师的培训与交流的过程中，我会反复向他们强调，要想成为一名专业化的教师，必须从优质课的历练开始。这是我的心声，更是激烈的历练之后心得的阅历。我会珍惜这个难得的经验，执着于创造新的辉煌。

体验"后娘"的幸福

心灵感悟

要给学生快乐与幸福，教师首先要能享受到育人的快乐与幸福；

班主任最辛苦、劳碌，但也最易于触及教育灵魂的微妙与感动。

近两年的"南征北战"，我的专业水平得到了大幅度的提高，从常规考虑，在很多关注我的人的眼里，我的教学成绩也应理所当然的出类拔萃才对，但事实并非如此。虽然没有在"死亡线"上抗争，但也总摆脱不了"温饱线"上的挣扎。于是我更加努力地钻研教材，更加勤快地"备、讲、辅、批、改"，但我好像步入了一个怪圈，学生喜欢老师比喜欢物理课更多一些，虽然有无拘无束的交流，更有无话不谈的玩笑，但成绩还是平淡依然。

后来经高人指点，成绩平淡的症结所在是，你不是班主任，再加上物理是"副科"。对于"副科"的说法，我倒是不反对，因为河南省中招考试的70分与语、数、外的120分相比，真的是不能相提并论，但为什么不是班主任是成绩不好的原因，我却有太多的不解。从那时起我开始有了当班主任的冲动，不为别的，只为了证明"副科"老师也能胜任，更希望班主任的威严能让我的学科成绩有所突破。

我是物理专业毕业，意味着我所教的初始年级最低是初中三年级（因为我们初中是四年制），所以在很多学校教物理的老师一般没有机会当班主任。可能也正是因为这个原因，任教后五年的时间里我都没有机会加入班主任的队伍。每每看到一届届毕业的学生在节日里来探望他们"娘"的时候，心里总会荡起几许羡慕的涟漪。

2005年暑假结束，我终于有了这样的一次机会，因为有一个班是教生物的都老师担任班主任，但三年级又没有生物课，所以必须更换班主任，都老师很优秀，所以她所带的班的学生也都比较活跃。中间接班本来就是一件不太容易的事情，更何况一个学生都非常喜欢的班主任要换就更加困难了。也许是担心，也许是安慰，校长找到我说学校充分考虑到这个班的特点和我的教学风格，并声称也只有我才有可能让这个班实现顺利过渡。这些话似赞赏的鼓励，更预示着挑战的压力，但生性不服输的我，还是勇敢地接受了挑战。

就这样，"后娘"上任了，带着满腔的热情，带着无限的希望，更带着全身心的投入。正是这份投入和执着让我的心绪变得脆弱，也正是由于这份痴心让我心中的酸甜苦辣来得都过于猛烈，初恋般痴情的颠簸与狂热让我在"爱之深恨之切"的旋涡中越陷越深，但我不想挣扎，更不想摆脱，因为我迷上了学生们那一双双期待的眼神，迷上了每一次心酸阵痛过后迟来的幸福。

有付出就有收获，一年下来，我的学科教学成绩位居全市第一，并且我第一次成为我校的名师。在我的心里，这个名师的分量绝不亚于国家级优质课教师的称号。2007年6月，我所带的第一届毕业生有37名同学参加了中招考试，无一人落榜，其中23名学生被重点高中录取。这实现了我校中考记录中历史性的突破，我也又一次被评为我校名师，同时还被评为市优秀班主任。我不知道这些数字能代表什么、说明什么，但那时至少是对我付出的一种肯定，更是让我坚定地走好这条路最好的情感筹码。我也仿佛找到了自己困惑的解药，心中充满了"柳暗花明又一村"的明朗与豁达。

就这样我在"后娘"的岗位上一直走到了今天，学科成绩也早已经成了自己角色定位的副产品，在"无意插柳"中"成片、成荫"。班主任的工作让我突然间感觉到，教育其实很简单，它只需要你投入、执着而又理智地去爱，只要你懂得欣赏，时时处处都拥有教育的美丽。但它同时又是那样的复杂，因为你面对的是几十个鲜活的个体，更是一批待塑造的灵魂。他们的不同注定了你要创造性地提出适合每一个学生个性发展的雕塑方案，而"百年树人"的长期延伸同样给了我们目标与坚持的考验。

虽然年级的限制让我无法改变"后娘"的角色，但我会用自己最投入的爱让每一个学生享受到双倍"亲娘"的呵护与关爱。在较短的周期内就能看到学生起飞的身影，虽然会比别人面临更多的重新适应，面临更多的分离，但也比别人拥有更多爱的回报，更多爱的回忆。

当同学们向我倾吐心声时，那是一种被信任的幸福；当脆弱的心灵在你面前毫不保留地宣泄时，那是一种被理解的幸福；当后进的学生向你汇报进步的喜讯时，那是一种被尊重的幸福；当一句句节日祝福萦绕在你的耳畔时，那是一种被爱的幸福……

"后娘"在我的心中已经没有了丝毫不负责的喻意，"后娘"在我教过的学生心中也早已没有点滴的阴冷。它已经成了我心中深深埋藏的爱的情结，正在生根发芽，茁壮长大。

每当欣赏自己以往拍过的照片时，在无数个凝固的镜头前，我都会发现只有在与学生的合影中，我笑得最甜，感受也最美。每次在给别人做的经验交流与学术报告中，我总会身不由己地将话题转移到对学生的情感碰撞与心灵培养上来。但没有人埋怨我的"跑题"，相反，教师们也都喜欢在这一个领域内寻找自己创造的灵感。现在细细品来，我们的教学和我们的学生本来就是一个不可分割的整体，更是相辅相成的综合。

是班主任这个全新的舞台让我更加亲近了教育的真谛，是班主任的角色让自己把两个极端的感情投入达到了一个完美的结合。它不仅让我感受到了教育的幸福，更让我在努力的尝试与改进中与孩子一起快乐地成长。

培训交流中的智慧与灵感

学习是一种成长，不管是主动还是被迫的；教学是一种成长，不管是创新还是应付。但在主动与被动，积极与消极的对照中你会很容易发现：同样是成长，其质量与速度却有着质的差异。而这里的心态不仅取决于行为的动机，更取决于你的这些行为所处的环境与所承担的责任。

庆幸的是在多次培训中，我承担了不同层次的培训——从地方性教材到学科新课程，从骨干教师的业务提升到班主任的管理艺术，从师德师风的优化再到实验室的建设与管理。不同的培训领域相同的宣讲心态，那就是自己是老师，是老师的老师，这是荣耀，更是压力与责任。它不仅满足了自己好为人师的虚荣，也激发了自己不断求新求异的上进心。在众多不同形式、不同内容的讲座准备之中，我不惜花费大量的时间涉足更多的文学典籍，更会不厌其烦地深挖纵抛时下流行的课程与理念。这些培训给我带来了比在学校上课更大的压力与挑战，但也带来了普通课堂里所没有的价值体验与能力延展。

新科技，新感受

这是我第一次站在众多教师面前进行培训的主题，内容大致是对新的地方性课程如何授课进行个性化的分析与解读。说是培训倒不如说是照本宣科或者说是"依葫芦画瓢"，先是在省里进行两天的培训者培训，然后就现学现卖，再讲给各县区的老师们听。

记得当时的培训虽然有现成的东西可以照搬，但我还是更愿意按自己的思路去讲，再时不时插入一些自己的成长经历和在讲优质课上取得的一些成绩，因为当时没有高职称，没有什么荣誉称号，优质课上的几个奖项想必也是唯一能够拿得出手来炫耀的资本了。而且我发现老师们在无聊地接受"新科技"讲述之外，更愿意听一些"题外话"，也许是新鲜，也许是在进行这些"题外话"的讲述时我脱离了稿、脱离了本。

今天再回忆，虽然当时到各县区进行了多场的讲座，但内容已经很模糊了。因为时间长了，也因为那些培训过的地方性课程并没有开展。虽说是一次有始无终的培训，却也是我教育生涯中全新的一次体验。很珍惜那第一次的紧张与情感的触动，更珍惜当时为自己埋下的参与更多培训机会的种子。

解读新课程，解读新人生

自上而下的课程改革轰轰烈烈地开展，牵动着教育系统的每一根神经。虽然我们每一位师者都很清楚这场改革势在必行，但想改变广大教师的思想观念又谈何容易。于是配套的课程培训也随之展开，我也有幸成为第一批接受省级培训并将自己的学习心得向下一层老师传达的培训者。

每次参加省级培训，好像除了多套不同版本的教材免费赠送以外并没有什么实质性的收获，很多讲师枯燥的讲解与照本宣科的叙述，让我深刻感受到了受训者的无聊与无奈，也暗自告诫自己一定要用更优化的方式、更充实的内容、更鲜活的事例让我们的老师更容易接受培训的理念，也让更多的老师能在参与式的体验中激发深入的思考。

新课程理念的解读和新课程理念下的课例展示是这次培训的主要内容，培训方式是理论报告与课堂观摩相结合。由于条件的限制，大多只是展示教学的设计思路，但同样深受教师们的欢迎，因为对于很多一线教师而言，他们更喜欢操作层面的方法与技巧。

与先前的培训相比，我有了更多的自信，对很多收集来的信息也有了更好的内化吸收之后个性化的输出，更多的开始关注受训教师们的认知基础与情感喜好，也更深入地触及广大一线教师心灵深处所呈现的教育状态。面对全新的课改理念，很多教师都呈现出了迷茫与困惑，长期积存的教育思维的惯性与惰性心理，让他们对新的课改理念有不少误解与抵触情绪，很多教师在不求甚解的情况下被动地接受。课改对学生而言只是一个美丽的谎言，而对教师而言只不过是换了一套教材而已。在一场场的报告与培训中我总是竭尽所能地分析自己对新课改的理解与定位，恨不得倾其所有，但依然感觉到自己的渺小与教育工程的宏大。

"心态决定命运"，我第一次深深地感受到了这句话的内涵。很多一线教师总是以各种理由和抱怨来掩饰自己不愿意深入研究与实践背后的懒惰，他们更愿意屈身于当前的应试环境；更愿意用自己的无私与伟大榨掉学生身上仅存的个性与自由；更愿意做体力与情感双重透支的苦行僧，然后用统一的紧箍咒严控鲜活的生命，按照模式化的教育简单重复着昨天的故事……走的地方越多，接触的教师群体越广，就越觉得现行教育状态的可悲与可怕，也就越来越感觉到教师们工作层面的低智化与庸俗化。有时也在培训理念的对比中反思自己的教学，同样存在着应试的粗俗与剥夺学生阳光与自由的野蛮，同样也渗透着"一刀切"的忽视个体，同样也延续着传统教育中的简单粗暴的恶习……

于是，我明白了理想与教育现实之间的差距，更感叹于现行教育模式下学生成长的悲哀。可喜的是，我们有了席卷全国的课改热潮，虽然是自上而下的，但毕竟让每一个师者听到了起程的呐喊。更可喜的是，已经出现了一批像我一样在新的教育理念之下开始挣扎与动摇的人，虽然会有很多的困惑与蜕变的痛苦，但毕竟已经有了成长与进步的征兆……

就这样，在很多的交流、争论、反思与挣扎中，我用报告与课例展示的方式几乎与市直、油田及县区的所有的物理学科的教师进行了不同层面的互动与交流，在收获他们肯定与赞誉的同时，也收获了更多站在舞台上的那份自信与面对同行们互通有无的从容。一种很强烈的感觉就是自己在成长，但我还希望自己成长得更快些，希望自己能有更加专业化的理论与实验感悟去影响更多的人，也让更多的教师用自己的实践与改变来重新诠释教育的人生。于是，我在认真准备报告之余，更加努力地去学习钻研新课程理念方面的书籍，更加细致地研读课程标准，更加深入地对比分析不同版本的教材。在这种专业领域里深入浅出的学习之中，我开始越来越轻松地面对自己的课堂教学，也越来越清晰地理解了课改源头的设计理念。是这一阶段的培训，让我作为一名学习者的心态最先触及了课程改革的灵魂；是这一阶段的培训，让我作为一名聆听者的身份更全面地了解到了学科教学中存在的现实落差；也是这一阶段的培训，让我在与众多教师、专家接触的过程中感受到了教学改革的任重道远，感受到了教师群体思想的复杂与变迁。在育人与自育的过程中，我也更加清晰了自己努力的方向，同时也强化了进一步奋斗的欲望。

班主任，把自己的故事讲给别人听

由普通教师向班主任的转变是自己教育生涯中的一个里程碑，而能够把自己当班主任的心得以报告的形式与其他教师们分享则更是我教育过程中的一大突破。这是一个反思与整理的过程，更是一个寻找经验与闪光点的过程，而且我很喜欢这种反思，喜欢与大家分享自己在管理班级，在与学生相处中的喜怒哀乐，我也很喜欢把自己的教育故事讲给大家听。

记得我第一次向全市班主任所做的报告标题是"做好天下最小的官"。从这个标题就可以清晰地呈现出我当时面对班主任的基本心态——我是一个"主任"，虽然"官"不大，但我还是以"官"自居，尽管在很多管理方法与策略上，我尽量做到民主，但在心灵的深处，我还是将自己凌驾于学生之上。我讲到了自己当班主任的"初恋"感觉，对班级全身心的投入，还有与学生一起经历的虽然不大却也件件刻骨铭心的回忆。讲到动情之处，我甚至会有酸涩的眼泪，因为在我的心目中最初的班主任定位是苦的，尽管我收获了很多普通教师不可能品尝到的幸福情感，但那些感觉也多数是建立在太多的情感付出之上的。这是我最初当班主任的感觉，我毫不保留地呈现在教师们的面前，与其说介绍经验，倒不如说是在寻求帮助与成长的灵感。

第二阶段的班主任培训，我的交流主题变成了"我和学生一起快乐地成长"。从题目中大家也许可以感受到，我作为班主任感觉定位的进步与心态的成熟。我不再是单一输出的苦行僧，学生也不再是对爱与关注的被动接受。学生在班主任的关怀中享受到成长的自由，班主任也从孩子的单纯、天真中寻找到了进步的力量。我深刻地体会到成长是双向的，是交融的。学生开始向我敞开心扉，管理开始变得民主，同样的优秀却有着不一样的轻松与接纳，同样的纪律却有着不一样的自觉与主动。我开始从学生中间寻找智慧，开始与孩子商量如何营造我们共同的"家"。在学生们的建议下，我们改变了班规与检查办法；在班干部的协调下，我扭转了不少问题学生的思想；在全体学生的坚持与努力下，我们让班级一点点优化成长。在我对班主任新的定位分析中，不少教师从我的身上学到了班级优化的技巧与方法。记得那段时间里，很多教师用电邮、电话的方式与我交流他们当班主任的过程中的困惑，于是我讲我的观点，更讲我一步步从辛苦走向坦然，用智慧超越疲惫的心路历程。

接下来便是自己作为班主任的第三个阶段，我的报告主题是"感受每天故事的精彩"。我用寻找故事的心态去感受每天班主任工作的精彩。我用全新的心态去面对班级管理的方方面面，面对每一个孩子鲜活的个性，我用积极乐观的处事心境去面对工作中遇到的困难与问题学生。还是那些人和事，却有着大不一样的处事风格与天壤之别的结局和效果。学生们不会再躲避老师匆忙的身影，问题也不会再被假象替代和迷惑。老师与学生都可能成为每天故事的主角，或伤心，或兴奋，或热烈，或感动……每一次与教师们分享我们"家"的故事的时候，我总会忘我的兴奋，也总有说不完的话语。还记得那次被安阳县教师培训中心邀请，为全县五百余名班主任老师讲我的教育故事，反响异常热烈，两周之后，他们第二次邀请我为他们四百余名校级领导做专场报告。

很多我培训过的教师在和我后来的交流中坦言，我的报告距离他们最近，我的故事给了他们最真实的感动。也许这就是教育简单而真实的魅力所在，也许这就是班主任最本真的角色定位。

感谢在每一次交流中给了我教育灵感的一批批学员，更感谢我的班级、我的学生在我思考与成长的过程中给了我充足的空间与养分。

优化实验教学——实验教师的机遇与使命

物理、化学、生物这样三个以实验为基础的学科，对学生来说意味着探究的兴趣，而对教师而言则蕴藏着丰富的课题资源，因为它不仅可以让我们的课堂丰富精彩，还可以为我们提供很多像全国教具制作大赛、科技创新大赛等高级别展示的机会，也给了我们很多创新创造的空间，而我也是实验教学别样精彩的最大受益者。

2008年暑假，我参与了省装备中心组织的《实验大全》的整理与编写工作。我作为编委中的一员，负责8万字左右的编写任务，之后更有幸成为省实验教育培训团队中的一员。就在那年暑假，我受鹤壁市教育局的邀请，为鹤壁市的实验教师进行实验教学与实验室管理方面的培训。虽然自己很喜欢实验教学，但以报告的形式讲出来，还要给实验管理员们讲管理，对我来说是一个很大的挑战。不过我喜欢这种挑战，因为我清楚我要为此付出很多的努力，反思、总结、拔高，这一系列的历练之后就可以让我又扩充一个新的优化领域，更何况是外市的报告。于是我在精心准备之后，如约进行了几百人的培训工作。还记得那天下大雨，可是很多教师还是冒雨来听我这个外来和尚的经。紧张之后我很快发现，我准备的内容与在场教师的工作很贴近，在交流与碰撞中他们感受到了实验工作中原来也有很多学问、很多资源、很多幸福。于是出现了感人的一幕，一位女教师发高烧，会场负责人都准假让她离开了，但她还要坚持留下来听完我的报告。也是从那次报告之中，我收获了实验教学中的经验与困惑，收获了异地同行们的友谊，当然也收获了更多的自信与胆量。

由于报告的成功反响，之后各地市举办相关的培训都会邀请我去做报告，自己俨然成了河南实验教学管理培训的代言，这背后有令人羡慕的光环，更有需要不断优化与创新的责任。

回首自己走过的这段教师培训之路，反思自己对经验教训、归纳感悟的心路历程，我很坦然，也很幸福。我为自己每一次报告的用心与创新坦然，我会不断优化自己的思想，不断地突破自己的学术来回馈大家的重视。我为自己每一次赢得掌声与赞叹而幸福，我会在这种幸福中延续每一次报告交流建立起来的友情。在各类培训不断丰富的内容需求下，在自己不断突破与创新的心态之下，我还陆续承担了关于改善老教师职业倦怠的报告"寻找身边的幸福"，优化新教师教学技巧与方法的报告"不做教书匠"，师德师风建设的报告"用最初的爱做永恒的教育"等。

在报告式学习行进的过程中，我越来越享受舞台上的自信与从容，越来越珍惜台下的总结与拓展。很多时候讲给别人听，也是在告诉自己应该如何去做。

草根团队的互助成长

"一个篱笆三个桩，一个好汉三个帮"，这种说法道出了一个人的成长与发展离不开同伴的支持与帮助。但"黄金易得，知己难求"的古训也一再暗示我们在当今这个物欲横流、尔虞我诈的时代里想找到志同道合的朋友真的很困难。工作中虽然每天都与不同的学生和教师打交道，却很难找到可以交心、分享教育心得的知己，但我从来没有停止对这些理想中人选的期待。

一次教师培训中我遇到几个心仪的学员，培训过程中的观点展示，培训结束后的深入交流，让我感觉到了得到真正朋友的喜悦与成立一个教研性组织的冲动。我们的成长轨迹相似，我们的教育理想相近，我们追求卓越渴求进步的心态相同，于是我们相约走到了一起，开辟了一段不寻常的成长路程。

相逢恨晚的初次交流

2010 年暑假的骨干教师培训中，我是班主任并承担了一天的报告任务。报告结束后，油田第十八中学杜英杰老师要和我谈谈，和其他的学员一样，我草率应允，并想着很快结束。但是在交谈的过程中我们找到了越来越多的焦点话题，从学校教育的环境营造到课堂教学的优化与创新，从教师生活现状的倦怠与苦累到教育幸福的定位与方向。我们在交流中尊重而不迎合，个性而不张扬，批判而不消极，思考而不武断。在与杜老师的交流中我可以产生更多的灵感与思考，而在答案的分析与碰撞中我又会产生很多新的观点。

还有一位是华龙区第一中学的张锋忍老师，在我的心目中他是一位受命能干、干之能成的大将。也是在 2010 年的那次暑假培训初期的准备阶段，因为一位讲师家里有急事缺席，我不得不再找一位能替补上阵的教师，但是由于长期定型的培训团队和讲师人员导致严重缺少候补力量，因为是报告，你要有真才实学和独到的观点与经验才行，关键是时间很短，只剩下不到一周的时间。情急之下我向华龙区教研室的领导发出了求助，他们当即向我推荐了张老师，而且张老师不负众望出色地完成了任务。从他的报告和观点中我知道自己又找到了一个学术上的好伙伴。

有了这两位相逢恨晚的朋友之后，我们就有了成立一个良性教育团队的想法，并很快在我们的集体智慧下"物理成长工作室"被打造出炉。

草根团队的成立

其实在我们的"物理成长工作室"成立之前，在教育局领导帮扶下已经成立了各科的"名师工作室"，我还是其中一个工作室的成员，但过于形式的流程及成员应付的心态导致很多工作室名存实亡。而"物理成长工作室"纯属草根团队，我们力求共同进步，一起成长，共享教育智慧，共创教育资源，同读一本书，同上一节课，同研一课题。我们努力用自己的投入和参与营造有幸福感的教育生活，探索有生命力的智慧课堂。

我们制订了工作室的活动宗旨，即以工作室为载体集结优秀教师的智慧，优化物理课堂教学，在成长自己的同时更带动全市物理教育的发展和整体水平的提高；以"研读——精讲——创新——课题"为成长主线，以互相帮助、互相督促、分工合作为方式来实现自我的成长和教育资源的优化与共享，让更多的孩子热爱物理，让更多的教师轻松、幸福地享受物理教育的魅力。

在此基础上我们还预设了工作室的学习目标。首先是精神充电，让工作室的教师通过读书，写读书笔记，写教学反思，与大师交流，培养教师教育心灵的大气。其次是共创物理教育资源，工作室的教师进行分工合作，将所有的物理课件、教案、试题、试卷进行整理汇总。再次是精设课题研究，精选教育课题，结合自己的教学实际，融入自己的教育理解和思想，在公开的培训中可以说得响，讲得出；设立共同研究的课题，出成效，出成果，在规定的时间里结题并立求获奖。最后是优化课堂教学，在规定的时间里对成员的课进行同备共评，查摆问题并及时优化和改正。

工作室的成员以我们三个为核心，各自再寻找一个有教学潜质且有成长欲望的教师作为我们工作室的骨干力量并开始培养。就这样一个六人组成的"物理成长工作室"在我们共同的倾心与彼此的祝福中默默地走进了濮阳物理教学的空间。每月一次定期的全天会晤，是我们共同期待的日子，而每次会晤的展示交流又会成为同行竞相观摩参与的盛宴。

根据各学校的进度，我们共备一节课，然后现场抽签 6 选 4，进行会晤当天上午是四节课的展示观摩活动。这样，在提前不能确定由谁来讲的情况下，每一位成员都要认真准备，这也让我们展示后的评课更具有针对性，也都拥有了交流的有效资源。下午则是评课与读书交流，在对上午四节课认真评价的基础上，我们会达到最后的共识，即什么样的课是好课，我们应该用什么样的授课方式来对待不同的课型等，而每一个人必须在下次会晤中有共识的体现与进步的空间。让我心仪的另一项活动是读书研讨，就是将一个月来认真研读过的书的读书感受整理出书面材料，并结合自己的文章谈书籍带给我们的收获与感悟。因为书都是我们每一次会晤时集体定下的，所以我们读得用心，感受得深入，也自然会有很多话说。

为了给我们的工作室运行提供平台，我们先从各成员的学校开始，没有活动资金，我们就自掏腰包，但我们依然快乐地期待，执着地坚持。

互助中的角色成长

在相互的督促与帮扶中我们都有了成长的动力与参比的对象，我们不仅会在分工合作中将教学资源最大化，更会将各自学习的机会和资源与大家分享，有好的书就去淘过来，有好的学习机会就相互转告。我费尽周折地将教师培训的机会争取给了我们工作室的每一个成员，大家也在珍惜与努力中让机会促进成长。

在这种互助的活动与交流中，我第一次发现自己还有这么大成长的空间，也第一次感觉到课堂还有那么多可以提炼的精彩。工作室成立以来，我不仅要求自己精读统一研读的书籍，还会额外地给自己的个性阅读加码，在人生中第一次出现了为享受和快乐而阅读的境界。而对于课堂，虽然讲过了各个级别的优质课，但从内心深处还是排斥在课堂上展示自己，相比之下我更愿意以报告的形式示人，因为我还没有足够的勇气与能力让自己的优秀转化为学生的优秀和课堂的精彩。但是在我们多次的会晤与讲评的切磋中，我爱上了课堂，有了更多创造的灵感与投入的坚持，所以会很多次因为抽不到讲课的机会而深感遗憾。

在工作室成员的相互关注与助推下，我们制订出各阶段不同的奋斗目标，更会在一个个目标被实现的过程中找到成长的快乐与学科的魅力。

正如我们在一次会晤时达成的共识：缺少了学术探讨的友情必然会走向肤浅和庸俗，缺少了友情的学术会让彼此客观而陌生。所以我们不仅有学术研讨的热烈，也不失兄弟情深的熏陶。也许这就是我所期盼的知己的境界，我们也会在这种良性的学术友情中将学习与成长进行到底。

读书、写作、跑步，享受
新生命的力量

人生在不同的阶段会有不一样的梦想与追求，也会有不同的幸福归属。不同的梦想会引发我们不同层次奋斗的激情，不同的幸福观则会让我们展示出不同的生活姿态。

曾经总想着通过努力让自己获得更多的成功，从而赢得更多的掌声与赞誉，但是我发现掌声之后，我会在对下一个目标制订的茫然中感到空虚与落寞；曾经总想着让自己多才多艺，在不同的领域中都能绽放异彩，在彰显综合实力的同时也让别人羡慕与效仿，但在多次尝试而无法得到精彩之后，也让自己明白了人无完人的道理。现在想来，这一切都是自己的虚荣心在作祟，自我膨胀的欲望、自我炫耀的冲动，让自己在浮躁之中忘记了人生根基的滋养。于是我开始反思，对于自己的理想下的状态，什么才是最重要的？对于自己生活的重心，我又应该如何把持与定量？

读书让我找到了稳重的力量

很早就有人告诉我"在书中我们可以得到我们想要的一切"，我觉得这句话有太多的夸张，但读书对自己的成长有好处我还是深信不疑的。于是我试着去接近书，逼着自己去读书，找机会与别人讨论书，再到后来写自己的书。一路走来，不长的历程中却给了我颇多的感悟。

第一重境界：被迫读书。

记得刚参加工作的那段时间，校长逼着我们读书，或利用集体学习的时间齐读，或利用课余时间自读，还要求我们每人每学期写出不少于3万字的读书笔记，完不成任务是要挨批的。我就在这种应付的心态下读了一部分书，那也是第一次读较多的教育类书籍。虽然收获不大，但毕竟让我们感受到了读书是怎么一回事。

第二重境界：自我逼迫着读书。

随着工作的不断深入，我越来越深刻地感受到，作为教师要不断地学习才能跟得上教育的改革与发展的步伐。更重要的是，身边越来越多的人在看书，在谈论书，所以我就强迫着自己看一些热门畅销的书。现在想来这种读书的心态更多的是一种自我虚荣心的满足，有附庸风雅的嫌疑。但在这种自我加压的心态下读书，的确是自己的一种突破和提高。为了让自己能了解更多的书，我一般采取跳读、略读的方式，甚至只是从网上看一下别人对书的解读。心里也清楚这类读书方法是肤浅的，很难读到书的灵魂与精髓，但至少在那些日子里我了解了不少好书，偶尔也有被吸引而精读的现象。

第三重境界：在书籍中享受快乐与智慧。

将书本变成知识，再将知识转化成智慧，这是一种量变的积累，更是一种质变的提高。到朋友家里，首先看的是他有没有好的藏书，同行交流首先分享有没有书中的新大陆。我给自己做过一个对比，以前看书会不时地翻看后面还有多厚，而现在看书总感觉时间不够用，总害怕书会很快看完。以前睡前看书就是催眠剂，很快就会有睡意，而现在睡前看书越看越精神。放假了，一有时间就想跑到书店如饥似渴全面涉猎，还经常出现被要打烊的店员驱赶的尴尬场面。为了充分利用路上的时间，我将音频图书下载到 MP3 上，这样就可以每时每刻沐浴大师的哲思理念。

感受到此时的读书是喜欢、享受、需要心态下的读书，不是敷衍，更不是炫耀，而是将其变成为生活、生命中的一部分。从知道读书的重要到亲身感受到读书的重要，是一种难能可贵的成长。

随着阅读的不断深入，我由专业化的书籍转向通识读本，再由现代文学转向文学经典，更喜欢哲学与历史，喜欢在研读与感悟中体会大师们的智慧空间。

回首自己走过的这段路，我不仅理解了很多人苦于读书而没有精力和时间的事实，同时也更深刻地感受到从生命海绵里挤出时间的可贵和心灵的充实。不要以各种理由拒绝阅读，因为它是我们成功、成才途径中必需的给养；如果我们没有理由拒绝吃饭与休息的话，我们就不应该找理由远离书籍。当然，我们要用自己的理性与需要选择对自己有益的书籍，在知识爆炸的今天，我们没有太多时间与精力阅读所有书籍，更何况一些低俗的书籍让我们"开卷未必有益"，但请坚信，想得益必须开卷。

写作让我在反思中成长

如果说读书是一种学习与吸收的话，那么写作便可以视为消化与创造了。写作是知识的加工与再创造，更是智慧的延伸与思想的折射。读到一本好书，看到一篇好的文章，它们的好就能让自己有写作的灵感；而看到一种有争议的现象，接触到一些另类的人，反思的写作便可以成为我们优秀的源泉。写作可以让我们把固化的文化散发出全新的生命力量，写作可以让客观的现实折射出人文化的别样风采。

还记得自己最早的写作，是学校布置的每学期一篇的教育教学心得，为了能如期交稿，我经常把一篇文章改换标题之后重复使用，现在想想当时自作聪明的自己是多么幼稚可笑。后来，看别人都在为自己的职称评审报评论文，我也跃跃欲试，但更多的还是现在很多人的思想与行为，那就是"天下文章一大抄，看你会抄不会抄"。正所谓态度决定高度，在当时的那种心态之下又如何能写出好的文章呢？

2005年我当班主任了，很多的角色尝试让我第一次有了用心记录自己成长历程的冲动和欲望，从而开始了自己真正意义上的写作历程。从流水账式的客观记录，到就事论事的心情评析，从教育现象的总结，再到心灵的深度反思；从冲动到懈怠，从逼迫到坚持，从兴趣到习惯，再从习惯到享受。当一种行为变成生活习惯的时候，惯性的思维与其中乐趣的享受就会让你越来越深刻地体会到坚持的魅力所在。

不断的写作中，我真实地感受到了创作之后的那种享受的释然，更让我体会到灵感到来时那转瞬即逝的珍贵，于是就有了偶尔翻出自己曾经的一篇习作惊喜中的难以置信，于是就有了深夜里不顾一切爬起来记下的几笔灵感。

很多人总是以发表了多少篇文章来评判一个人写作水平的高低，我觉得文章的发表量只能代表一个人写作的技巧，却涵盖不了写作实质的全部内涵。有些人为了发表文章而挖空心思，认真研读所投报刊的风格、板块或是对接下来要发表内容需求进行押宝，这种为了发表或者是金钱回报式的写作是病态的，它会让写作的人在功利的驱使下一点点远离写作的本真。在我的写作观里，写作是个人心灵与本性的深度映射，不能迎合某些人，更不能曲解自己。写作的成品可以与人分享，但更多的是自己的昨天与今天的记录，现实中的自己与理想中的自己互相的抗争与对话，像自己的血液自然而平和地流淌，像无欲无求的智者镇定自若地欣赏，像哲学家一样用自己的思想去思考，像考古学家一样用历史的镜子客观地对现实的一切进行考量。

这里的写作是对物与事的深度感悟，更是灵魂的萌动与撞击情感的自然倾诉，没有功利，没有负担，全是心灵宣泄的洒脱，全是智慧看世界的从容，这里有坚持纪实的日记，它可以让我们的心灵醒着；这里有平凡素材中的独特感悟，它可让我们的思想脱土脱俗；这里还有与学生交流的心灵故事，它可以让感动消除师生间陌生的距离。

在不断的反思中，我有了更加鲜明的自己，在与书籍中的大师交流的时候，我也少了很多无为的盲从，对于流行的观点，我开始有了自己的主张和思考，也会有适时的质疑与反驳。对于网络爆炸式的信息泛滥，我懂得了更本真的审美，更懂得了理性的取舍。坚持写作让我有了越来越多的灵感，让我越来越深刻地理解到"一沙一世界，一叶一菩提"的精深与博大。欣赏着自己孩子的喜怒哀乐，你会获得学生教育的感悟，听着别人一句无关紧要的叹息，却可以激发起自己创作的执着，走过超市的自由，我会反思课堂的压迫；散步于夏夜的广场，我会控诉应试教育的残暴……突然之间，我发现我们身边的一切人和事都有着惊人的统一，任何平凡的，甚至是枯燥的现象背后都会潜藏着醉人的浪漫，也越来越让我体会到了，世界上并不缺少美，而是缺少发现美的眼睛，或者是感悟美的心灵。

从平凡的教育日记，到每天真实的教育故事，从天马行空的教育随笔，到对教育现象的深度反思；从不切实际的教育幻想，到付诸实践的课题与方案，我在教育的心灵之途不断地前行，而键盘上的每一次敲击留下的都是人生的无悔。

跑步给我更阳光的生活

我越来越发现自己周围的人群中有太多的奇怪现象，比如明知酒多伤身，却喜欢用喝醉表达对朋友的深情；都知道抽烟有害健康却仍然高价买回对自己的伤害；明知道熬夜对自己的身体有害，却仍不想拒绝无聊游戏中的浪费时光。最要命的是，我们都知道身体需要锻炼，可又有多少人舍得拿出一点时间去做一些对自己真正有意义的事情呢？

"每天锻炼 1 小时，健康工作 30 年，幸福生活一辈子！"多么简单而又浅显的保健秘诀，但我们总是视而不见。"前半辈子用命换钱，后半辈子用钱换命"的现象也屡见不鲜。这个问题的关键就在于你坚持的决心与对健康生命的渴望。

还记得 2007 年的那场篮球比赛，一向自视清高的我，自认为有强壮的体魄，本想着在比赛中大显身手，却突然发现自己动作迟钝了，技术落后了，更让我想不到的是半场还没结束就已经有些体力不支了。接下来几天的"并发症"更让我开始审视自己的身体，审视自己工作中锻炼的必要性。从那之后，我便给自己定下目标，每天早晚坚持跑步，用这种最简单的锻炼方式强健体魄，更磨砺自己焦躁的情绪。这一坚持就到了今天，虽然中间有些间断性的放弃，但对健康的渴望与对未来生命质量的期待还是让我坚持了下来。

每天清晨已经形成了良性的生物钟，6点半开始跑步锻炼，由最初的两圈、三圈，到现在的六圈、七圈。渐渐地，我已经习惯了每天清晨带着耳机在大师智慧的讲述中向自己的极限挑战，习惯了每天在晚饭后和家人一起体验脚步之下丈量出来的健康。

我们不能改变生命的长度，但可以提高生命的质量。选择正确的事情，并在正确的实践中耐心地坚持，你就会越来越深刻地感受到幸福的力量。我们不能改变社会上的不良现实，但至少要能够正确的审美，知道哪些是对的，哪些是错的，面对错的我们努力让自己避开，而对的我们至少要"心向往之"。千万别让忙碌迷失了自己人生的坐标，千万别让工作的压力垮掉了自己生命的质量。或许跑步不是最好的锻炼方法，却可以在平凡的坚持中让你靠近健康与阳光，也许我们有无数个忽略锻炼的理由，但请不要丢下革命的本钱和幸福的基础去追求那些虚无缥缈的世界。

第二篇

我的故事我的感动

每个人都会有属于自己的故事，每个故事都会有让你铭记的精彩。每当我们回首自己走过的路，成长的幸福往往源于每一次蜕变的艰辛和每一次挣扎的磨砺。这正如同小说的故事情节，越是精彩越是波折，越是失败越能让读者体味最后成功的魅力。所以，我们最容易忽略的是在我们失意、无助时，心灵深处所沉淀的感悟。故事每天都会发生，但不会每次都有精彩，因为故事的美丽如同油画的色彩，它需要我们用真心去投入，去描摹。同样的素材，同样的背景，却可以让我们用不同的心灵去感受，从而演绎出不同的故事经历和结局，同样也获得不同的情感升华与心灵的感动。

做一名有故事的老师

　　静心回首时，在我们的心中是否有一些让我们难忘和感动的教育故事呢？一个没有故事的教师是不完美的，而故事越多的教师，幸福越多，抱怨也会越少。我们教师应该是有故事的人，因为特殊的职业让我们可以接触到更多鲜活的生命，也自然为我们提供了更多的故事素材。但遗憾的是，我们很多人安于平静，拒绝困苦，也自然远离了故事的精彩。

　　记得从我当班主任的那天起，我就要求自己每天坚持写日志，更要求自己每天为教育创作一个真实的故事，也正是这种寻找故事的心态让我更珍惜工作中遇到的挫折，更理智地面对各类问题学生行为的叛逆。

　　在和学生的故事中，我曾用一个"风干的苹果"见证与一个家庭贫困学生的承诺，让我们彼此都懂得了珍惜与坚持；我曾用野草扎起的"鲜花"去抚慰大病初愈的学生的心灵，拉近了与新接班级陌生学生心灵的距离；我曾用善意的谎言帮助一名信心不足的学生"作弊"，让他重新找回了乐观的自己；我曾经强迫一个性格内向的转学生在规定的时间内记下班里所有学生的姓名，让她压抑的心情得到舒展的同时也收获了真挚的友谊。我曾经为自己特殊的生日聚会和动情的许愿而潸然泪下，曾经为学生每天晚上从寝室传来送我的歌声而欣慰感动……在对故事的品味中，我享受着每天感动的精彩，更享受着生命的成长赋予教育的幸福。

　　那么灵感从哪里来，故事从何处"写"起呢？

　　首先，我觉得故事源于教师对教育的执着与投入的心态。在很多人的眼里，教育是平凡而又枯燥的，但如果你能用投入的心态细细品味，你就会发现在这个爱的"家园"里，每天都会有精彩故事上演，老师与学生也都会在各自的角色中创造着平凡的感动。

　　其次，故事的精彩源于我们对学生无私的关爱，在这种关爱的指导下，老师能透过形式准确地定位我们每一种行为的动机，在无私的执着中，我们会越过应试的成绩关心孩子每天生命的质量。在这种心态下，我们也就拥有了发现的眼睛，也自然能捕捉到师生之间流动的灵感。

　　做一名有故事的教师，我们可以在寻找故事的心态下打破重复与单调的枯燥，教育的天空也会因为投入的心灵折射出生命的彩虹。做一名有故事的教师，我们可以在喧嚣的尘世中不迷失自己，因为当找不到教育故事的时候，也就是我们应该调整心灵坐标和扪心自问的时候。

正如同小说的故事情节，越是精彩越是波折，越是失败越能让读者体味最后成功的魅力，所以，我们最容易忽略的是在我们失意、无助时，心灵深处所沉淀的感悟。故事每天都会发生，但不会每次都有精彩，因为故事的美丽如同油画的色彩，它需要我们用真心和投入去描摹。同样的素材，同样的背景，却可以让我们用不同的心灵感受演绎出不同的故事经历和结局，同样也可以获得不同的情感升华与心灵的感动。

做一个有故事的教师，让自己的教育人生充满期待和精彩。

我给我的学生"献花"

闫少洁病了，还动了手术。

那是我中间接班以"后娘"的身份上任的第二个星期，学生都还在想念"亲娘"的阶段。我该用一种什么样的姿态去面对这样一个大病初愈的学生呢？我的举动不仅要表达我对这名学生的关注，还要在一定程度上给全班同学一种管理班级理念的暗示。闫少洁返校到班的那天，我变得坐立不安，仿佛一道面试的情景题摆在了我的面前。

突然，不知道哪里冒出了一个怪异的想法——"献花"。这个想法现在看来不仅需要灵感，更需要勇气。可是到哪里找"花"呢？到花店买花，太不划算，也太俗气，采摘别人家的花，又觉得不仁道。最后我把目光转移到我们学校操场边的草丛，因为当时我们的操场还没有扩建，经过一个暑假的疯长之后草地成了一道自然景观。

于是我拿起剪刀跑去了学校操场边的草丛，草丛很高，几乎没过我的头顶，蚊虫也很多，满耳都是它们向我这个陌生人挑战的嗡嗡声，但是心中想让这个学生开心的冲动把这一切都冲淡了。我不停地寻找着，寻找着一支支能代表自己心意的"花"。记不清用了多久，忘记了被蚊虫叮咬了多少次，最后我终于精心选择了四十二棵不同的"花"，并把它们细心地捆在了一起，"花"做好了。

当我把这束代表了四十二颗心的"鲜花"送到闫少洁手中的时候，没有语言，只有泪水和掌声。在那一刻我感受到了爱的温暖，集体的力量，我相信全班的孩子们也都感受到了。

很久以后，当我去参观女生宿舍时，居然又见到了那束早已风干的"花"，它安安静静地插在简单的玻璃瓶里，我顿时震住了，自己不经意的一个"礼物"，却成了学生挚爱的珍宝。

故事感悟

育人，别吝惜自己情感的投入，因为它对我们教师轻而易举，而对学生来说却是渴求的甘泉；教学，别忽视了对学生心灵的关爱，越是细腻越是真诚，越是平常越是感动。

丢 钱 风 波

郭亚会的钱丢了，刚从家里带来的 300 元钱，这对于一个从农村来的孩子来说绝对不是小数目。当郭亚会站在我的面前述说经过的时候，他已经是泣不成声。我想他此时内心的痛苦只有用承诺才能缓解了，所以我就对他说："放心，老师向你保证，一定帮你找回丢失的钱。"这一招还真管用，哭声小了，然后在继续讲述的过程中慢慢地停了。从他提供的线索中，我意识到找到钱的机会非常渺茫，但最后我还是乐观地对他说："我认为能找到，你给老师一点时间好吗？"他使劲地点了点头，但他的眼神中流露着迷惑和怀疑。当我毫无头绪地忙碌了一天之后，他又找到了我，欲语泪先流，"再给老师一些时间好吗？"我的请求仿佛验证了他的猜测，他的情绪开始激动了，我深知像郭亚会这样孝顺的孩子绝对能够体会得到这 300 元钱对家人来说意味着什么。面对这样一个孩子的无助和自己的无能，我也只有用谎言来缓冲这一切："放心，下午我给你答复好吗？"他走后我便开始精心设计自己的"骗局"，我在男生宿舍里故意将床铺弄乱，造成一个我寻找过的迹象，然后兴高采烈地跑回教室将他叫出："你可要好好请老师的客儿哟，我把你的钱找到了。""真的？"孩子就是孩子，泪痕还未干的脸上顿时就有了笑容。"在哪里找到了？"他急切地问，我早就准备好了答案："你这个家伙真是粗心，明明说是把钱放在了自己的衣橱里，可是我却在你的被子的下面找到了，你小子藏得还挺严实。"面对我自信的话语和开心的笑容，他显然信了，于是我趁热打铁："这下可以放心学习了吧，知道自己的父母不容易就要抓紧时间以优异的成绩回报他们。"他的头低了下去，但我还是能看得见他的眼中又充满了泪水。在接下来的考试中他考到了全班第二名的好成绩，我不知道这意味着什么，但我的心中有一种说不出的幸福与自豪。

2007 年 6 月的中招考试，郭亚会以全班第一名的成绩考入了濮阳市第一高级中学的"奥赛班"，一个美丽的谎言也许不仅仅是心理伤痛的安慰，更让孩子保留了那份本该属于他们的纯洁与善良。

故事感悟

作为教师，我们经常教育自己的学生要诚实，而自己却无意中对学生撒了谎。但我庆幸地看到了这次善意的谎言给孩子的是成功的动力，给自己的是教育的智慧。

坚强的"后盾"

"姚老师，纪磊可以请假一天跟我回家吗？"这是我们班卫生委员纪磊的母亲向我提出的请求，她满脸的愁云和憔悴告诉我，家里一定出了事。"有什么事吗？"我小心翼翼地问。"纪磊他爸快不行了，想见见纪磊……"她的声音开始有些哽咽，眼泪也随之夺眶而出。面对这突如其来的状况我手足无措，只是连连地说："可以，可以，我帮你去叫纪磊。"纪磊是个内向的孩子，平时话不多，可是对班级工作总是一丝不苟。我不知道这个噩耗对他来说意味着什么，但我很清楚作为班主任的我要给他安慰，帮助他坚强，所以在他见他妈妈之前我先将他拉到一边对他说："纪磊，现在你要回家看你病重的父亲，记住，不管发生什么事，老师和我们全班同学都与你站在一起，我们都是你最坚强的后盾。你已经是个大孩子了，你一定要学会坚强。"他好像已经从我的话中听出了些什么，眼睛红了，但可以看得出他强忍着没有让眼泪流出来，并向我使劲地点了点头。

纪磊走了，可是一种莫名的酸楚却开始在我的心中滋长。那天夜里，纪磊打电话给我："姚老师，我要再请一天假。"我无语，但我已经预感到了事情的结果，一阵沉默之后，电话的那头传来轻微的哭泣，我听得出来，这哭声已被他竭力地克制而变得扭曲。"想哭就哭出来吧，老师能够理解。"孩子放松下来的哭声是那样的辛酸而淋漓。

之后，纪磊带着丧父的悲痛重返了校园，班级的一切都在我的精心设计下进行，同学们还和往常一样与他交往，他并没有因为父亲的病故而受到众星捧月的照顾。日子一天天过去，我们的计划却没有动摇，在他的身边总有几个人陪伴，同学们不谈及自己的家庭，更不会讨论自己的父亲，卫生评比总是第一，课堂上教师的提问总会有纪磊这个名字。

不知不觉中一个月的时间过去了，难忘那次特殊的班会，我让学生们自由发言谈自己近段时间的优点、缺点和今后的计划安排，一向内向的纪磊主动要求发言，我爽快地答应了。讲台上他用朴素的语言讲述着自己从丧父的伤痛到重拾信心的心路历程："在爸爸离开我以后，我想到过离开，想让自己在一个没有人的地方自生自灭，我想到逃避，逃避别人异样的眼光，但同学们的举动让我改变了这一切，感谢老师和同学们在我最痛苦的时候给我的关怀和鼓励，我绝不会辜负大家对我的期望，我一定会很坚强地走下去，用微笑面对前方所有的困难……"

掌声，不知响了多久，眼泪，不知道光顾了多少同学的眼睛，但我坚信，那一刻所有的眼泪都是兴奋的、幸福的。当纪磊走下讲台时，我伸开双臂，紧紧地将他搂在怀里，又响起了哭声，又看到了眼泪，但他始终是微笑的。

故事感悟

很多学生会将自己受伤的心绪埋藏得很深，然后用伪装坦然去适应现实的环境。心灵与现实的反差越大，学生情绪的扭曲就会越严重，而这种扭曲如果不能得到及时调试，就会让学生产生消极与厌世的心态。所以，我们教师应该有一双对学生心灵信息敏感的眼睛，更应该有及时安抚心灵创伤的智慧，因为你此时的付出影响的不是学生的成绩，而是他们的精神与心灵。

春 节 献 礼

元旦前夕，由于期末考试的临近，批改、备课、出题，我忙得不亦乐乎，节日的氛围在工作的充实与忙碌中被淡化了，更没有去想如何庆祝。

下午放学后，几个学生来找我，说是要给我一个惊喜，把一个包装精美的盒子递到我的手里。"快打开看看，这可是我们全班同学给你的新年礼物哟！"感动得我竟然一时间不知道说什么才好，只是笨手笨脚地拆着那份沉甸甸的礼物。

盒子终于打开了，里面是一个精美的小瓶子，瓶子里是可爱的孩子们给我折的五颜六色的小星星。

"是我们全班同学一起折的，其中最大的那个红色的代表的就是老班你了！"他们一边笑着一边向我描述着班里不少同学由不会折到会折反复折叠训练的过程，我也仿佛看到了孩子们为我折叠的辛苦与幸福。看着这四十二颗星星，我仿佛看到了四十二颗纯洁善良的心灵。我知道这四十二颗星星代表了四十二份祝福和信任，对我来说代表着荣誉，更饱含责任。

作为回复，我特意请假跑到了老城的批发市场，从年货市场上精心挑选了四十一张漂亮的贺卡。每张贺卡上除写了一些新年祝语之外，我还给每个学生的贺卡附上了一封信，四十一封信。我生平第一次写这么多信，也许你会觉得信的内容雷同，词汇很苍白，但是没有，我如数家珍一般，每一个学生都有我思考的一片空间，每一个心灵都有我撞击的灵感，因为我深知，每一封信都有自己一段美丽的回忆。

当我把自己的"礼物"在家长会上交给他们时，惊讶、感激还有会心的微笑勾勒出了一道最美丽的风景。

故事感悟

不要总是将教师摆在一个高高在上的位置，不要总认为学生就应该单方面地尊重教师。在人格上我们都是平等的，享惯了师道尊严的我们更应该放低姿态与孩子平视交流。在礼尚往来的交流中我们得到的远比我们付出的多，在相互尊重的相处中成长了学生，更成熟了自己。

放 学 的 歌 声

班主任这个工作最初给我的感觉就是要有更多的耐心去培养学生，用更多的时间去陪伴学生。当然有些人将这里的"培养"做成"管理"，将这里的"陪伴"做成了"监督"，但不管怎样，有一点是相通的，那就是你必须拿出更多的时间和学生在一起，所以每天课余时间的加班成了我的家常便饭。

但我很享受这种额外的"负担"，因为这不仅让我有了充足的时间备课，也让我有机会与可爱的孩子们交流，尤其让我感动而又期待的是每天晚自习放学后送我回家的歌声。

"老师，你知道吗？每天晚自习后，我们都会派代表在宿舍楼放哨，等你最后一个离开办公室的时候，就会一齐到楼道内唱歌给你听。"这是在后来的同学聚会上一个学生兴高采烈讲述的话语。

说起这歌声还真算是当时学校的一大亮点。因为我走得比较晚，所以在周围比较安静的情况下，歌声也就显得越发的洪亮。歌声是从女生宿舍楼五楼（我带的班的女生宿舍）传出来的。当时我也不晓得为什么，从办公室走到宿舍楼下时总能看到她们整齐地站在楼道内，每天都送给我不一样的歌曲，而那份感动都是一样的真诚，一样的香醇。记得她们唱得最多的是当时流行的电视剧《十八岁的天空》的主题曲《红色石头》。在她们每天的歌声中，我也不止一次的被感动着、幸福着结束一天的忙碌。

后来为了不让值班老师为难，更害怕孩子们因为我不能好好休息，所以放学后我就早些下楼，说实话我也想早一点听到她们动听的歌声。

很多老师说我彻底征服了班里的学生，而我更清楚，在自己的内心深处是学生征服了我。很多老师都喜欢在晚自习放学等我，等着和我一块走，说是太羡慕我有这么好的学生，但我的心里清楚，歌声中唱出了信任和依靠，也唱出了我肩上的义务和责任。

如今那些曾经给我唱歌的孩子都已经考入了自己理想的大学，但那些稚嫩而清纯的歌声却深深地烙在了我们彼此心灵的最深处。

故事感悟

　　付出了就一定会有回报，我们的付出越是真诚越容易感动，我们的关爱越是单纯越容易被感知和吸收。当我们辛酸于自己的努力没有及时得到映射时，其实感恩的星火正在孩子的心底滋生；当我们心痛于某些学生没有及时领悟自己的期望时，奋斗的种子也许正在孩子的心里生根发芽。我们需要的只是再耐心一点，再坚持一下；我们需要的是少一些抱怨，少一些将自己的付出搭载太多功利的色彩。

"奖" 出来的成绩

刘文龙，一个个头不高却带着内向型调皮的学生。因为他个头不大，所以更容易引起老师爱怜式的关注；虽然学习不够刻苦，但也不影响别人；为人虽有些小调皮但不破坏班级纪律，所以我给其内向型调皮的评价。没有鸿鹄之志，也没有什么惊人之举，一切都在平凡中延续，一切都在悄无声息地度过，他的平凡与得过且过的处世态度也几乎让大家忘却了他的存在。

还记得第一次与他深入交流是因为一支笔。为了自我批改作业和对错题标注的方便，教师要求每个学生都准备一支红笔，做班主任的为了配合老师的要求，就传下命令：一天之内将红笔配齐，否则"格杀勿论"。当天晚上我们班的检查组检查后向我汇报，只有刘文龙没有准备红笔。我把他叫到办公室，还没等我开口，他先哭了，是害怕还是委屈现在已经无从考究。见他这样子，我也不敢再批评他了，从抽屉里拿出一支红色水笔给他。他不敢要，但看到我严肃而坚决的表情，也只好接过，然后我将自己前几天书画比赛得的奖品一支钢笔也拿了出来（这一举动没有在我的计划之内，完全是当时一时的冲动）："给，这是我的奖品，现在送给你！"（说实话真有点不舍得）如果说刚才那支红水笔刘文龙还敢勉强接受的话，那这支钢笔他再也不敢要了。也可以理解，无功不受禄吗，更何况他现在还是戴罪之身。于是我补充说："我不能白给你，而是要卖给你。价格——两支笔一共20元，如果下次考试进入前二十名（当时是23名，进前20名应该不太困难），我们这笔账就一笔勾销；但如果达不到这一目标，就给我20元钱。"他爽快地答应了。我很自信地认为这次我又重塑了一个学生。

很快月考过去了，出乎我意料的是，他的成绩倒退了。成绩公布的当晚，他怯生生地到我这里还钱，我笑着对他说："是不是为了能给老师买笔的钱而有意考不好呀？"他委屈地使劲摇头。我知道像他这样贫困家庭中的孩子，20元钱不是个小数目，于是我接着说："这20元先存放到你那里吧，等到下次月考我再取，如果下次考试你达到了目标，它就归你了，如果还没有达到，连本带利一起还我，好吗？""行！"第一次听到他的声音这么洪亮。

又是一个月过去了，他考到了班里的第 18 名，虽然不是太理想，但我能感觉得到他这段时间努力了，也相信他会一点点再进步。

故事感悟

教育的契机往往就在于那灵动的一瞬间，我们可以抓住它，从而产生"四两拨千斤"的教育功效；我们也很容易错过它，但如果错过了，就很难再找到打开孩子心灵的钥匙。也许这就是教育的艺术，多借力就会少费劲，多用脑力的智慧就会减少体力的损耗。

最真挚的话语

振振（化名），我们班中途转来的一个学生，不论是从相貌、衣着还是发型看，处处都透露出有点儿过了头的质朴。和他的外貌一样，他人也很淳朴、善良，所以很容易被同学们接纳，也很快融入了我们这个大家庭。

了解深了才知道，他曾有过不太光彩的历史，抱着痛改前非的决心才走进了我们学校。可是好景不长，由于我们班男生过于外向，再加上学校的个别男生还存在不良习性，让这个刚刚要沉下心来学习的"战士"又动摇了，在种种诱惑下挣扎的振振再一次面临着重蹈覆辙的危险。

我开始苦口婆心地说教，更是从过去、现在和将来的比对中寻找他振作的寄托，但每次的效果都不会持续太长时间，对此我想过放弃，更想过让其家长将他带走了之，但内心深处又对他有太多的怜悯和不舍。经过深思熟虑之后，我打电话通知了他的家长。家长来了，他的形象让我不再为振振那份过了头的质朴好奇了，典型的农民形象，典型的土里刨食的庄稼汉，不善言语，但眼神中充满了对老师的信任和敬意。"姚老师，振振该打就打，该吵就吵，俺没文化，也不知道怎么管。"一句话让我顿时不知该怎样向他"告状"了。

我想，如果当时就将振振叫出来，其他同学会如何看他的父亲？他又会如何看待老师呢？经过复杂的思想斗争之后，我做出了如下决定：

第一，不惊动振振，更不让他的父亲担心，因为担心也是多余的，我向他的父亲讲了振振好的变化和进步，从老父亲那憨厚的笑容中可以读出他对儿子的期望和骄傲。

第二，我向他的父亲提出了一个请求："你能对你的儿子说几句话吗？我录下来，等他松懈的时候我放给他听。"他使劲地点头，连声说好。录音开始了，但除了长时间的沉默便是语无伦次的重复，他太紧张了，我说："你就当是和儿子聊天，随便说几句就行了。"

"振振，咱来这里上学不容易，咱啥都和别人比不起，咱就比学习。过几天我想出去打工，给你攒高中、大学的学费，咱家都没文化，你一定要争气……"

终于录完了，到了最后，老父亲的声音都有些哽咽了，我也顺势结束了录音，让他调整好情绪，并送他离开了学校。

晚自习前，我把刚刚打球回来的振振留在办公室让他一个人听（用耳机）他父亲给他的录音。当我约摸着时间再次回到办公室时，他几乎哭成了泪人，泪水夹杂着汗水，狼狈极了，但我心中的石头也总算落了下来。

在接下来的日子里，振振又几次主动来听他父亲的录音，但再也没有让我劳神地管教过。也许只有孝顺的儿子才能从父亲朴实的话语中读出那份感动！读出父爱的崇高和伟大！

故事感悟

有人说教育需要智慧，班主任需要艺术，但我觉得那些都只是表面的形式而已。真正的成功教育应该源于真心、真爱、真诚。教师要做的就是用真心去呼唤真爱，引导真诚，当一切都"真"的时候，我们的教育手段也就自然会充满智慧与艺术了。

风干的苹果

在我的办公桌抽屉里有一个风干的苹果。虽然它早已没有了苹果的香醇，但每拿起它，总会有许多欣慰和感动，那是我们班的纪律班长李明洁送给我的礼物。

还清楚地记得那年的 12 月 24 日晚自习前，李明洁高兴地跑到办公室里找到我，将一个又红又大的苹果递到我手中："姚老师，今晚是平安夜，吃了这个苹果就会永远平安快乐！"相信这份礼物和台词是她"蓄谋已久"的。我接过来笑着闻了闻："真香，谢谢你的礼物，我会好好把它珍藏起来。""不行，苹果必须今天吃了才灵验，况且放时间长了会坏的！"她笑着说。"我也很想吃，但老师没有能力把你的成绩提高，很惭愧，所以我准备先放起来，等你的成绩提高了再吃。"听了我的话，她把头低了下去，是内疚、惭愧还是感动，我想当时她的心情一定很复杂。但短暂的沉默之后，她突然抬起头："老师，你相信我，下次我一定进入前 20 名。"我欣然答应，但内心深处没有底气，虽然她一直都很努力。

考试结束了，她的成绩如故，她没有来找我，而是留下一封信，选择了离开："姚老师，我不想上了，我爸给我在超市找了份工作，我想去上班挣钱供我妹妹。谢谢你给我的帮助和支持，但我不是学习的料，让你失望了。"简单朴实的话语，却让我清晰地看到了一个善良、懂事而又倔强的身影。

几经辗转，我找到了明洁的家。看到我的来访，惊讶和激动让她手足无措："对不起，老师，我……"她语无伦次地解释着。"你真的不想上学了吗？"我急切地问她。"是的，反正也学不会。"但红红的眼睛，强忍的眼泪，床头放着的课本，都无不证明着她在说谎。我从口袋里拿出一个精美的包装盒给她，当她打开看到那个几乎被风干的苹果时，再也控制不住自己的眼泪："老师，对不起，我没有兑现我的承诺……""没关系，成绩可以不好，但我们绝不能轻言放弃呀……"

通过一番努力的争取与疏通，明洁又重新回到校园，我又重新看到了那个向命运抗争的战士。

终于，明洁通过自己的努力考上了高中，是那个风干的苹果让我们都懂得了珍惜与坚持。

故事感悟

没有任何人是天生的强者，也没有任何学生的人生永远顺水顺风。我们教师的最大作用也就是在他们处于逆境时，在他们穷困潦倒时顺手帮他们一把，也许我们的付出会少到不值得一提，但对孩子的意义则可能影响到他们的一生。

逼出来的歌唱家

每接一个新的班级，因为自己总是以"后娘"的身份出现，所以我总是尽可能的以朋友的心态，以时尚的情趣拉近与学生之间的关系。

还记得那个下午的第一节课，学生因为刚经历过午休所以显得无精打采的，于是就想着搞个小活动调节一下气氛。我让学生们推荐一个人为大家唱一首歌，不少学生都将目标集中在了梁少洁的身上。当时我自信地以为她肯定是班里唱歌最棒的，但后来才知道同学们推举她是因为她性格开朗，至于唱歌还真是有些勉强，同学的推荐中多多少少有一些恶作剧的心态。但她还是无奈地站了起来，可始终开不了口。我苦口婆心，她却铁石心肠。我当时就担心万一她真的坚持不唱的话，那么不仅说明班主任说服功力不够，更会给班级带来负面影响，谁都可以自由主义了。短暂的调整之后，我使出了杀手锏："少洁同学之所以不唱，就是因为大家的掌声不够响亮。"同学们顿时又响起了雷鸣般的掌声，但我清楚地看到她涨得通红的脸压得更低了。"老师，我真的不会唱……"她竭力地辩解说。"唱不了完整的，可以唱一段，或者唱几句也行呀！"我借势给了她一个缓冲的台阶。"本来会的几句，一紧张全都忘了。"她不好意思地说。"同学们，这样，我们每隔10秒钟就给她鼓一次掌好吗？"同学们当然欣然接受，但我心里清楚这时的掌声对少洁而言，已经变成了压力。当同学们第三次为她鼓掌的时候，她猛地抬起头："老师，我唱《北京欢迎你》，你能给我起个头吗？"这一下子把我镇住了，因为这首歌刚流行不久，我也只会哼高潮几句呀，此时一名男生为我解了围。终于一首完整的《北京欢迎你》在他们两个的合作中结束了。课堂的气氛也由困顿到激情再到紧张，最后总算画上了一个圆满的句号。

一个多月过去了，我们学校要开展"文艺汇演"，要求之高、重视程度之大都是建校以来没有过的。少洁找我报名要求参加，这着实让我吃惊，一个10分钟才勉强被逼出来一首歌的学生行吗？但我还是答应了，并强调说："节目是要筛选的哟！""老师，你上次的坚持让我深深地感到无论什么事都不能轻言放弃，相信我，即便是失败了，我也会坦然接受，并享受过程。"从她自信的神态中，我读出了坚持的力量。

汇演开得很成功，更让我欣慰的是她与另外三个女生手拿吉他弹唱的

《心愿》赢得了同学们的阵阵掌声。演出结束后，我在班里动情地说："少洁用她自信而又美妙的歌声唱出了她的心愿，老师也有一个心愿，那就是同学们绝不能轻言放弃，坚持到底，只有这样，我们班的每个人才能收获属于自己的幸福……"

那掌声里有对我那次险些泡汤的坚持最高的褒奖，更有对我们未来的无限希望。

故事感悟

关于教育，也许我们需要的是再多一点耐心，再多一点等待。这种耐心代表着教育者对孩子的关爱，这种等待代表着我们对弱者的尊重，而这种关爱与尊重也恰恰是心灵成长最需要的情感滋养。

为"差生"做件事

好像现在不让叫"差生"这个名称了，要叫"后进生"或者是"潜能生"，我觉得关键不是怎么称呼，而是怎么定位，如何对待。再高雅的名称背后如果得不到老师们应有的善待与转化，结局也许都是相同的。

李阳、魏青松两名学生，在很多老师的眼里是名副其实的"差生"，甚至在家长的眼里都是无可救药的，也正是因为这种被放弃的情感氛围，让他们有了"破罐子破摔"的心境，自然也就出现了无事生非的种种"劣迹"。

上课迟到、说话，作业不交，自习课乱跑，条条"罪状"源源不断地反映到了我这里。虽然不是什么大的错误，但发生在"差生"的身上就会显得特别碍眼，尤其影响老师的情绪。

怎么办？随着又有一位老师的告状，我又一次将他们"请"到了办公室。他们的眼神中流露出了一种无所谓的态度，是啊，又不是打架斗殴、杀人放火，又能把他们怎么样呢？到办公室后我示意让他们坐下，他们开始有些吃惊、怀疑，可确信以后又开始拒绝，最后在我的强烈要求下，他们两个不安地坐在了我的面前。不敢抬头，手和脚都不停地搓动着，刚来时的无所谓已经演变成了拘谨和羞涩，一个简单的改变让他们的态度发生了这么多微妙的变化，我开始试着调整自己谈话的思路。

"为什么上课不听讲？"

"老师，我们现在根本就听不懂。"

这倒也是，就凭他们的基础，恐怕现在只能听懂语文了。

"都听不懂吗？"我接着问。

"语文还可以，历史也差不多！"看来比我估计的要好。

"我能理解，在听不懂的情况之下，还强迫自己去听，是很难做到的，这样吧，每天你们能听懂的学科就认真地去听，在听不懂的学科的课堂上，你就抄写优美的文章，每节课抄写600字，你们能做到吗？"

他们两个都使劲地点头表示同意，等他们回去以后，我马上跑到外面买了两支钢笔，送给了他们，并强调说："我希望你们把能听懂的学科学会，并利用其他的时间提高自己的书写水平！"

就这样，我除了必要的备课、上课以外就是认真地欣赏这两个同学的大作。我惊喜地发现，他们除了抄写别人的作品之外偶尔也写些文章，虽然词句有些生涩，修辞有些粗陋，但依然看得出他们的努力与成长。每每此时，我都会激动地写下自己的喜悦与兴奋，注明自己的喜欢与期待。

不久，在我们团委举行的全校范围内的师生书画作品大赛上，他们主动要参加硬笔书法部分的比赛，我欣然同意。在版面设计的过程中，我有意将他们的钢笔字排在了同类作品最醒目的位置。课下当围观的同学惊讶于他们转变的时候，相信他们收获的不仅仅是自信。

接下来他们的表现，我不说大家也能猜到，除了每天给我交上他们的作品以外，课堂纪律也有了明显的改观，很多老师向我寻求秘诀，我只是笑着对他们说："请试着为你最讨厌的'差生'做件事吧。"

故事感悟

也许我们习惯了居高临下的要求与命令，习惯了学生的安静与听话，却忽视我们教育的群体也需要尊重与理解。我们喜欢用自己心中优秀的标准来衡量教室里每一个学生，却忘记了这样做其实对学困生是一种极大的不公平。换个角度去看，你就能看到不一样的风景；换种心态去对待，你就会收获不一样的心情；换一种方法对待"差生"，我们会收获比我们付出多得多的感动。

以柔克刚的思考

在班级管理"接力棒"（让违纪的学生在接受处罚的基础上去寻找另一个违纪对象）工程开始实施以来，随着检查力度越来越大，闲杂人等的自由空间也就越来越小，所以有几个学生出现了"狗急跳墙"的举动，可能我这样说不太恰当，但很贴切，尤其是坐在后面几个无所事事的学生，我甚至能感到一触即发的危机。终于，在一次学校对发型的整顿中爆发了。

刘路坤，一个中途转学过来的学生，极力反对学校对小平头发型的要求。在迫不得已的情况下以"光头"来表示抗议。当他以这种独特的"造型"进班时，学生们在哗然之余，可能更多的是观望班主任下一步的做法。我下定了决心要整他，可是他又是离家出走，又是无故旷课，我一下子也不知如何是好。还是另一个后进生提醒了我，他们的这种做法不是因为你不好，而是因为你太负责了，管理得太细了，所以让他们感到了空前的压抑，如果你坚持这种强行管制，效果不一定会好。

我该怎么办呢？经过了一夜的挣扎之后，我做出了我人生中第一次破例的做法。上午的第五节课前，我找出了三个具有代表性的学生，一个是"光头"，一个是每天罚写6600字还能腾出时间捣乱的学生，一个是想着破罐子破摔的纪律班长，要求他们放学后到学校门口等我。虽然是一头雾水，但有慑于班主任的威严，他们也只有听从。放学后他们三个无精打采地准时到学校门口集合，我让他们跟我一起去个地方。直到来到一个档次不错的饭店，他们才有了一丝莫名其妙的清醒。一人一碗西安泡馍，我只顾得吃，不说话，我不知道他们是什么心情，但我相信这顿饭一定会让他们终身难忘。饭后我只是淡淡地对他们说，我有一个心愿，那就是看到你们的进步，看到我们班所有后进生的进步，所以我希望你们能管理好自己，同时也帮助老师管好其他人。他们没有给我承诺，我也没有要，但是晚上三个学生都给我打了电话，有一个走读生还给我发了很多条短信，一直到我的手机内存全满。此时我也如释重负，反思自己在更人性化、更自主化地管理之余，也要让自己更加冷静理智地面对每一个问题学生。

故事感悟

面对无所顾忌的"差生"，也许他们最不怕的就是"暴力"，我们简单粗暴的处理方式也只能助长他们违纪的冲动。我们需要的是冷静下来的智慧，学生需要的是关怀下的引导。

一次蹩脚的"针线活儿"

校服问题向来是学校管制的一项重要任务，对校服的检查也自然变成了班级量化的一项指标。可是叛逆的学生似乎学校检查什么他就抵触什么，于是要求学生坚持穿校服也成了班主任的工作内容之一。

江修俊又一次因不穿校服使班级扣了一分。这已经不是第一次了，我真的不知道该用什么方法对他进行惩罚了。他好像有什么"借口"要说，却被我无情地制止了。"先做50个俯卧撑。"我强忍着怒火用最简单的方式替全班同学对他进行惩罚。

面对惩罚之后气喘吁吁的江修俊，我的怒气多少也得到缓解和平衡："说吧，这次又有什么理由？"

"昨天下午上体育课做压腿训练时裤子破了，体育老师可以作证。"他一脸无辜地讲诉着。听着他的委曲，想着自己粗劣的行为，内疚之下火气也就自然消减了很多。但我还是强装出班主任的威严："不管想什么办法，明天一定要穿上校服！"命令之后，我也开始思考，他怎么解决缝补的问题。

晚自习过后，我从家里拿了针和线到寝室找他，可以看得出他正在为如何解决校服问题而犯愁。看到我的到来，他先是一脸的惊讶，而后就是如释重负的释然。"老师你看，我想补衣服，可是没有工具，这真的不怪我呀。"

"给你工具，你会补吗？"我笑着问他。

"至少可以试试吗！我可不想明天再为班级扣分了。"

"值得表扬，最起码，你让班主任知道了不穿校服并非你的本意。为了表达今天老师没有调查清楚就对你进行体罚的歉意，我特意过来帮你缝补校服裤子。"

听到此言，同寝室的同学都看热闹似的围拢了过来。相信他们大多数的心态是好奇和不相信。说实话我还真的没有缝补过衣服，但一向自信的我觉得现场发挥也绝对不成问题。

在我很努力很用心的尝试中裤子"补好"了，虽然是连自己看着都有些蹩脚的成果，但江修俊同学还是激动地接了过去。他不会对我的手艺挑三拣四，因为他们的审美早已经被那份感动冲击得一塌糊涂了。

后来有知情人告诉我，那天晚上江修俊是穿着那条裤子睡的，还不时地对同寝室的其他同学炫耀说自己是全班最幸福的人。不幸的是第二天课间操跑步的时候，刚刚缝好的地方又开了。用现在成熟的观点去说的话，是缝到最后的时候，线头儿忘记打结了。还好时值周末，他可以回家好好补救了，但那天在衣服破了的情况下他一直穿着，在接下来的日子里他再也没有出现过无故不穿校服的现象。

故事感悟

一次极不合格的缝补，也许我们任何一个教师都做得到，但对学生的触动则是巨大的，因为他们得到了你的关怀，它也让我真正地认识到对"差生"付出的情感最容易得到回报，也最容易增值。

一次出差的感动

　　两年一度的全国优质课大赛又要开始了，这是我最不愿错过的机会。虽然不像以前那样有作为选手参加的冲动了，但它还是我最青睐的专业赛事，更何况此次前往我是以"加权评委"的身份参加。但我的学生该怎么办？一走就是一周的时间，尽管有很多同事的分担与照顾，可心里仍有太多割舍不下的担忧与牵挂。

　　不管怎么担心我还是如期坐上了开往天津的列车，但随着距离的渐行渐远，我对学生的担心也一点点变成了摆脱的庆幸，庆幸自己终于有一段属于自己的时间；再后来这种庆幸又变成了想念，一种空荡荡的想念。还清楚地记得来到天津后的当天，把一切都安顿好之后，我便忙着到处寻找网吧，迫不及待地用网络文字表达着自己对学生的想念。

　　于是不论每天多么劳累，我都会给学生写信，然后通过电子信箱发到同事的邮箱里，再由同事念给学生们听。以下是其中几封信的内容：

2008 年 11 月 15 日晚
同学们：

　　坐在网吧的电脑旁给千里之外的你们写信，感觉真的怪怪的：有思念与担心的酸楚，也有越海飞鸿的浪漫。天津的夜晚除了寒冷以外好像也没有什么特别，心目中的大都市和实际的景象有一定的差距，但不管怎样，在接下来的几天里我要和全国的高手们切磋，这也是我期盼与兴奋的落脚点。

　　真的很担心你们在没有班主任的情况下会不会疯掉，但我马上又打消了这种担心，因为七班的孩子成熟稳重，平时我忙于其他的工作时，你们照样自我管理得很好。我现在唯一担心的就是你们会不会因为想我而无法专心学习，不要担心，我很快就会回去的。我好像听到你们的笑声了，笑我自作多情，是吧？唉，伤自尊了，好了不说了，旁边还有老师在等我呢！

　　记住，一定要听话，给那些想挑我们班毛病的人看看，我们七班在没有班主任的情况下一样"遵纪守法"。

2008 年 11 月 17 日晚
　　同学们，今天表现怎么样？有没有受到老师的表扬呀？

从早上 8 点开始随车进入比赛会场，一直坚持到中午 12 点再随车一起回宾馆吃饭，1 点半又要随车再次回到会场，5 点 20 分结束吃饭，晚上还有所谓的交流。在没有任何运动的情况下，我真的有点消化不良。还好，今天的每一节课都很精彩，可能因为是评委的身份，所有的选手对我都非常客气，时不时地还有老师向我询问对课的看法与评价，真的有一种大师的风范。明天就是周一了，别忘了统一校服与校牌。志明，你作为体育班长一定要把我们的队整好。还有，天气冷了，千万记得多加衣物，不能只要风度不要温度。

2008 年 11 月 18 日

同学们：

好像已经习惯了每天工作结束之后就要对着电脑摸着键盘抒发一下感情，今天过得很平淡，除了听课与交流之外再没有别的活动，虽然课很精彩，但太多的精彩反倒给人一种负担，我还是强迫着自己去欣赏，去评价。

今天已经是我离开你们的第四天了。我真的有点担心了，值班的同学是不是尽职检查了，值日的同学是否能及时完成自己的责任区，课间操有没有及时到位，晚自习后的女生宿舍是不是还有说话的现象等等，都快成我的心病了。同室的一个教研员劝我出来了就要把所有的负担放下，开开心心地享受几天，我也真的很想，但眼前总是晃动你们的影子，尤其是在夜深人静的时候。有人说人与人之间是有心灵感应的，是不是你们今天表现不乖呀？如果真的犯错误了就主动向老师承认，争取宽大处理，如果是我感觉错误，就把你们好的表现让老师给我发过来，也许是太想你们了吧。

2008 年 11 月 19 日

同学们，你们好吗？

超负荷的劳动让我已经忘记了疲劳的概念，因为太多就麻木了。由于要评课，所以我必须认真听好每一节课，因为每一个评价都可能会影响选手的一生，所以我强迫着自己不跑神。但今天当我收到李老师转发给我你们写的祝愿时，我还是走神了，而且再也不愿意回过神来……

我喜欢这种感觉，更享受着这份感动带给我的温暖，所以今天上午的那位选手应该感谢你们了，因为我给了他最高分，虽然我根本不知道他讲的是什么，但我还是在评语栏里写下了这样的话：真挚的情感不用任何修饰，原始的感动最能触动人性的灵感，美丽是因为关爱的投入而纯洁，美丽也是因为纯洁而永恒。

也不知道他们能否理解这些评语的意思，但我懂，相信你们也懂。

我听说明天要进行汇演，这是你们的班主任作为团委书记几个月的辛苦的成果汇报呀，希望你们遵守会场纪律，认真品味你们老班的一番心血，更何况还有我们班明星的演出呢。

不说了，越写就越想你们了，本来自信地认为你们会因为我的离开而想我，现在才发现多愁善感的是我。同学们加油，我相信明天的你们会做得更好。

爱唠叨的班主任

现在还记得回到学校后任课老师们对我们班的评价："你们七班的纪律，怎么你走了比你在的时候还要好呀，看来你真有点多余了。"好像讽刺的玩笑话却让我的心中荡起了幸福的涟漪。当我进班时，同学们激情欢呼，让我深深地感到尊重与爱都是相互的。

我们班的姚琳这样在我的博客中描述了那段时光：

那次你走了，同学们都在数着日子，我们晚上还是说话了，但是话题又多了一个，就是我们想你今天做了些什么，甚至我们讨论你在那里吃的住的是不是都习惯，咱班比较"重情"，但是这么关心一个老师还是头一次呢！呵呵……当老师给我们读你写的信时，我们感动得都哭了，才明白原来你也在担心我们，那时候我们都为有你这样的"后娘"感到骄傲！等到你回来了，进班的刹那，同学们都欢呼沸腾，甚至有眼泪在眼里打转，也不知道为什么，总之就是很激动，我们终于等到你回来了，那时候才感觉"家"完整了！

故事感悟

让学生铭记在内心深处的不一定是生离死别，让学生传颂的也并非都是大公无私、舍己为人的奉献。一点点真诚的付出，一份份单纯的关爱，没有功利的熏染，没有个人的恩怨，有的只是发自内心的需要。这样的爱也最容易被孩子的心灵触及。

特殊的"礼物"

期中考试结束了，自然又是几家欢喜几家愁。当我拿着成绩单想着如何与那些成绩波动比较大的学生谈心的时候，我们班的王雪颖同学到办公室来找我："老师，这是我给你的礼物！"一支钢笔和一封信，递给我时，她的脸上带着一种很不自然的笑容。

"今天是什么节日呀？为什么要送老师礼物？"

"不是什么节日，你看看信就明白了。"

说完雪颖就离开了，我打开信认真地品读，这才明白她送这份礼物的原因：

姚老师，你应该还记得上次考试后你和我的那次谈心吧。你语重心长的话让我深刻地感受到努力学习的必要和自己成绩的不争气，所以我向你保证下次考试进入班级前20名，向你定下了如果不能实现诺言就要送给老师一份礼物的诺言。虽然这段时间很努力，但成绩还是没有达到预期的目标，所以用一支钢笔作为礼物以示对自己的惩罚。

不过，如果下次我能达到上次定下的目标，请老师再把"礼物"还我，好吗？呵呵。

信的末尾还特意画上了一个笑脸，我知道她的这句话是用另一种方式向老师保证她要加倍努力，坚决在下一次考试中达到自己的目标。

这里有必要说明一下我们班里的特色制度。每一次考试成绩公布后，我都会让学生针对自己的成绩认真分析经验与教训，并制订出努力的方向，尤其值得一提的是，我会让学生制订出下一次考试要达到的目标名次，另外还必须写清楚如果达不到目标的处罚措施。我清楚地记得雪颖的目标是要进入前15名，而达不到目标的处罚措施是给老师买一件礼物。当时我还觉得她的处罚措施很有意思，但没有太在意。一晃一个多月的时间过去了，期中考试的成绩没有达到她预期的目标，所以才有了这份特殊的礼物。

面对着这份特殊的礼物，我迫不及待地给她写了回信：

"雪颖，谢谢你给老师的礼物，尽管我还不知道它到底属不属于我，但它依然是我任教以来收到的最特殊的礼物。它的特殊不在于礼物本身，而在于透过礼物让老师看到你的善良与感恩，更让老师体会到了你的执着和坚持。这次考试虽然没有达到你的目标，但我已经深刻地感受到了你的努力与刻苦，只是方法还需要多和老师沟通与交流。在老师的心中，最好的礼物就是你的成绩能突飞猛进，真的希望你能早日取回你的钢笔，到那时我一定再送上我的一份礼物！"

不知道收到老师回信的雪颖是什么样的心情，但我可以肯定的是她一定会更加努力。在接下来的日子里，她的表现也印证了我的猜想。每天早晨她总是第一个进班，每天晚上她又总是最后一个离开。经过一个多月的努力和坚持，她终于实现了自己最初定下的目标，虽然很勉强，但足以让我感到欣慰。成绩公布的当天，我就在全班同学面前讲了雪颖和我的故事，在彼此感动的掌声里，我将她的钢笔和为她准备的一份礼物递到了她的手中。她微笑的脸庞流下了两行热泪，弱小的身体却显示出了特有的坚强。

故事感悟

作为教师，尤其是作为班主任，一定要有借题发挥的本领。有了这项本领，你时时处处都会捕捉到教育的素材与灵感，而这种本领源自我们对教育的投入与倾心。

无意间的感动

天意弄人，"甲流"肆虐，学校上下人心惶惶，所以校方接上级通知做出了强硬的规定：凡是发烧的学生一律回家看病隔离。

天气恶劣又突降大雪，所以我暗自祈祷千万别有学生发烧，但是现实往往不遂人愿，我们班又出现了一个发烧的同学——郑少莎，一个平时很少说话，我几乎记不住名字的学生。

"老师，我发烧了，37.9℃，能不能不回家呀？"

还没等我发出让她回家的指令，她首先发出请求，眼神里流露的不是对病痛的恐惧而是对将要被"驱赶"的哀伤。看着眼前发烧的少莎，再看看外面的鹅毛大雪，我开始动摇了，但脑海中马上又闪过了校长严厉的神情。

"要不你给你爸打电话吧，看他能不能来接你，学校有硬性规定，发烧的学生必须请假回家。"

她不情愿地接过我的手机打通了她爸爸的电话，电话的那头同样是不情愿的声音，但少莎把我的难处说出后，她爸爸让她打车回家。问题总算解决了，但她又提出了最后的请求："老师让我上完最后一节课再走吧。"面对这样的请求我又怎能拒绝呢，于是我答应她进班学习。

放学了，因为下着大雪，也出于一种本能的责任，我把她叫出来送她上车，为了确保她的确离开了，同时也是为了她的安全考虑。我陪她站在校门口等车，由于雪太大，所有的车行驶的速度都很慢，此时我才发现，等车哪有那么容易呀，我早应该想到了，可是没有办法也只有站在雪里和她一起焦急地等待。

"老师，你先走吧，我自己等车就行了。"她反复催我回家，说实话顶着这么大的雪，鬼才愿意在马路边受冻呢，但我还是微笑着说："我得送你上车，还要记住车牌号，要不他们把你拐走了怎么办呀？"几句玩笑，打破了彼此之间的沉默，也拉近了我们心与心的距离。

十分钟过去了，虽然有不少出租车过去，但没有一辆是空的，即便是有也很难轮到我们，因为旁边还有很多人在等车。

"少莎，不如这样，你在这里等，我去路对面等，这样我们等到车的概率会大一些，好吗？""老师，你回去吧，我自己等就行了，放心，我到家后给你打电话，好吗？"虽然话不多，但我还是能够清楚地感受到她的真实与感动。

"不行，就这样定了，我们一起等，见到车一定要抢先坐，不要和别人客气！"我说着就朝对面跑去。

又是十分钟过去了，借着路灯的光，我可以看到她头上、身上已经落了厚厚的雪，还不停地搓着手，可以想象当时的寒冷。如果这样等下去，什么时候才能坐上车呀？本来发烧还不太严重，这样冻着会不会加重病情呀？为了自己不受连累，就这样赶走学生有必要吗？我的心在深深的内疚与无奈中纠结着、挣扎着。

顾不了那么多了，我又穿过马路来到她的面前，一边清理着她身上的雪一边笑着对她说："不走啦，我给你爸打电话，我带你看病。"说着我便拉着她的手快速地朝着学校旁边的诊所跑去。

到了诊所我们相互"嘲笑"着满身是雪的样子，相互拍打着对方身上的积雪。突然间心中充满了一种因自私而深深的自责，为自己推卸责任而让孩子冒雪离开而自责，但同时心中又为自己及时补救而庆幸。大雪给了我寒冷，却也让我感受到了付出的幸福，等待虽然辛苦，但我不懈的陪伴避免了更坏结果的发生。

简单地和医生说明了情况后，医生要求输液治疗，于是她再一次催促我离开回家，我也终于可以放心地离开了。当我走出诊所门没有多远，少莎从诊所跑了出来，跑到我的面前："姚老师，谢谢你，本来我觉得自己在你的心目中无足轻重，但是我错了，你爱我们班的每一个学生……"

脸上的雪已经化了，很凉，但在我的心中，这一刻则是充满了幸福和温暖。

故事感悟

作为教师最不能缺少的就是爱，对学生最真诚的爱；作为班主任最不能逃避的就是责任，对每一个生命不可推卸的责任。

我为我的惩罚道歉

"我们要做就做到最好，我们的目标就是第一!"这是我对班级和学生们的要求，也是对自己的要求。对自己要求可以靠顽强的坚持实现，但要让学生们一起去实现某一目标，就必须得到他们的理解，赢得他们的认同。

记得那一次我们班因为一分之差将"流动红旗"拱手让给了别的班级，为了夺回这份本该属于我们的荣誉，我对学生提出了一个苛刻的要求:"下周我们一定要把失去的红旗夺回来! 否则，我们全班同学包括我在内一起罚蛙跳一圈!"话脱口而出，但我对绕操场蛙跳一圈是个什么概念则根本没有具体的感受。

尽管我们采取了很多办法，付出了很多的努力，但种种原因导致最后我们班还是没有拿到"流动红旗"。周一升完国旗，我将我们班的队伍留下兑现惩罚。虽然当初承诺和学生一起接受惩罚，可是气急败坏的我只想着把气快些撒在学生身上。

学生从规定的位置出发了，标准的蛙跳，不能停止，不能偷懒。但我没有跟着他们一起跳，因为我要监督他们，催促他们。但我心里明白，我是顾及自己的面子，因为还有好多老师在场，同时我还有很多的不自信，怕自己坚持不下来。

没跳多久，部分学生就开始停了，想休息，但从我旁观者看来就是想偷懒。我不时地发出新的命令，让他们继续，让他们加速……

终于结束了，全部的学生都是满头大汗，大部分学生几乎是爬着通过了终点。看着同学们精疲力竭的样子，我心中虽然有一丝愧疚，但更多的还是一种宣泄式的快感。当最后一个，也是我们班最胖的团支书董瑞雪同学"连滚带爬"地走到终点的时候，我的气也差不多全消了，我一边示意她坐下，一边为她捶腿，试探地问:"蛙跳一圈真的有那么难吗?""说得轻巧，你试试去!"一句反驳让我无言以对。

为了表示承诺的公平性，回到教室我向大家说:"等你们上体育课的时候，大家一起来监督班主任蛙跳一圈。"学生的疲惫好像已经麻木了对我兑现承诺的刺激。

周五下午第一节课是我们班的体育课，我事先换好装备，穿上运动鞋，脱去外套，来到了操场。

同学们已经开始做训练前的热身跑步了，我的到来让他们都明白了任务是什么。我先找到一个好的起点，开始了我自认为轻易就可以完成的训练。标准的动作，较远的跳距，漂亮的开端还真的赢得了从旁边跑步经过的同学们的掌声和叫好声。好景不长，10 米过后我就感觉到腿有点发软了，但我还是很乐观地坚持着。

大概 15 米的位置，我就坚持不住了，便停下来休息，但我意识到这不是偷懒，而是生理极限的本能反应。再后来，我的蛙跳就越来越感觉到困难，但好胜的性格让我苦撑着不停下来。很明显自己每次跳动的距离越来越近，休息的频率也越来越高，休息的形式也越来越低重心化。由原来的站着休息，到后来的蹲下休息，再到后来的坐下休息，我很不想让学生看到我的这种窘态，但我已经控制不了自己了。我开始想那天学生蛙跳时的情景，我训斥那些坐下来休息的同学，现在想来自己是那么残忍。

终于结束了，我躺在终点处的篮球架下再也不想起来，头晕、恶心，但更多的是后悔。从学生开始的鼓掌到后来的担心，从自己开始的自信乐观到后来几乎晕倒，我深刻地体会了一次学生受罚的感觉，也深刻地为自己这种残酷的体罚感到愧疚。

事后我在自习课上，真实地谈了自己对此事的感受，忏悔自己没有遵守接班时"不体罚学生"的承诺，没有经过考察，没有争得大家的同意就随便制订惩罚措施，我向大家深深鞠躬以表示真诚的道歉。

我不知道下一周再拿不到"流动红旗"该怎么办，但我鞠躬时赢得的掌声告诉我，关心比惩罚更能催发学生的斗志，"流动红旗"接下来的再次光顾就是最好的证明。

故事感悟

体罚，是一个教师最无能也最无助的表现，虽然这样有可能在短时间内就见到效果，但它惩罚的是学生的肉体，伤害的是孩子的心灵。请相信不管任何情况下我们都能找出比体罚更好的处理办法，但需要一个前提，那就是对学生的关注、理解与尊重。

让我感动的生日 party

生日，我们每个人都期盼的日子，因为一年一次的稀有让我们倍加珍惜，因为有最亲最近的人的祝福和共享让它充满了温馨与感动。

还记得那次难忘的生日，急促的电话铃声打断了家中幸福的场景，"老师，你最好到学校来一趟，班里出了点状况！"电话是班长马路红打来的，平淡的话语，此时却显得格外刺耳。一边抱怨学生的不争气，一边还是无奈地来到了学校。班长与学习委员早已经在楼道口等候了，我不停地发牢骚："又怎么啦，这么不让老师省心，快进班吧！""老师，别急，你最好有心理准备！"一句话让我的心仿佛感到了事情的严重性。"好，我有心理准备，快走吧！"说实话我哪里有什么准备，我只想快点解决问题，快点回家继续我的生日宴会罢了。当我快步上楼，走进教室的时候，眼前的情景让我呆在了哪里：一个大蛋糕，全班 51 支点燃的蜡烛，齐唱的生日歌。没有置身其中你根本体会不到当时的那种感受，为自己的自私和抱怨羞愧，更为学生真诚的祝福感动，不争气的眼泪不顾及我的师道尊严一涌而出，还好，灯光的柔弱让我掩盖了脆弱的尴尬。"老班，快许愿吧！"同学们的提示让我开始调整自己泛滥的情绪。"谢谢，谢谢同学们给我的惊喜和祝福，相信这个生日会让我终生难忘的，我建议今天的生日愿望我们大家一起来许，好吗？"就这样我们闭上双眼，对着温暖的烛光许下对彼此的祝愿……

如今那一批学生已经顺利升入了高中，但那次特殊的生日，那一幕温馨的场景却成为我们最美好的回忆。

故事感悟

种下一颗爱的种子，就一定能收获一份被爱的幸福，也许这份幸福会迟一些，但付出的不求回报，也会让爱的回报来得自然而温馨。

尊 重 的 力 量

　　王丹，一个活泼开朗的女孩儿，但过强的个性特点让她多了一些自以为是的任性，少了几许淑女的文雅和乖巧。接班主任没有多久就有人向我反映，让我一定要留心这个学生，要严加管教和防范。我也的确留心观察了一段时间，但她给我的第一感觉是沉着与干练。由她负责的生活费及化学课代表的相关事宜，她总能做得有条不紊。尤其是收取的费用问题，她总能用最短的时间将最准确的数目上缴学校，为此我对她喜欢和欣赏有加，而对其存有的那份戒心与防范渐渐被淡化和忽略。

　　正当我为自己不费一兵一卒就成功改造一个"惯犯"而心存侥幸时，寝室传出了有关她的一些不好的评语，如熄灯后不能按时就寝，说话，玩手机，有时还会串到其他宿舍……

　　我找到了她，以朋友的身份谈及此事，本想给她鸣不平，没有想到她"不打自招"了："老师，我身上的确有这些毛病，虽然宿舍管理员有些添油加醋的成分，但我承认自己在宿舍有不遵守纪律的现象发生，以前就有这样的毛病，不好改……"轻描淡写的陈述，是在承认错误，但更像是炫耀。这次谈话让我也看到了她的另一个优点，坦诚与豁达，但也让我隐约感到了问题的严重性。最后我对她说："这段时间我看到了你身上有很多值得大家学习的优点，今天的交流更让老师看到了你的真诚与爽快，相信你一定能通过自己的努力让自己完善，把你在宿舍的毛病慢慢改掉……"

　　我不知道她对我的这段说教有什么感觉，连我自己都能感到它的苍白与无力，第一次，我自己嘲笑自己。

　　没过多久，寝室又传来了她违纪的消息，是和寝室管理员发生了争执。看来我们的谈话没有起到任何作用，她的违纪级别又升级了。我又一次把她叫到办公室。我尽力压制着自己，尽量用商量的口气同她分析整个事件的原委。"那个管理员太差劲了，专挑我们宿舍的毛病，更跟我过不去，我实在受不了她了……"话语中丝毫没有认错的迹象，反倒更像是为自己不平等的待遇申冤。

　　"王丹，我倒想知道，人家为什么偏偏要跟你过不去呢？""她公报私仇，正是因为我不当她们宿舍的检查员了，所以她们处处与我为敌。"这一点我倒是有所了解，但好像是别人不让她干了才对，但我并没有当面揭穿她，只是说："你管理别人的时候，哪些人要批评，什么样的学生你最讨厌呀，遇到这样的学生你又会怎么处理呢？"一时间，她又开始了炫耀式的演说，说她如何管理，如何明显收效，但她渐渐地发觉自己掉进了老师的圈套，慢慢地低下了头。

"老师，你给我一次机会吧，我尽力去改！""好的，我给你机会，但你必须告诉老师你会怎么改？"

"我会严格要求自己，遵守宿舍纪律，不再顶撞宿舍管理员！""还有呢？"我追问道。"没有啦，我觉得能做到这些就很不容易了。""你必须向你顶撞的管理员道歉。"我追加了我的要求，她似乎还要辩解什么，但看到我坚持而严肃的表情，不情愿地低下了头，我也就当她默认了。

事后我才知道，她并没有向管理员道歉，也没有坚持自己的承诺，而且再一次发生了与寝室管理员争吵的事件，好像比上次更加激烈。我开始相信最初老师们给我的提醒了，当我得知这个消息时已经是第二天宿舍管理员的告状了。放下电话我便愤怒地走向教室，心中不时浮现出如何严厉处罚她的场景，我也一步步逼近"变回猫"的边缘。但看到教室里的王丹正在兴高采烈地回答老师的问题，在她的表情里看不到任何因为这件事情的影响，我也突然意识到自己的愤怒也只能让她看轻自己，或者把自己以往的全部付出都视为虚伪的作秀。

我把电话打到了宿舍，询问他们对此事的处理决定，他们说要开除她在宿舍的居住资格，我意识到事情的严重性，如果不能在学校居住，一个女孩子该怎么办？我又试着去问，如果班主任做担保还能给她一次机会吗？他们在迟疑之后说了好多表示为难的理由……

我心中好像知道该怎么做了。

晚自习后我把王丹留下，把整个事情的严重性分析了一遍，她只是低头沉默，最后我说："我们一起去找管理员求情，怎么样？"她一下子抬起了头，好像没有想到我会有这样的举动，没等她反应过来我就拉着她向寝室走去。

这次，我汲取了前两次的教训，没有让她做任何事，只是让她站在我身边，而我以班主任，更是以家长的身份，向管理员道歉，鞠躬，承诺……

由于这种意外的表现让管理员和王丹都没有意料到，所以管理员本来那股子冲天的怒气渐渐地消了，而一向坚强自大的王丹也在一旁不停地掉眼泪……

　　我坚持了自己的办事策略，因为我相信每一个学生的内心都是善良的，我尊重了管理员，更维护了王丹那种有些过了头的自尊，我给了王丹一次机会，但我知道这也是给了自己一次机会，我相信这份尊重创设的机会所发挥的力量是无穷的。

　　王丹，成功地坚持到了中招考试……

　　我欣慰，因为我也又多了一次成功的体验……

故事感悟

　　我们都明白"江山易改，本性难易"的道理，但我们又期望问题学生能在很短的时间里就改掉我们看不顺眼的所有坏毛病，而一旦达不到我们的要求便用"朽木不可雕"来中断自己的坚持，在付出很少的努力之后就想着从问题学生身上得到丰厚的收获与回报，稍有反弹便发出"是可忍，孰不可忍"的强烈惩罚。"十年树木，百年树人"的古训告诉我们，教育需要的不仅仅是激情与智慧，更需要坚持与耐心。

不敢公开的母爱

那场流感，让每一个人都为之提心吊胆，让每一个老师都变得严厉无情。出现发烧症状就一定要"赶走"，不管你家有多远。史乐欣就是在这样的环境下被迫离开了学校，没有人来接她，她说她要去她妈妈那里。为了确保孩子已经安全到家，我叮嘱她到家以后一定要给老师打个电话，报个平安。

可是一天过去了，还是没有等到她的电话，是忘记了还是出了什么状况？我开始担心，一方面后悔没有让她的家人来将她接走，一方面寻找电话与他的家人联系。从通讯录上我找到了她留下的两个电话号码，记得她曾向我强调过，最好用第一个电话号码与家长联系，但并没有告诉我原因。

我试着拨了第一个号码，但始终没有人接听，所以不得已的情况下才拨打了第二个电话。一个男人接的电话，声音有几分醉意，但从语气中还可以清晰地判断，他就是乐欣的父亲。一阵寒暄，知道了他正在外地打工，然后是对孩子问题的讲述。当我说乐欣生病的时候，他只是淡淡地说，让她回家就行。但当我说起，她已经回她妈妈那里了的时候，他突然变得敏感而急躁："怎么会去她那里呢？不行，姚老师，你把他母亲的号码给我，我要好好问问她，她到底想干什么？"那种语气所呈现出来的感觉好像是女儿被他最大的敌人给绑架了似的。我似乎感觉到了他们夫妻之间有着不可调和的矛盾，所以我搪塞着没有告诉他电话号码。

当我借口挂断电话后，又经过多次联系终于打通了乐欣妈妈的电话。但当我说起由于担心而又联系不上她就给乐欣爸爸打了电话的时候，她马上显得紧张而又担心起来。他们之间究竟怎么了？电话里乐欣的妈妈向我讲述了她婚姻的不幸，和孩子受到的种种委曲。她们离婚之后，孩子判给了父亲，却不能受到应有的关爱，而母亲又不敢去公开关心乐欣，所以才出现了现在这种尴尬场景。

我不知道他们又经历了怎样的"打斗与折磨"之后才平息了这场因为爱而引发的纷争，但我又深刻地了解了一个心灵正承受着扭曲亲情折磨的学生。回到学校后的乐欣比以前更沉默了，本来就很少能看到笑容的脸上又增添了几分痛苦的伤感。

　　现在我已经能透过她的这种"内向"看到更多的东西了，所以我觉得自己也该为她做些什么才对。首先我向她讲述了上一代的事情不应该成为自己学习的障碍，相反，为了让自己的未来幸福，让关爱自己的人过上好日子，今天就更应该努力地去争取。虽然生活的不幸让自己有了一个不太理智的父亲，但同样也拥有了一个永远疼爱自己的母亲。后来，我让她当了我的物理课代表，让她有更多与我交流的机会；再后来，我们一起写日记，将她内心深处的阴霾一点点驱赶；现在，她在课堂上爱发言了，课下也愿意与别人交流了，一切都向着好的方向发展……

故事感悟

　　人的生活条件好了，心理却越来越浮躁了，所以现在的单亲家庭、离异家庭也多了。也许我们做教师的无法改变这一残酷的现实，但我们可以对这一现实的最大受害者给予更多的关爱与重视。对于这些单亲或者离异家庭的孩子，我们有责任让他们学习知识，提高能力，更有义务去抚平他们心灵的创伤。

不经意间的永恒

还记得那是一个大课间，我在班里处理了一些事情后就回办公室了，当快走到门口时，看到我所带的另一个班的学生刘艳杰正从办公室的门缝向里面张望。这是很不礼貌的做法，但很符合艳杰的性格特点。在我对她了解不多的印象里，胆小怕羞是她最大的特点，平时不敢与老师交流，所以今天的举动大概是有事情找老师却又不敢才出现了我所看到的这幕景象。看到她有些幼稚而可笑的举动，我并没有立即阻止她，而是悄悄地走到她的身后，使劲儿地跺了一下脚，还"啊"了一声，这也是我们小时候经常做恶作剧的举动。被我这一叫，她顿时就震了一下，看到是我，惊吓之余多了许多害羞与惭愧，但看到我玩笑似的表现，紧张也自然少了许多。"老师，我是来找你问问题的，差点被你吓死！"

问的什么题我已经忘了，但我的一个不经意间的举动则成了我们交流的开始。"老师，平时看你在讲台上很严肃，没有想到你这样容易接近，笑一笑相信会有更多的学生喜欢你！""老师，我对物理课开始入门了，也愿意自觉地去学习了，谢谢你对我的帮助！"……这是她问问题时，偶尔给我留下的字条。

渐渐地，我觉得她变得开朗了，课堂上举手的机会多了，成绩也一步步提高了。每逢周末或节日她总会给我发来祝福的短信，在众多的感恩回报中，她的这份我格外珍惜，因为她让我懂得了老师的一个不经意间的举动都有可能变成学生心目中前进与执着的永恒。

故事感悟

在学生的心目中教师的地位是崇高的，但这种榜样不应该只强调师道尊严，它更需要平易近人。放低姿态，蹲下身去才能拉近与学生的心灵距离，距离近了，我们的教育目的才能更容易实现。

错 位 的 风 景

临近期末，对毕业班的孩子来说，所有的教育行为都向考试靠拢，与学习无关的行为大多会被列入违纪范畴，而在这些所谓的违纪现象中最让老师与家长担心的要数学生的早恋问题。

在这样的背景下，老师接到学生举报，说每天晚自习放学后在操场总会有成双成对的"情侣"出现，于是年级主任临时组织我们进行了一次"秘密严打"。所谓"秘密"是因为我们没有对学生做任何暗示，进行突机检查；所谓"严打"就是要严惩那些"败坏班风校风的罪魁祸首"。

晚自习放学后，我们集结了年级组里全体男教师，从各操场入口设岗出发进行"地毯式"搜查。你还别说，真的有不少的收获。不仅发现了一起打架事件的隐患，还"抓获"了两个抽烟的学生。更重要的是，我在一个角落里用手电筒搜查时发现了这样一幕场景：小涛（化名）怯生生地躲在那里，小涛不在我的班，但我教他的课，所以我一眼就认出了他。直觉告诉我，他不可能一个人藏在这里，果然不出我所料，在另一个角落里我看到了和他同班的女同学小玲（化名）。他们应该就是我们重点查找的"情侣"了，可能是发现了教师大规模的出动才不得已躲藏在了这里。

当我发现小玲时，本来恐惧害羞的小涛突然很勇敢地走到我的面前："老师，给小玲一次机会，处理我一个吧，怎么处理我都接受。"这席话听来还真的有一股子"英雄救美"的味道。面对外面的教师队伍和面前苦苦哀求的学生，一时间我在矛盾中犹豫了起来。如果这个时候把他们两个交出去的话，我很清楚后果会是什么，但如果我视而不见，好像又不是一个教师应该做的，更何况也违背了我们这次行动的初衷。一番思想斗争之后，我让小涛跟我出去，而小玲留下，并叮嘱她要等我们检查的老师走了以后再出去。就这样我带着那个男生，以抽烟怕被抓而躲藏为由交给了检查队伍。

事情好像结束了，但一种教育的职业感让我觉得似乎还应该做些什么。正当我为如何处理后续问题而苦恼时，小玲找到了我，毫不保留地向我讲述了她与小涛之间的情感纠葛。讲述中我能清晰地感受到小玲那种情不自禁的情感投入，更能体会出她深知"罪孽深重"而又在不能自拔的矛盾中挣扎的无助心情。

　　面对小玲的坦白，我突然感到自己竟是如此的束手无策。一段沉默之后我对她讲了我的一些看法："感谢你对老师的信任，将你内心深处的秘密与老师分享。我承认小涛是个不错的男孩，你也是个优秀的学生，我也能理解你们相互产生爱慕心理是正常的。可是你们描绘的是一幅错位的风景，问题不在于风景的美丽，而在于风景的位置与时间。我能感受到你心里的矛盾与压抑，可以想象他的心里同样也要承受着相同、甚至更多的矛盾与压抑。相信你们短暂的单独在一起的时间会很幸福、很甜美，但你不觉得彼此为了那短暂而又早熟的甜美付出的代价太大了吗？这个代价可能让你们失去朋友的信赖，失去家人的支持，更有可能失去你们美好的未来。如果真的喜欢对方，就应该处处为对方着想，如果真的想走到一起，就应该一起打拼未来，将你们眼下最应该做的事情做好，如果真的有缘，你们的感情应该经得起时间的考验……"

　　事后我又找到小涛谈了相同的观点："作为一个男子汉有理由让自己喜欢的人有更好的发展，而不是让她每天在情感的折磨中止步不前。你有责任让她高兴而充实地度过每一天，而不是每天在煎熬中等待那一段短暂的相聚……"

　　一段时间过去了，我不知道是我们的谈话起了效果还是他们有了矛盾，竟然很少再看到他们在一起。后来，小涛退学了，原因很简单，就是为了给小玲一个更好的学习空间。

　　这个故事以小涛的离开和小玲的重新振作而结束，但给我的反思远不止这些。它既让我看到早恋对孩子身心产生的巨大影响，更让我看到了两个孩子能为对方倾其所有的无畏。也正是因为这种影响让我们不得不极力反对学校里的早恋现象，也正是这种无畏让我们不得不反思自己处理类似问题的方法。

故事感悟

　　作为教师我们也曾经处在过学生的年龄，也必然有过对异性懵懂的好感。我们不仅要从成人的角度来看待这种情感泛滥后的危害与影响，更要承认这种感觉的自然与正常。把压制变成引导，把排斥变成珍藏，让我们用更多的关怀来转移他们错位的精神寄托，让我们用更深入的理解来消除他们自闭的彷徨。

奖 励 的 惩 罚

那天晚自习前我例行检查，发现早该进班的郑娜娜却不见了踪迹。到现在还不来，她去了哪里？心中虽有对她违纪的生气，可是更多的是对她安全的担心。当我调查得知同学们也都不知道她的去向时，担心自然进一步升级。

我到底该怎么办？左右为难的我正一筹莫展时，她慌张地跑到了我的办公室报到。了解后得知原来她一个人去附近的浴池洗澡了，由于没有戴表，所以就忘记了时间。看到她一脸的内疚与惭愧，我心里的那股怨气已经被她安全返校的释然冲淡了，但我还是严肃地说："你知道你错误的严重性吗？你知道我们大家多担心你吗？"一连串的责问让她变得更加紧张，无辜委曲的泪水在眼睛里打转。

"你吃晚饭了吗？"

"没有。"她低着头回答。

这时我突然想起抽屉里还有一个学生送给我的苹果，于是我拿出来递给她："还有两节自习呢，先吃点东西垫垫吧。"也许你无法想象她当时的那种表情，惊讶、诧异，接下来便是激烈地摇头拒绝。也不难想象，一个"戴罪之身"，正在接受惩罚的时候，却得到了意外的"奖赏"，她当然不敢轻易接受。

"这就是对你的惩罚，快吃了它，苹果已经洗过了，马上要上课了，如果你真想改正自己的错误，就听老师的话。"

听到强硬的没有一点回旋余地的命令，她也只好吃了它，但我清晰地看到，当吃到第二口的时候，她的眼泪就顺着脸颊流了下来。我不知道当时苹果的香甜到了郑娜娜的口中有没有发生什么化学变化，但我深知这个苹果的"奖励"比任何严厉的惩罚都更有效。

故事感悟

也许我们面对学生的错误作出惩罚措施时，更多的是考虑如何让他"罪有应得"，却忽略了我们教育最初的目的。通过各种惩罚的手段，也许我们更应该考虑如何让孩子深刻地认识到自己所犯错误的危害，更应该考虑如何让孩子更好地发展。面对学生的每一次错误，难免会出现如何纠正与处理的纠结，但每一次错误也都存在着成长的契机与教育的灵感。

善意的作弊

于江飞，一个几经转学周折的学生，一个向善向美且不服输的学生。

他本来是我们学校的学生，因为不满足于班级现状就转学到了别的学校，到了四年级以后我接手班主任，他的家长又找到我，说还是想回来参加中考。我感激于家长对自己的信任，同时又担心孩子经历多次转学之后会不会对其成绩造成影响。

他还是按计划来到了我们班，虽然和同学、老师之间并不陌生，但两个学校的教学进度、学习特点毕竟有一定的差异，他需要重新再适应。几次考试之后，他的成绩一点点验证了我的担心，其他科目还勉强可以，可是数学怎么也找不到突破的自信。临近中考，他几乎要绝望地放弃。作为班主任，我看在眼中急在心里，却又苦于找不到合适的方法去帮他。

记得那一次模拟考试前，我到油印室打印物理试卷的时候，无意间看到电脑桌面上留存着没来得及删除的数学考卷，于是我偷偷地将最后一道大题打印了出来，因为这类题型是江飞最害怕的。当时的心理既有作弊的羞怯，又有即将完成"大事"的窃喜。

打印以后，为了不让江飞看出来是考试题，我对试题做了精心的修改，既保留了原题的骨架又遮挡了原有的模样。然后以考前押题的形式交给了他，说是考查一下他是否对这次数学考试做好了充分的准备，并强调必须独立完成。他显然信以为真，当然，他再怎么想也不会相信班主任会帮他"作弊"呀。当天晚上他就将自己的答案交给了我。

就是那次考试，他的数学成绩突破了110分，他的成绩也第一次挤进了班里的前五名。

接下来便发生了戏剧性的变化，他的数学成绩再没有落下来过，而且其他科的成绩也在原来的基础上都有了大幅度地提高。那一年的中招考试，他以585分的高分考得了我们班的第二名并顺利被重点高中录取。

通过这次"作弊"，我突然感觉到自信对一个学生是多么重要，放弃、绝望对于学生又是多么可怕。很多时候，我们看重的是成绩的公正、透明与真实，却忽略了关爱失败者所面临的精神压力，更没有认真地反思过如何更好的让正处在成绩低谷的学生找回成功的自信。作弊并不光彩，向学生透露考试信息更偏离了一个教师的职业道德，但和于江飞最后的成长与收获相比，我认为自己的违规是值得的。

故事感悟

"法律无情人有情"体现的是法律的客观与人性化的和谐与统一，也告诫我们教师在坚持原则的基础上更应该因人而异地做出自己智慧的举措。教育的内涵远不止让学生考取高分，我们应该培养学生在为成功而努力的过程中形成自信和坚强，并让他们享受拼搏过程中坚持与执着的幸福。

请你记住我的名字

我们班从安阳转来一名新同学，是参加过中招考试的复读生，一个性格内向不爱与别人讲话的秀气女孩。

她叫刘文婧，从她父亲口中得知，文婧原来是一个很优秀的学生，由于母亲过于偏激的教育方法，再加上中招考试前的一场大病，所以导致最后发挥失常而名落孙山。我没有过多地追查她曾经的"辉煌"是否属实，因为我知道那些证明不了什么，我在意的是她现在的心理状态，在意的是她能用多长时间融入新的学习环境，在意的是她还需要多少努力才能找回继续向上攀援的阶梯。

一周过去了，当我向班里的几个女生询问文婧的情况时，她们近乎玩笑的话却让我感到事情的严重性。"刘文婧自从来我们班到现在，几乎没有和别人说过话，她不愿意和别人交流，同学们也不敢去接近她，她甚至连她同桌的名字都不知道。"也许说者无心，但我从他们的评价中深深地感受到文婧内心的压抑与孤独，我知道，她还没有从想家的心酸中走出来，还没有挣脱失败的阴影，还没有找回课堂的感觉，还没有找到重新追赶和超越的勇气和决心。我们可以想象一下，一个学生不与人交流，不与人分享，甚至不表达自己的情感，这比一个人生活在与世隔绝的孤岛上更让人心痛与无奈，因为她承受的不仅仅是心理的不快，同时还要在伪装中保护自己，在失去了自我的世界里作为看客无助地欣赏着别人的喜怒哀乐。

同情，更是责任，让我迫切地希望她能够与大家交流，更希望她能够在享受集体温暖的基础上尽快找回失去的自我。所以我找到她，并将我心中的感受告诉她。她依然是沉默，但从她的眼神中，我还是读出了一种倔强的坚持和对理解的渴望，在眼里打转的泪水就是最好的证明。

接下来要做的就是想想有什么措施能让她更快更好地融入这个集体。我先开玩笑似的问她班里四十多个同学能够记住多少人的名字，她勉强地笑了笑，说现在知道同桌的名字，其他同学的就不知道了。我突然灵机一动，不妨就让文婧从记同学的名字开始。

记得那天是星期三，我给她制订了在本周内记完班里所有女生的名字的任务，在接下来的一个周里再努力记下全体男生的名字。面对我命令式的请求，她爽快地答应了。我相信在她的内心深处也渴望朋友，也渴望与别人交流，但是她很难主动地迈出第一步，而今天的这项任务将成为她主动出击的理由，而定时的检测相信也是她打破自己内向性格的一次挑战。

在接下来的一次课间操准备时间里，我们班早早地就站好了队伍，在等待其他班整队的空闲里，我突然想起了几天前与刘文婧的约定，于是借此进行检测。我先让她出列，然后随意指着队伍中的某个女生让她说出姓名，她红着脸但还是接受了挑战。在对抽取的十几名女生姓名的检测中，她答对了多半，但还是有几个没有记住。于是我借题发挥，在表扬她能够记住大多数同学姓名的前提下，也对全班同学提出了要求："刘文婧同学来到我们这个大家庭，对她来说很容易陷入孤独想家的困境，所以希望大家用我们的热情帮助她渡过难关。现在她也在努力地与大家交流，努力去记住大家的姓名，但遗憾的是还有几个同学的名字没有记下来，为什么这几个同学的名字没有记住，而其他同学的名字都记下来呢？我个人觉得是这几个同学做得不够好，希望我们大家都主动地帮助文婧同学，你们做得是否到位，标准就是文婧同学能否记住你们的名字。"

从那以后，我突然觉得刘文婧的笑容多了，和别人的交流也多了，人变得开朗乐观。后来我才得知，很多同学都会在课间主动与她交流，开心互动之余也绝不会忘记嘱咐一句："请你记住我的名字！"就这样，在记名字的过程中，文婧更深刻地了解到了我们这个大家庭的成员魅力，也感受到了集体的温暖，消除了孤独。打破了自我封闭后的文婧仿佛找到了自信，也找到了自己的目标与动力。

我相信，在记住名字的背后，她忘却了自己曾经的烦恼，而其他同学一句"请你记住我的名字"的请求，传递的是信任，更是帮助别人的幸福。

故事感悟

教师要在学会"锦上添花"本领的同时，掌握"雪中送炭"的艺术。我们要关注每一个孩子的发展，更要用满满的爱去抚平正在经受挫败、孤独、伤心"受伤天使"的心灵。

动 情 的 短 信

临近考试，学习气氛越来越紧张，越来越压抑，学生的心情也越来越浮躁。作为班主任真的很想替孩子们分担，就像一个父亲总想着把孩子身上的病痛转移到自己身上一样，同时又有太多的无奈，无奈于自己的无能为力。

我能为孩子做点什么呢？正当我为此焦头烂额之时，我收到了一名学员（教师培训班里的学员）的短信："姚老师每次听你的报告都会热血沸腾，从你的身上不仅能看到教育的智慧，更能体会到做教师的幸福，以后少不了麻烦你，希望姚老师多给予指导。"虽然自己知道这位学员的话有些夸张与恭维，但每收到类似的短信和电话都会让我激动一阵子，但这一次除了激动之余还给我带来了创意的灵感，何不让家长在这个学习的关键时刻给孩子发来一些鼓励的短信呢？

说做就做，我迫不及待地利用学校的校信通向我们班学生的家长发出了如下倡议：您的孩子都很争气和努力，眼下都在紧张地备战考试，希望各位家长朋友能够利用手机短信发来你们对孩子的期望与鼓励，相信你们的短信会增强他们拼搏的动力。短信发到我的手机上，我会及时地传达给你的孩子。

让我兴奋的是，自从我的校信通发出之后的一天时间里，我的手机短信的接收就没有停止过，我也一次又一次地被家长的真情与望子成龙、望女成凤的强烈愿望感动着，有些家长甚至会发上十几条信息，让我们回首那一句句质朴的真情：

"星伟，你是我们全家人的骄傲，更是我们全家人的希望，我们相信你能够用自己的努力把落下的成绩赶上来，孩子加油！"

"冰冰，你的每一次进步都是我们生活中最大的幸福，也是我们努力工作的最大动力，让我们一起努力，相信你能在下一次考试中超越自己，证实你是最棒的！"

"昊霖，又快要考试了，我不要求你什么，只希望你能发挥出你最高的水平，亮出最真实的自己，在爸妈的眼里你永远都是最棒的。儿子，轻装上阵，加油！"

"李昂，妈不认字，这是让邻居帮我发的，上次你没考好，别灰心，咱不和别人比吃穿，我们要比成绩，一定要争气!"

……

我把家长的短信认真地保存下来，害怕手机内存满我就将他们的短信一篇一篇地抄下来，在自习课的时候一条条认真地念给同学们听，动情之处我都会声音哽咽，更别说对应的学生了。班里越来越安静，安静的只剩下感动的声音，安静的让每一名学生的抽泣都是那样的清晰，安静的让每一名学生都能呼吸到浓浓的亲情，都能感受到爱的力量……

感动之后就是从未有过的激情与坚持，眼泪之中让孩子懂得的不仅是父爱、母爱的伟大，我想更多的应该是感恩与回报，更多的是用自己的成绩换回家人真正的幸福。

故事感悟

感恩是学生最应该具有的情感，同样也是激发学生学习动力的最大资源。我们不仅要为每一位家长负责，同时还要用智慧将家长心中那种无法释放的爱表达出来。代沟的形成往往是因为爱得太深、太多，却忘记了爱的方式与技巧，而我们要做的就是用这种爱的力量激发孩子学习的热情。

听出班级的力量

新学期伊始，毕业班的孩子要求在小跑道上进行跑步训练以迎接中考中的体育加试，这也是我们学校的惯例了。学生一到毕业班就要给予课间操的"优惠待遇"，加量、加速、加强度，学生也总会因为强度大而出现应付、逃避的现象，队伍散乱更是常见。所以如何加强课间操的管理与疏导也就成了年级主任和各位班主任主抓的重点，当然也是最头疼、棘手的问题之一。

我们用"末位惩罚"的方法很快解决了迅速集合的问题，所以每天课间操我都会欣然于我们班的一枝独秀，当别的班还在稀稀拉拉下楼的时候我们班的学生已经整装待发。相信感到骄傲和自豪的不仅是班主任，我们班学生都会体会到这种共同创造的优越感。为了让我们的队伍更加出色，我又向我们班的学生发出了更高的倡议和要求，那就是让班主任闭着眼睛听出我们同学的力量。

我要求我们全班同学迈出整齐划一的步伐，喊出铿锵有力的口号，我会站在一个角落闭上眼睛静静地去听，可以从步伐中判断出哪一个是我们班，用耳朵听得出我们班的气势，能感受到我们班的力量。

此要求一出，学生们顿时兴奋起来，在体育委员的严格要求下大家比以前更认真，从队行队列到踏步的声音都有了更高的要求。第一次，虽有进步，但和其他班级的区别还不是太明显，所以我装着没有听出来而遗憾地摇头。然后是第二圈、第三圈，气势越来越旺，声音也越来越大。到了第四圈，当同学们迈着响亮而整齐的步伐过来的时候，我猛地转过身并睁开眼睛，"四年级一班，我听到你们了！"我大声地对他们说，然后就加入了队伍。

跑步结束时，我向大家说出了我的自豪与感动，一个个汗水映照下的笑容告诉我，他们和我是一样的心情，于是我趁热打铁："同学们，不论什么事情，我们不做则已，要做就做到最好，做到让别人羡慕，让自己自豪。我们学校的要求是周一至周五要集体跑操，而其他时间休息，我希望我们永远坚持下去，只要我们身在学校，只要没有班主任特殊的说明，我们就要坚持，就要跑出我们的气势，就要让所有人听出我们的力量！"

所以在调休的周六，其他班都在享受没有集体跑步的大课间时，我们班却自发地以同样的速度和激情开始跑步，面对全校学生诧异的目光，我们幸福着自己的那份独特，享受着坚持的力量。

2010 年 9 月 8 日的大课间，天空下着小雨，我因为工作问题忘记将年级不跑操的决定及时传达给班里，是学生们冒着雨跑步的声音让我在惭愧中震惊，在震惊中感动。放下手中的一切，飞奔跑到学生中间，感受雨中那份坚持的魅力，和孩子们一起分享承诺的力量。

我和我的学生们一起爱上了大家眼里最苦的"训练"，我坚信我们也一定能翻越任何阻碍我们前进的高峰。

故事感悟

坚持的力量所体现的不仅仅是严格的纪律，更多的是团队的精神。在日常教学中我们不能忽略任何能体现团队精神活动的开展，点点滴滴的生活现象中均能彰显育人的灵感。

父 爱 无 价

——一次迟到家长会的感动

　　还记得那天我在办公室备课，门口有一位不明身份的中年男子冲着我笑。说"不明身份"是因为他的衣着让我无法做出准确的判断，不像是家长，因为衣服有些太不讲究，朴素得有些过了头；更不像是我的朋友，在我的记忆中没有如此落魄的角色。他依然在门口对着我笑，出于礼貌和好奇，我走了出去想问个究竟。见我出来他笑得更加灿烂，同时还有一些害羞的紧张，就如同犯了错的孩子。

　　"对不起姚老师，上次因为没有赶上车所以没有来参加孩子的家长会……"后面的话已经开始语无伦次了，但我已经明白了他的身份与此次来的目的。记得三天前的那次家长会，我们是分批开的，而第一批的家长只有一个家长未到，就是我们班最不爱说话的徐鑫同学的家长，看来今天是为孩子补开家长会的。

　　明白身份与来意之后，我的好奇随即变成了无聊的应付，有对这个不守时家长的轻视，同时也有对耽误自己宝贵时间的厌烦，更重要的是，我早已经没有了几天前开家长会的那份投入与激情。在这种心情下我们开始了谈话，我拿出徐鑫的成绩，开门见山地说："如果明年孩子需要高价才能上重点高中的话，你会给他拿 18000 元吗？"因为他孩子的成绩可能就在重点高中分数线的边缘。

　　"……可能不行，太多了！"一句否定的回答却好像经历了很强烈的思想挣扎，"姚老师，说实话，我们供鑫鑫来市里上学已经非常困难了，现在我们家里还欠了不少的外债，要不是他舅舅帮着，恐怕我早就支撑不住了……"

　　又是一阵沉默，"孩子很懂事，她从来不乱花一分钱，每次想多给她几块钱的时候，她总会倔强地退回来……"谈到孩子的懂事本来应该是一件非常骄傲的事情，可是这位父亲却声音哽咽了，从他湿润的眼眶中我已经读到了他作为父亲对孩子的愧疚。

"鑫鑫的心很细，操的心也很多，总害怕自己上学给家里带来负担，总害怕家里的债不能及时还上……"又是一次沉默，但我能感受到沉默背后的阵阵心酸。

"上次开家长会时，本来说好了坐本村的货车一同前来，但是由于他们临时改了行程，所以就拖到了今天。"他的脸上终于又看到了笑容，虽然有些愧疚与尴尬。

我突然明白了一位"吝啬"的连车费都不舍得花的父亲却坚持把自己的孩子送到市里接受更好教育的原因，明白了徐鑫平时的沉默与生活的节俭是害怕暴露自己与别人的差距。在这种明白中，我开始自责，惭愧于自己的冷漠与应付。

我调整谈话的心态，开始更详细地把自己了解的问题与这位家长交流，并分析了徐鑫此次考试不理想的原因，更把自己看到的徐鑫身上宝贵的、闪光的东西全都讲给他听，他也由原来的担心开始一点点释怀。到了最后，我建议他见见孩子，鼓励一下孩子更努力地学习。

孩子被叫出来了，先是惊喜随即便是惭愧的低头，我能做的也只是站在一旁用心地聆听这对父女的交流。与其是说交流，倒不如说是这位父亲一个人在讲。

"鑫鑫你不要有思想压力，我们的账都已经还上了，你舅舅说了还会继续帮我们，直到你考上大学……你弟弟妹妹在家里上学都很好，你也不用担心，他们的学费是全免的……你老师说了，你的成绩这次没有考好，但下次一定能考好，我也相信你能考好……"没有多少语言，徐鑫同学却已经泣不成声了，也许她最能从父亲那些混沌的话语中听出父爱的伟大与心灵的感动。

"你看你哭什么呀，我又没有吵你，你老师说了，学校里还有很多穷孩子，咱并不比他们差，该买什么就买，别太省了，咱家的猪长成个了，马上就能卖了……"

那么长的一席话，父亲一直都是用安慰的口吻，一直都面带笑容，但我能清楚地看到他眼里的泪花，更能深刻地感受到他内心情感的纠结与复杂。和以往的家长相比，他没有喋喋不休的批评，更没有逼着孩子定目标、许承诺，但我仍能强烈地感知这样的谈话比任何一次都成功，我甚至觉得自己任何修饰的语言都是多余的，甚至我的存在都是多余的。

结束了谈话，父亲给女儿擦干了眼泪，拍拍肩膀送她进了教室，没有道别与挽留，没有决心与承诺，但我觉得这并不会影响到徐鑫的倍加努力。没有华丽的辞藻，没有合理的逻辑，但有了父爱的真诚就足以让每一个音符都拥有感人至深的魅力。贫穷无法遮掩亲情的炙热，生活的坎坷更能映衬父爱的无价。

向浓浓的父爱致敬，向徐鑫伟大的父亲学习！

故事感悟

父亲在孩子的心中代表着呵护与力量，更诠释了生命中的依靠与坚持。在这位父亲的身上我们读到的不仅仅是本真的感动，更有孩子对父爱的感恩和理解以及对现实成绩的执着。我们教师应该善待这种最真挚的情感，让爱的力量点燃学习与奋斗的激情。

掌 温 的 力 量

中考越来越近了，班里学习的氛围也变得越来越紧张。实验加试如约而至，虽然我们已经进行了最充分的准备与系统的训练，但面对真实的考场，面对教师反复的叮咛与嘱托，更大的压力与紧张也就油然而生。学生们都很清楚自己的每一步操作都有可能影响到中考成绩，都可能影响到自己的未来。

我们班的谢欣欣同学就是他们中间一个典型的代表，每次学校的考试她都会出现怯场的症状，面对实验加试这样重要的考试自然更加紧张。

开始检录了，大家开始有序地站队，我却从她很不自然的表情中感受到了她紧张的情绪。她脸色有些发白，还不停地搓手，眼睛东张西望。偶尔与我的目光相遇，我能强烈地感受到她因胆怯而流露出的无助与心慌，还似乎在向我发出求救的信号："老师，我太紧张了，怎么办呀？"我走到她身边，安慰她说："别紧张，像往常练习一样就行了，相信你一定能拿满分！"她苦笑而不答，但旁边的同学告诉我，欣欣的手因为紧张已经变得冰凉了。一句看似不经意的话却让我意识到事情的严重性，我觉得自己必须为她做些什么。

"来，让我摸摸你的手。"她于是将手放到了我的手中，有些害羞，但更多的是感动。真的很凉，像一块不肯融化的冰，还有些颤抖。"来，让我用摩擦生热的办法给你加加温……"就这样，我一边和她开着玩笑一边用自己掌心的温度驱赶着她内心的紧张。

她的笑容开始变得自然了，话语变得自信了，心情变得平静了，手掌的温度也很快恢复了正常，同时我也看到她的眼睛有些湿润了。

终于要进场了，我没有再说任何诸如加油之类的话，不想再给她增加任何精神上的负担，她笑着向我承诺一定努力让自己不紧张，我觉得这就足够了，如果能用平常的心态参加中考的第一场战役，相信她就能用自信的心态平静地面对以后所有的考试。

接下来便是焦急的等待，盼望着我们班能有一个好的开局，更期待欣欣同学能真正地战胜自己，找到坚强的出口。

很快，在离结束还有一段时间的时候，我们班的同学们陆续出来，从他们自信的笑容就可以预见到他们出色地打赢了第一仗，但我悬着的心仍然没有落下，因为欣欣还没有出来。

终于，在离考试结束不到五分钟的时候，我看到欣欣同学走出考场并兴奋地向我奔来："老师，我的是满分！"她已经很确定自己得满分了，那种兴奋与自信和考前的她真是判若两人。我欣慰于她突破了自己怯懦的心理，更庆幸她找到了自信乐观的自己。

故事感悟

教师情感的投入未必都需要炽热的伟大，掌心的温度同样可以让学生获取巨大的力量。教育学生的方式不一定需要多么的智慧与高超，雪中送炭的心灵安抚会让我们在意想不到的收获中感受教育的魅力。

信 任 的 力 量

考试结束了，照例我会从物理成绩优异的、进步明显的学生中选出代表进行个性的颁奖。记得那次的奖品是棒棒糖，在学生们看来几个棒棒糖价值虽小，但意义重大，所以他们还是蛮期待的。

从满分的同学发到进步最大的同学，到了最后手里还剩下两个棒棒糖没有得主，在很多同学要求将成绩向下延续发放时，我却临时决定将这两个棒棒糖发给鲁晋。这里需要说明一下，鲁晋是我们班这次考试总分的最后一名，同时也是物理学科分数最低的一个，我觉得她应该是处于放弃状态下的"门外汉"，对物理已经脱节了，但考后我还是本着"不放弃一个学生"的原则找她谈心，她在我的鼓励下有了要改变自己的决心，而且答应我就从物理学习开始改变。在此之后，她也破天荒地开始写作业，问问题了。所以，我想借此机会利用这样一个提前预支的奖励引起大家对鲁晋的关注，从而也给她一个更大的激励。

"同学们，我手里还剩下两个棒棒糖，我想奖励给我们班的鲁晋同学。"

同学们一片哗然，就连鲁晋同学也一下子僵在了那里。

我于是进一步解释原因："鲁晋同学虽然这次考得不理想，但我看到了她要努力改变自己的决心，就在今天，她还在上课前主动问老师问题。有了这种精神，我相信她下一次一定会有很大的进步，你们相信吗？"

同学们为鲁晋鼓掌，并都向她投去了信任的目光。

"今天这两个棒棒糖，我是预支给她的，我愿意和鲁晋同学一起给大家一个承诺，在下一次的考试中，鲁晋的物理成绩至少提高十分，如果达不到目标，我们两个为全班同学每人买一个棒棒糖。"

鲁晋在大家鼓励的掌声中从我的手中接过了两个棒棒糖，我看到了她红红的眼圈，看到了她有些颤抖的双手，但我更能感受到她努力战胜困难改变自己的决心。

又一次考试结束了，向来都是从前向后批改试卷的习惯发生了变化，我先翻到了最后一张。虽然多少会有些同情、帮扶的成分在里面，但我还是明显地感觉到她的物理已经上路了，最后 52 分（总分 70 分，上次考试只有35 分）的成绩，让我有了很多如释重负的欣喜。

我迫不及待地在自己的课堂上大力表扬鲁晋的努力与进步，又一次给了她应得的奖品。原以为鲁晋会在自己的这般栽培之下兴高采烈，可是她却在放学时一脸沮丧地找到了我："老师，我知道你是对我好，但是我和咱们班其他同学对答案的时候发现，您对我有很多偏袒的地方，我觉得自己的成绩不真实……"她的认真与诚实让我一下子陷入了被动与尴尬："没有呀，我向来都是一视同仁呀……"但很明显我的辩解无法让她信服。

"我知道老师是对我好，但我希望我的成绩是可以拿出来跟别人比的，请老师相信我，下次考试在和别人同等标准的情况下我也能拿到这个成绩……"我听得出，她不是来埋怨老师的"作弊"的，而是来表达自己会更加努力的决心。

期末考试来到了，统一的试卷，密封流水线批改，自然也就没有了"作弊"的可能了，可是最后的 56 分让我惊喜地感受到了鲁晋的成功改变。

也许分数代表不了学生的全部，但可以作为一个成长的窗口以此为鉴，鲁晋分数的提高就是最好的证明。几个棒棒糖并没有什么教育的创新，但棒棒糖背后的那种信任与期待则能产生出巨大的力量。

故事感悟

几个棒棒糖也许算不上什么奖励，但当我们赋予它足够的爱与信任之后就可以发挥出巨大的力量。举手投足之间就可以改变学生的命运，一言一行中总可以闪烁育人的神奇，而我们教师就是创造神奇的人。

我和学生赌未来

下课了，当我走进办公室，一位刚从我们班上完课的老师就用告状的口吻对我说："你家万琪在我的课堂上又睡着了，不过他这一睡，我的课堂安静多了……"旁边还有老师在帮腔："你要能把这位'仙'教好，那你真就变成仙了……"这是办公室里再普通不过的玩笑与调侃了，但是我则一时兴起来了劲了："谁说我们家万琪就教不好、学不会啦，我就不信这个邪，我今天就跟你们打赌了，一年之后赌万琪能考上重点高中，你们敢和我打赌吗？"他们齐声应战，因为他们心里很清楚，这是一个不用赌就已经知道结果的局，但我还是强撑着以一顿饭为筹码拉开了这场"赌局"。

晚自习时，我把那个正痴迷于《故事会》，早已经自暴自弃，对老师与家长的批评无视和麻木的大男孩叫出来谈心，并将我与其他老师打赌的事情讲给他听。本以为他会为我的举动而感激涕零，没有想到的是他竟然和其他老师的观点一致："老师，这赌根本就不用打，你一定输，但你不用担心，我让我爸请他们吃顿饭就行了。"

"谁说我一定会输，谁说你就一定不行，仗还没有打你就投降，你还是男人吗？每天都生活在别人鄙夷的眼光中你觉得有意思吗？要么精彩的活着，要么就赶快在别人的视野里消失！"我显然被他那种无所谓的语调激怒了，声音甚至惊动了班里安静的学生。我严重的失态下的那种严肃也让万琪深刻地感受到班主任是认真的，然后就是我愤怒地离开和他低头的沉默。我开始反思自己是不是站错了队伍，为什么不和其他老师一样将更多的精力放在有希望考学的学生身上？为什么不能听之任之地平稳过度？但冷静之后的我马上就感到自己这种消极与自私是多么可怕，师者的职责不就是用爱去挽救那些像万琪一样迷途学生的心灵吗？自己的放弃对班级来说只是损失了五十分之一，但对万琪的家庭来说则是损失了百分之百。

在心灵的挣扎与矛盾中我等来了万琪的第一次转变。他将一个崭新的日记本交到了我的手中，并用很坚决的语气对我说："老师，我和你一起打这个赌，不管输赢，我都会坚持到最后！"他的那种语气与神态是我接班以来从未见过的，我心中的喜悦就如同自己已经取得了这场赌局的胜利一样。

"姚老师，上学以来，你是第一个如此重视我的人，不仅鼓励我，还站在我这边打赌，说实话，我对自己早就放弃了，因为在我的心中从来没有一个人相信我能学习好……昨天晚上我想了很多，最后决定要和他们打赌，而且一定要赢，因为你输了最多是输一顿饭而已，而我输了就输掉了自己整个未来……"一向不交作文的万琪竟然破天荒地写了两大张的日记，兴奋的我拿着他的日记给和我打赌的每一个老师看，给同学们读，读给参加家长会的家长们听，不是炫耀，而是我想让所有的人知道万琪要改变的决心，同时也想让他在大家共同的关注与期待中坚持得更久。

"变了，万琪真的变了！"这是所有任课老师共同的感叹，在佩服我教育智慧的同时也出现了更多的担心。他的学习已经欠账太多，想补绝非一朝一夕之功，所以他到底能坚持多久也便成了讨论的焦点，更是我所担心的。而我能做的，好像也只有每天在日记上与他进行心与心的交流。

终于，我们大家的担心在不久后的一天就应验了。那天晚上他只跟班长说了一声就没来上晚自习，给家长打电话，家长也不知道他去哪了，直到晚自习放学时，家长打来电话说他回家了。我安慰他的家长，并强调不要批评，也不要问太多，一切到明天由我处理。

第二天，他早早的就在办公室门口等我，还没等我问，他就坦白说前一天晚上是和同学一起上网去了，除此之外便是长时间的沉默不语。理智压抑着愤怒的烈火，矛盾也再一次冲击着自己坚守的那份执着。最后我几经周折找到了那个和他一起去上网的学生，在承诺了绝对不会告诉他班主任的情况下，他才告诉我了那天晚上的经过。

"是我拉他去上网的，以前都是他找我，可是那天拉着他还不想去呢，最后扭不过我的死缠烂打，就跟我去了。可是让我奇怪的是，去了他也不玩，而是趴在那里写什么破日记……"

这才让我想到了他的日记，从他那天的记叙中我深刻地感受到了他内心的痛苦和挣扎，不是经不起网络的诱惑，而是找不到进步的成就感，任凭他每天再怎么努力却似乎仍在原地踏步。从他近乎哭诉的字里行间，我突然感觉到一种深深的自责，我也许应该做得更好，也许还能为他做得更多。于是我向每一位科任老师发出请求，请求他们用心多关注一下这个掉队的雁儿。我为他调整了座位，找热心同学对他进行帮助，同时更重视我所担任的物理学科的优化，通过补课、强化等手段让他在最短的时间里找到进步的喜悦。

课堂上，他开始举手了，课下他追着老师问问题了，成绩也一点点有了起色，尤其是物理，有了很大的改观。家长会上，也终于看到了他妈妈幸福的笑容……

中考结束了，他没有考上高中，也许这多少让这个故事有些缺憾，但他考上了外国语高中，这对他来说已经是一个奇迹。上高中后的第一个星期天，他来学校看我，军训晒黑的脸庞上增添了更多的自信，虽然还是一样不善言谈，但我可以看出他对老师充满了感激。"老师，你还愿意再跟他们打一次赌吗？赌我能不能考上重点大学，这次我一定让你赢！"临别时他突然对我说了这样的话。"我愿意，我赌你不仅能考上重点大学，而且一定能有一个美好的未来！"面对万琪的请求，我爽快地答应了，因为我找不到拒绝的理由。

从万琪的身上，我感受到了教师力量的强大，更感受到了每一位师者身上沉甸甸的责任。

故事感悟

几句不经意间的戏言却可能改变孩子的一生，一段平凡的坚持却可以清晰学生混沌的人生坐标。谁也无法估量教师在学生的成长中到底有多大的影响力，但请时刻牢记我们的每一言、每一行都可能触及天使敏感的心灵。

第三篇

我的班级我的角色

班级虽小，却是孩子交流学习的精神家园，它可以无限广阔，穿越所有心灵感受的空间。教室虽小，却是班主任全部生命的舞台，它可以无限的富足，连接起无数梦想起飞的资源。有人说教师的工作太辛苦，但他们哪里能体会辛苦之后的幸福与甘甜；有人说教师职业不够体面，但他们哪里能够享受在爱与被爱的环境中最伟大的情感。用朴素的良知演绎最本真的角色，用坚持的付出创造最平凡的感动。

投入自己的角色

心灵感悟

　　喜欢自己的工作，你才能在忙碌中品出快乐的充实；投入你的角色，你才能在平淡中读出幸福的味道。

让自己的选择无悔

　　也许班主任这一角色的最初选择并不是我们的本意，因为在很多人的眼里，班主任是教师队伍中最辛苦的。他的这种辛苦不仅仅是工作时间的加班加点，更多的是心理上的承受与历练，于是在我们的身边经常会看到一些"奇怪"的现象，班主任大多是年轻教师，大多是高级职称以下的教师，大多是吃苦耐劳型的教师。

　　但如果我们能站在更高、更远的角度来审视这一特殊岗位的话，就会发现忙碌中体现着收获，辛苦中蕴藏着幸福，劳累之后更会让我们的育人能力得到最快的提升。

　　在和别的老师交流的时候，我经常传达自己关于教师如何成长的观点。教师要想提高自己的专业水平，最好、最快的途径便是精讲各级各类的优质课，在竞争与优化的过程中全面提升自己的教学水平；但如果想提高育人能力的话，那就要投入地当几年班主任，因为在与孩子、家长沟通交流的过程中你会更透彻地理解教育那博大而深远的内涵。我始终认为，班主任是提高教师育人能力的最佳平台，也是让年轻教师迅速成长的便捷途径。

　　大家都听说过"西点军校"、"封闭魔鬼式训练"，它们向我们呈现的是两种鲜明的感受，一个是短期内效果的明显性，一个是训练的艰苦性。这本身就是一个自然法则，要想在短时间内看到进步的效果，就必须加大单位时间内的训练强度。舒适安逸的工作状态永远都不可能让自己有超凡脱俗的成长，教师的成长更是如此。

　　但话说回来，任何东西都是相对的，更何况辛苦与否本身就是一个模糊的心理概念，如果你喜欢，苦也自然会变成甜。如果我们无法逃避，那就让自己喜欢，喜欢自己的选择，并为自己的喜欢投入真情和执着的爱，因为只有在爱的投入中才能创造教育的智慧。

在这份投入中，你会慢慢发觉自己开始变得多愁善感了，你的眼泪变得脆弱了，你的学生变得可爱了，在面对更多的问题、更多的困惑时，也自然会有更多种渠道的尝试和自我优化的体验，这么多微妙的变化中你也会潜移默化地走向成熟和完美。

班主任的角色定位

作为一个班级管理的核心，班主任的职责是什么？在各任课教师与全体学生面前，我们应该扮演什么样的角色？这是每一个班主任都应该面对的问题，但我们好好地思考过吗？

也许，你正为自己的"警察"威严而自居，每天有权力利用"偷窥"的方式寻找"小偷"，每天审批各类学生上呈的"诉状"，偶尔再对某任课教师进行"公报私仇"，这样的班主任，除了警察的威严之外你还有什么呢？

也许你正为你的"消防员"职责而辛苦地奔波着，哪里有"火情"，哪里就会有你的身影。尽管你如此辛劳，班里的"火情"依然频繁出现，因为在你忙碌的扑救中，忽略了"火灾隐患"的查找。

也许你是一个合格的保姆，想学生之所想，急学生之所急，甘愿牺牲自己所有的闲暇时间，盯管学生们的一举一动。殊不知你的这种无为的付出换来的不是学生的尊重，而是厌恶或可怜。

也许你是一个无私的法官，用无情的法律约束着每一个"监狱的犯人"，表现好了就适当地减轻刑罚，但如果稍有差池便是重罪重罚，我们不得不佩服这些教师的明察秋毫，但也不得不叹息学生的悲苦与凄凉。

……

也许我们还能举出很多反面教材的比喻，也知道这样做不应该是一个合格班主任的角色定位，但如果细细品来，我们又何尝不是忙碌中重复着上述的某种角色呢？错了就改，但我们必须知道如何去改，更要明白如何做才是我们班主任理想的角色定位。

首先，我觉得班主任应该是学生的倾诉对象。

孩子一天天长大，他们所面对的不仅仅是日益增多的课业负担，更有青春的萌动、交友的困惑、与家长的隔阂等各方面的问题与压力，而这些问题又会随着他们年龄的增长不断发生着量变的叠加。试想，我们成年人有心理问题时还需要及时地发泄与倾诉，更何况是心理尚处于发展期的学生呢？为此，我们每一位教师在教授学生科学知识的同时，更有义务去关注他们心理的健康成长。但纵观目前的教育现状，这一重任也只有班主任来及时担当，所以，作为班主任首先应该成为学生倾诉的对象。

要完成这一角色，困难的不是聆听学生的倾诉，而是如何让学生愿意向你敞开心扉。这是一个时间的考验，更是你的真诚与关爱经受学生们检阅的过程。任何人都不会把自己的心里话讲给他们不信任的人听，更不会轻易将自己软弱的一面暴露出来。所以，我们的学生有太多的伪装，普通的老师很难把到孩子们真实的情感脉搏。面对学生，我们不仅需要关爱的底色，还需要与学生有真诚的信任，更要有对彼此秘密的守口如瓶。

其次，班主任还应该是学生的心理医生。

学生的健康成长不仅要有健康强健的体魄，更需要有积极乐观的心理。但如果你认真观察统计就会发现，在我们的学生当中能达到以上双重健康标准的人真的是少之又少，而亚健康的病例中尤为突出的是日趋明显的心理问题。所以现在的中学教育要求建立心理咨询室，安排专业的心理咨询老师，并将其当成现阶段中学必备、必检的一项硬件措施。可落实情况大多只是作秀式地应付检查，真正能有效开展的实在是凤毛麟角。在这样一个大环境中，班主任就要及时扮演这一稀缺的角色，实实在在地帮助学生解决心中的问题。有了前者的真心交流，这里自然会有不少的"患者"需要我们"医治"，同时还要去敏锐地发现那些有心理问题，又不敢去诉说的学生，也就是我们这些"心理医生"不能被动地"坐诊"，还要主动发现"病情"，更要跟踪服务。

只有心理健康了，自信了，乐观了，他们才能有好的心态去面对生活和学习，他们也才能有更饱满的激情投入到学习的竞争中，所以，心理医生的角色不可替代，更不容忽视。

再次，班主任应该为学生创造一个避风的港湾。

不知道你有没有留意，在我们身边有为数不少的学生都有自己所谓的"哥哥"、"姐姐"，而这种所谓的"哥哥"、"姐姐"往往不是什么好学生，他们要么是不遵守纪律的高年级学生，要么是社会上的闲散青年。为什么会有这种现象？就是因为他们内心深处渴望被保护、渴望有依赖的表现。当他们的这种心理无法通过正确的渠道得以解决的时候，就会出现行为的偏差，从而出现了上面提到的"哥哥"、"姐姐"。

回想我们小的时候，受到委屈时就会找自己的爸爸妈妈，因为他们不仅给我们儿时成长的温暖，也给我们生命的呵护，他们的怀抱就是我们避风的港湾。但随着年龄的增长，我们有了自己的空间，有了自己的秘密，从而也就有了与父母之间的代沟。没有了父母的避风港湾，而又迫切地需要心灵的保护，在这种矛盾的挣扎中，我们班主任以其特殊的身份有责任也有义务，当然也有这个资格去扮演这一角色，及时化解学生所面临的外表坚强而又盲目排斥，内心脆弱且需要保护的矛盾。

当学生能够把所有的委屈都向老师倾诉并且渴望得到老师保护的时候，也就意味着我们的教育已经成功了一半，而且后面的一切教育过程也都会变得得心应手、事半功倍。但要想真正成为学生心灵的避风港绝非易事，因为老师与学生在很多人的眼中本就是一对矛盾体，如何将这对矛盾变成共融的统一，需要的不仅仅是耐心与智慧，更需要真诚与付出。

我们要与学生形成统一战线，成为一个利益共同体。面对问题时，我们不仅要看到学生身上的毛病，更要体会他们在问题发展的过程中受到的委屈。作为班主任不能一遇到问题就火冒三丈、咄咄逼人，不能总使用定式的思维来判断每一个有问题的学生。因为每一个学生都有自己不同的个性，每一件事情也都有其特殊的原委，我们要学会以学生的角度思考问题、分析问题，要学会在合法的情况下如何更加合情。

另外，在事情处理之后，我们还要学会试着帮学生医治受伤的心灵，做好心理的善后工作。我们通常的做法是将事情解决之后，也就认为万事大吉，但从心理层面上分析，现实问题解决结束的时候恰恰是心理问题滋生的开始。无论你处理的结果如何，当事的学生都毕竟经历了一次心灵的折腾，尤其是"败诉"的学生也开始接受了心理惩罚的折磨，此时是学生最感觉委屈与无助的时候，也是我们这个"港湾"应该发挥最大功效的时候。我们应该展开包容的臂膀，以关爱的心态，用自己真诚的安慰与帮助去修补学生破损的船帆，用父母般慈爱的双手帮他们擦拭委屈的眼泪。这是一种心灵的帮扶，更是给孩子心理发泄的机会，这种发泄给孩子的不仅是重新振奋的勇气与信心，更让他们的心与老师拉得更近。

受学生尊重是一种职业的收获，而能让学生依靠则是一种心灵的幸福。能成为学生避风的港湾，温暖的不仅仅是学生，更是我们自己。

最后，我认为班主任还应该是学生精神的加油站。

人，都会有惰性，成人尚且如此，孩子更不会例外。这就像是一辆汽车，每次加满的油箱，都只能让汽车行驶一定的路程，而且载重量越大，这一段路程的距离就会越短。这也就意味着司机要及时给汽车加油，而每次加油不能等油耗完了再加，否则你就只能推车才能让车重新启动了。

想想这真的跟我们的学生很相似，他们也需要及时地给予鼓励，从而让他们有更足的动力持续前行。但学生的"油箱"太小了，所以我们往往用"三分钟热度"来形容学生短暂的耐力坚持。"三分钟"说来的确有些夸张，但也充分表明了老师们对大多数孩子没有持之以恒的无奈与苦恼。那就让我们试着反过来想想这个问题，最起码我们学生还有热度而且能持续一段时间，如果我们在"三分钟"还没有结束的时候及时给他们补足能量，不就能将他们的热度持续下去了吗？也许你总喜欢拿极个别的"好孩子"来做对比，"看看人家某某某，从来没有玩过，一直都那么刻苦……"首先，你这种侧面的表扬本身就是对这些优秀学生的一种鼓励，而大家时刻关注这些优秀学生对他们来说也是一种鞭策，所以他们也是在不断的"加油"中坚持向前。自然界没有妄想的永动机，我们的学生中间也不可能出现不需要吸收心灵的养分便能茁壮成长的幼苗。

我们要承认，孩子不能永久的坚持是正常的，然后再认真地审视我们做班主任的这台加油机的重要性。回头想想我们又是怎么做的呢？每次考试结束，两眼完全盯在那张成绩单上，把那些成绩下滑比较大的同学集中起来，一阵训斥炮弹的狂轰滥炸，再来一阵歇斯底里的家长、老师苦难论，最后轮到学生"自由发言"时，也只剩下了下次考试的目标与达不到目标的惩罚了。如果以上这些还能起到一些作用的话，相信也只能是冷冰冰的压力而已。

给车加油尚且要分清油种与油号，何况是人呢？所以我们要做到针对不同的学生采取不同的鼓励方式，而这种针对性，需要我们对各类学生充分的了解、及时的关注和全面的把握。

除了做到有针对性的"加油"以外，我们还要讲究"加油"的及时性与适时性。随着规范办学的法制化要求，教师也被带上各种无形的枷锁，我们处理学生问题的方式越来越规范、越来越统一，到最后，说教可能成为唯一可行的方法。这就进一步提高了这种方法的操作艺术。同样是"加油"，时机不对就会给我们的"机车"带来不同的感受，当然也会起到不一样的效果。

当班主任以来，随着工作的不断深入，随着与孩子距离的一点点拉近，我也越来越深刻地认识到班主任那种任何人不可替代的地位与作用。班主任是学生最信任、最依赖、最可靠也最畏惧的人，班主任对学生的教育和影响是持久的、深远的，甚至将影响他们的一生。"亲其师，信其道"，班主任所担学科往往是成绩最好的，成就了你的学科教学；"先育人，后教书"的责任让班主任回归了教学的本原，让你提升了教育能力，成就了你完美的教育人生。

如何优化自己的角色

大家应该都熟悉表演艺术家王刚老师吧，自从他饰演了"和绅"这一角色之后，好像再演什么都不像了，而其他人再演"和绅"这一角色也都找不到了王老师的那种出神入化的感觉。为什么呢？就是因为王刚老师抓住了他角色的定位，又根据自己的特点将其深入地优化了。作为班主任，我们又该如何优化自己的角色呢？

首先，我们要学会"童化"自己的心。

要想让孩子靠近你，就要想办法尽量拉近你与学生心理年龄的距离。不知道你有没有见过幼儿园的老师上课，那种音调、语气、动作，在我们成年人看来就是在演戏，而且是卡通戏。可笑吗？幼稚吗？那就要看从哪个角度去评价了。我觉得一个成功的幼儿园老师首先要把自己看成大小孩儿，这样才能与孩子交流，孩子才会喜欢。中学的班主任又何尝不是这样呢？这个阶段的学生虽然年龄大了一些，但依然是孩子，所以我们也要"童化"自己的心灵，让我们的心境回归到和学生相似的年龄上，这样才能与他们产生心灵的共鸣，他们才能向我们敞开心扉。

当我们遇到事情的时候，多从孩子的年龄角度来分析事情，多站在他们的立场来考虑问题。这不仅能优化班主任的形象，同时也能产生更多育人的灵感，让我们选择更好、更多的办法来解决问题。

其次，我们要试着去爱自己的学生。

记得在一次培训新班主任时的报告中，当我讲到"如果我们爱自己的学生，就像父母爱他们的子女一样的话，再严厉的惩罚也不为过"的观点时，有一位老师在互动时向我提出问题："是不是只要爱学生就可以打学生？"话音刚落，全场的老师都安静了下来，看我如何面对这样一个敏感的话题。沉默片刻之后，我笑着对这位老师说："你真正爱过你的学生吗？如果你真的爱着你的学生，你就不会问这个问题了。"

对于这个问题，我不是有意逃避，而是真实的情感使然。如果我们能设身处地地替孩子着想，从内心最深处关注他们的成长与身心健康的话，我觉得形式与方法已经不再重要，重要的是那份投入与理解，当然，爱也需要智慧与理智。当我们对学生的爱最真诚、最无私的时候，学生也最容易感受得到。

　　班主任的工作有时候就像是一场交易，没有感情的投入就不会有德育、智育成绩的回馈，而这种投入忌讳居高临下的施舍，更忌讳有着某种目的和索取的付出。这场交易唯一的技巧就是你的爱心与责任，一样的辛苦和劳累却可能因为我们的心态的不同而换回"赚"和"赔"的天壤之别。

打开心灵的锁

心灵感悟

别总埋怨学生不够可爱，或许是我们还不懂得珍惜和欣赏；放下我们的师道尊严，蹲下身子，伸出手，也许会让你获得丰富的情感资源。交流是心与心的互动，它需要双方的信任与真诚，交流是爱与爱的感悟，所以它需要倾诉，更需要聆听。

一把坚实的大锁挂在门上，一根铁杆费了九牛二虎之力，还是无法将它撬开。钥匙来了，他瘦小的身子钻进锁孔，只轻轻一转，大锁就"啪"地一声打开了。

铁杆奇怪地问："为什么我费了那么大力气也打不开，而你却轻而易举地就把它打开了呢？"

钥匙说："因为我最了解它的心。"

每个人的心，都像上了锁的大门，不管多粗的铁棒也撬不开。唯有关怀，才能把自己变成一把细腻的钥匙，进入别人的心中，了解别人，我们的学生更是如此。

爱是打开心锁的"润滑剂"

无论我们做什么事情都有三个必不可少的要素，一是做事的动机；二是努力的方向或预期的目标；三是做事的方法与手段。在这三个要素中最重要的是什么呢？很多教师更加看重处事的方法与手段，总觉得的只要方法得当就一定能取得好的效果。但我觉得最重要的是处理一件事的动机和目标，也就是为什么要处理这件事，我们想达到什么效果。这两个要素决定了我们处事的心态，也会直接影响或指导着我们处事的方法与手段。

作为班主任，我们难免会遇到各种各样的事件和问题，需要与不同的学生进行交流。面对他们所出现的状况，我们首先要为自己处事的动机寻找一个合适的定位，那就是所有举动的出发点都应该是为了孩子更好的发展以及为了让学生变得更优秀。有了这样的心态基础，再拙劣的教师也不会让自己的教学手段简单粗暴，再调皮的学生也能感受到从我们身上散发出的"家长式"的关爱。

另外一个心态的出发点是要相信学生的"性本善"，相信每个学生都能变好。这会让我们用发展的眼光看待问题，用平等的心态去关注每一个学生。也只有这样，你的说教才更具有说服力，你的要求才更具有亲和力，你与学生的交流共处才会更加和谐融洽。

最后，也是最重要的一点就是要平等互信、身体力行。这种平等不仅体现在对班里不同层次的学生上，更体现在教师与学生在身份与权利的平等上。我们规定了种种规章制度，在约束学生的同时，更要以身作则用制度严格规范自己。这样做才能更深层次地拉近与学生的距离，也才能更好地与学生进行心与心的沟通。

每接一个班，我给他们的第一个承诺就是，我是他们中间的一员，我会严格遵守大家一起制订的所有规章制度，我有自己所在的小组，我要参与力所能及的竞争，班里有我的卫生区，有我奉献的岗位。工作之外的时间里，我就是班级的一名学生，和他们学在一起，玩在一起，更成长在一起。

也许我们经常听到，或者经常用抱怨的口吻来劝导学生："我这样做是为了谁呀？我这样对你们，而你们怎么就一点也不懂得感恩呀？为了你们，我起早贪黑，我容易吗，孩子我都不管，家都不顾，你们还不知足吗……"

我不知道我们说这些话是为了什么，但细细想来我们这样做除了像乞丐一样博取学生的同情以外还能得到些什么呢？这也只能对那些老实的孩子有用，而更多的学生可能会嘲笑我们的可怜与无能。也许在我们说这些抱怨的话之前，学生还心存感激，而一旦将自己的这些付出像商品一样在与学生交流过程中进行交易时，它就会大打折扣，或者会让学生感到你别有用心。对学生真正的关心与爱护是出自我们教师，尤其是班主任自然的本能，是放在心中而不是挂在嘴上。

让学生接受你，靠近你

我不相信什么"一见钟情"，但我相信人与人之间相处第一印象的重要性。这就要求我们每一位新上任的教师，每一位刚接班的班主任，要认真对待我们与学生的第一次接触，上好我们的第一节课。不论我们是从初始年级开始接班，还是中间以"后娘"的身份接班，我们都要面临学生挑剔与比对眼光的检阅。原来的教师、原来的班主任，给他们的心理已经笼罩上了一层浓浓的定式思维，但同时也有一定的审美疲劳，在他们的心里既有对原班人马的依恋，又有对"新官上任三把火"的渴望。他们会把原来的老师作为参考来衡量现在的老师，这对新老师是一个挑战，同样也是一个机遇。我们要重视，更要珍惜。那么该如何做呢？我有一些体验和思考。

首先，我们要敢于创新。

很多老师习惯于在教学的惯性中游走，这样更轻松，更省心，但也很容易引起学生的心理疲倦。有心的教师应该在第一节课，第一次与孩子见面的时候就试着用创新的思路和手法让孩子看到不一样的你。而这种创新绝不是为博取学生一时开心的哗众取宠，我们要保持自己这种创新的风格，并在日后的教学与工作中不懈地坚持。

第一节课，面对全班那么多陌生而又充满期待的眼神，不论是触景生情还是迫不得已，我们总会给学生一些承诺，就像很多国家的总统竞选一样。面对新的班主任，孩子们也希望得到更多的承诺和实惠。但我们在许诺的同时更要冷静地思考，我们在日后能否兑现，切不可一时冲动许下太多"空头支票"。

还记得 2009 年暑期刚接手 2007 级一班的时候，我用我的第一节课向他们传达了我和他们共建美好"家园"的心声。

"同学们，我是谁？来干什么啦？"这是我第一次进班在见面会上给学生出的第一道问题。学生七嘴八舌地说着："姚老师，我们的新班主任……"看来很多同学都已经在焦急的等待中了解到我的不少事情。但我并不赞同他们的答案，而是走到他们中间讲述了自己的角色定位："我是你们的一个新朋友，希望通过自己的努力和付出得到全班同学的认可与接纳，更希望大家能像帮助同学一样来帮助我，让我更快地适应我们这个家。"听到我的这一请求，同学们都高兴地点头示意，并用掌声表示了他们对我的接纳。"我愿意再做你们的心理医生，当你们有心理压力、生活苦恼的时候，可以把我当作倾诉的对象，不论我能不能帮助你，我首先是你最忠实的听众，坚决为你保密的同时，也会用自己成人的心态与阅历帮你出谋划策。"同学们再一次鼓掌表示赞同，我接着说："我更愿意做你们的后盾，虽不够坚强，但还可以为你们避风挡雨，为你们抚平心灵的创伤，为你们争取属于你们的正当权益。也希望当你们受到不公平待遇时，受到委屈时，及时向我求助。

然后，我才是你们的物理老师，希望带你感受科学魅力的同时，更让物理成绩成为提升你们自信的载体。

我还是学校任命的班主任，我会用我的真心和大家一起筑建我们温暖的家园，更希望在班级的管理中大家能见仁见智，用集体的智慧，让我们一起感受成长的快乐。"

最后，我向大家公开承诺："从今天起，我不会因为处理学生而叫家长，更不会因为大家的犯错而实施体罚。"

此承诺一出，掌声雷鸣，如果说前几次的掌声是应付的话，这次我敢肯定是学生自发的，发自内心的。

就这样，我结束了我的第一节课，但我很清楚这仅仅是个开始，我能深刻地体会到同学们对我所说的每一句话的期待与思考。他们所期待的不是我说了什么，而是我如何用行动去兑现自己所有的承诺。

其次，我们要了解学生的爱好，喜欢学生所喜欢的。

很多教师只顾备课、讲课，只想着如何更好地管理班级，但从不去关注这个年龄段的学生有什么共同的爱好。为什么同龄人更容易相处？最根本的一个原因就是他们有共同的爱好。一位教师要想拉近与学生之间的距离，最快捷的方法就是深入了解学生的爱好，喜欢学生的喜欢。

处于这个年龄段的学生，追星是比较常见的现象，我们通常采取的做法是严控，不准他们听流行歌曲，不许他们携带有歌星图片的卡片或画册，可往往是越控越失控。后来我们更换"作战"方法，用我们认为好的"星"来引导他们正确的审美观，比如用爱因斯坦、爱迪生、居里夫人等科学巨匠来硬性地让学生去崇拜，甚至挂在学校和教室最醒目的地方，试图让学生耳濡目染，但效果又如何呢？

我觉得我们应该试着去了解一下他们所喜欢的那些明星，在他们身上或许能发现许多值得孩子学习的地方。掌握了学生爱好的内容，与学生就会有更多的共同语言，在此基础之上进行因势利导的教育也肯定会起到事半功倍的效果。

也正是基于这个原因，我会强迫自己去关注一些流行音乐及歌坛新秀，去了解一些大牌球星，欣赏一下他们在球场的绝佳表现，还会抽空去看看几部热播的青春偶像剧的内容简介，记住其中几个感人的镜头。渐渐的，我发现我也开始喜欢了，也越来越能感觉到任何"星"都有他制胜的亮点，在他们成名的背后也都有自己历练的艰辛，而这些恰恰就是我们教育学生最好的素材。

记得有一次放学回家的路上，走在我前面的是我刚接班的几个女生，虽然还叫不上名字，但我知道她们是超级追星族。她们几个边走边争看着什么东西，不时还发出激动的评论。我悄悄地凑了上去，在她们没有发觉的情况下，观察她们的激动，倾听她们的议论。原来她们正拿着一张 Super Junior 成员的画报，欣赏着几个帅哥的酷态。最后也不知是谁发现了我，随着一声尖叫，她们都紧张了起来，还试图掩藏那张画报。"我也喜欢 Super Junior，他们的歌和舞都是最棒的。"听到我的评价，她们都呆住了："老师，你怎么也认识……"那表情，那语气，好像在审视一个外星人。我顺势拿过来那张画报，一个个准确地说出了那些帅哥的名字，最后我补充说："他们之中我最喜欢韩庚，不只是因为他是中国人，而是佩服他一个人在外打拼的精神。"

再后来，我想大家也应该能够猜到，我与那些学生的关系处得特别好，而且她们在后来我校的文艺汇演中抱着吉他用一曲《玻璃杯》征服了现场的观众。

想让学生接受你还要做到一点，那就是别让自己太落伍。我们做教师的尤其是做班主任，可能会经常遇到学生让我们表演节目，或者是唱一首歌的情况，而且越是学生喜欢的老师遇到这种状况的概率就越大。在这种情况下，多数教师会以种种理由推辞，或者像逃兵一样尴尬地离开，这些都不是学生愿意看到的现象。他们不是为难老师，更不是想让老师出丑，而是在他们的心目中理想化的老师就应该能歌善舞。

所以，我会要求自己努力学习几首学生爱听爱唱的流行歌曲，就算几句也可以，然后是锻炼自己的胆量，敢于在公众场合下表现。我们不用刻意地让自己表演得多么完美，只求让学生感受到我们的热情与真实。

另外，我还会用心设计并组织适当的集体活动，因为在这些活动中他们不仅能赢得别班同学羡慕的眼光，同时也能在学习以外的交流与合作中享受不一样的教育与快乐。

例如，每逢节日我都会精心设计一些活动：端午节，我会在带领学生回顾历史人物屈原的生活背景的同时，让他们品味我准备的粽子；中秋节，如果正值在学校度过，我们会准时在十五之夜的八点十五分于操场集合，男女生一起围成同心圆，默默许下美好的愿望；平安夜，我会让学生许下自己的愿望，由老师为他们珍藏。另外，每当春暖花开时节，我总会找合适的时间带领大家去春游，投入大自然的怀抱，放下所有学习的负担与升学的压力，让我们彼此的心靠得更近。

在这种创新的氛围中成长的孩子也就具有创新意识，在享受浪漫的过程中，他们也会制造浪漫。

多些渠道，变换角色

做学生的笔友

我的学生都很喜欢看《十八岁的天空》这部电视剧，尤其爱听、爱唱其中的主题曲《红色石头》。虽然剧中所描述的是高中的师生，但他们总爱拿我和那里面的老师相比。我并不介意，因为我也是一个追求完美的人，一心想着与剧中角色看齐，于是就有了石头与小草的对话，一封封"家书"，一张张便条，一首首小诗，架起了一座座师生心灵的桥梁。

《小草记》，这是我们班的刘文洁写给"石头"的：

冬天过去了

远远的

又看到了那片绿色的草地

我才明白了什么是生命

想要光明

就得征服黑暗

小小的种子征服地狱的黑暗

才得到阳光的爱抚

也许，小草呈现给大家的是坚强

其实，它也曾软弱过

也许，小草呈现给大家的是希望

其实，它也曾绝望过

也许，小草呈现给大家的是平凡

其实，它的内心涌动着岩浆的狂热

后来，上天赐予了小草一块红色石头

石头用它那火热的激情

点燃了小草心底的火焰

我则用一首《石头记》来回复小草：

在理想与现实之间我曾经选择逃避

但逃避只会让理想更加遥远

所以我开始学会面对

哪怕有太多的无奈、挫折

在石头和小草面前我更愿意做小草

它的平凡与普通给了它更多的安全

但完美的草场需要石头的映衬

于是在你们的面前

有了一个棱角分明的石头

反差的角色让我不得不放掉原来的自己

没有了特点

没有了个性

只为了所谓的"完美"

所以这块石头到处滚动

但事与愿违

没有"完美"

却压伤了不少积极可爱的小草

短短数日的经历

却让我近乎通过了化石的历练

明明是阳光明媚

却让我有一种梦境的模模糊糊

是你们这些小草

让我感到了希望的绿色

是你们这些真实的绿色

让我预见到了收获的金黄

不论我的外表呈现给你们的是什么色彩

我的内心总是鲜红的火热

无论你们会用什么样的方式来评价

真心的付出都将是我永远的底色

几分朴实的浪漫，几分真诚的欣赏，让我们彼此的心拉得更近。是付出的幸福，更是收获的骄傲。

一个刚毕业的学生在教师节聚会时，激动地向我说起了她的神秘的"月光宝盒"的事情。她的家里珍藏着一个上锁的小盒子,她给这个盒子起名叫"月光宝盒"。我好奇地问她里面是什么宝贝时,她一脸幸福地说是我给她写的十封信。

写信的时间和写的内容我都已经忘记了,或者根本就不是什么信,只是简单的便条而已,但学生视为珍宝。细细想来自己又何尝不是这样呢?每届学生毕业以后,我都会把这一届学生所有的东西,尤其是学生给我的信件进行整理封存,并取上不同的名字。想他们时,我就会打开慢慢欣赏品味。每一个熟悉的名字,每一行熟悉的字迹,都会勾起一段美丽的回忆。所以,在每年的班主任工作中,我绝不吝啬自己的文笔,有机会就给学生写信,让最真实的文字留下我们永恒的感动与回忆。

而写信的作用远不止这些,当学生出现问题与困惑时,如果我们只是采取单一的说教,收效更多的是老师的一吐为快与学生的低头认错,这种方式虽然简单易行,但不能从根本上解决问题,更不易于让这种教育的效果长久保持。如果我们针对学生的问题进行深入的思考后,将自己的教育与鼓励用书信的形式写下来交给学生的话,那效果就另当别论了。至少在我上学的时候,从来都没有奢望过老师会给自己写信,所以当他们收到老师的信的时候,一定会激动万分,而这种情感的呈现恰恰就是教育学生的最佳契机。在学生的回信中,教师可以发现许多在谈话中不可能了解到的秘密或是问题的症结,每一封信件的保存又可以延续着承诺,更重温着鼓励。

例如,面对我们的班长王雪有些浮躁的状态,我没有像往常一样直接找她谈心,而是敲打键盘在电脑上给她写了一封家书:

王雪:

考试结束了,接连几个老师在我的耳边说起你,但言语之中更多的是带着一种变味的惋惜。正是因为你在大家的心目中本应该是个出色的学生,面对较大的现实落差,他们自然会在惋惜中思考你身上存在的问题。我相信他们还有不少的希望,希望你现在的表现是一种偶然,是一种失误,但如果再出现类似的情况的话,偶然也会变成必然,惋惜也就会变成放弃。我相信你懂我的意思,更应该体会到你所面临的危机。

在你的眼中总能看到一种傲气,我也很欣赏这一点,但这种傲气更多的体现在对班级的管理上,更多的体现在为人处事上。所以,我也不止一次地反思自己,是不是让你管理的事情太多,会不会再现原来刘依萍身上的那种

"落魄"的结果。但有一点是肯定的，班级的纪律管理需要你，大家的稳定需要你，但我觉得你可以创新地去工作，可以更合理地将自己体力与时间的付出分摊给更多的应该负责任的同学的身上，在发挥更多同学积极性的同时，也让你自己有更多进步的自由时间。

回头来看你的学习，这也是老师最担心的，当然也是你最应该重视的。从接班的第一天起，我就听说了关于你的言论，内容除了对你潜质的肯定以外更多的是对你毛病的描述。接班后你积极的表现让我打消了他们所讲的那些顾虑，取而代之的是对你的喜欢与欣赏。可每一次考试过后我都会有种莫名的遗憾，总觉得你可以考得更好些，总觉得你的失误让你没有对准自己本该拥有的班级的排名。就这样每次都带着遗憾，每次都会把希望寄托于下一次考试的突破，每一次又都会有新的遗憾。我的失职也就在于没有及时寻找原因，没有帮你寻找更好的办法，没有让你好好的坚持。而那些与现实脱节的期望在一次又一次落空之后，也开始正视你的真正的问题所在。

问题在哪？我想你应该比我清楚，你身上所体现出来的问题可能也正是我们班大多数同学身上暴露的问题，更准确一点说是我们班的女生们身上的问题。正如我原来说的那样，你太应该从二班陈云的身上学习点什么了。一分耕耘才会有一分收获，投入了，努力了，才可能成功，学习浅尝辄止，作业应付了事，心态飘忽不定，就想取得成绩的突飞猛进只能是异想天开。

王雪，毕业班意味着什么，我相信你懂，未来对你来说有多重要，我想更不用我多说。你的家长对你有多么信任，有多高的期望，你应该比我清楚。这一切又都取决于你现在的一举一动，取决于你现在的心态与投入。我真的不知道应该用什么样的词语来形容我对你端正学习心态，投入更多努力的渴望，更无法用谈心表达我对突破与成功的希冀，但我相信你能用心去体会，相信你比我更渴望成功，更渴望有美好的未来。

是觉醒的时候了，是寻找并达到学习忘我境界时候了，趁着在别人的心目中你只是"失误"，趁着自己还有成功的自信，也趁着一切还来得及。不要再让希望变成眼泪产生的无奈，不要再使老师的信任成为你放纵游戏的借口，不要再让试卷成为别人批判的罪证，更不要再用连自己都不相信的理由来搪塞失败的伤痛。

我先让她坐在我的座位上欣赏电脑里的这封信，感动之余，相信就是坚持的动力了。倦了，她会再来要求看一看，而每一次看后便是更具激情的奋斗。

做学生的网友

不知道网络对你的生活与工作有多大影响，但随着它的不断普及，我们应该越来越深刻地感受到它正潜移默化地改变着我们的工作与教育的方式。它的神奇功能和丰富的内容吸引了越来越多的人享用它，喜欢它，甚至痴迷于它。在众多的网民中学生占着不小的比重。尽管网络可以给孩子许多学习上的帮助，但它的不少负面影响，让越来越多的家长对其产生了恐惧，像拒绝毒品一样禁止孩子去触碰网络，但这种禁止更增加了网络的神秘感与诱惑力，事与愿违的现象也就变成了必然。

回忆走过的教育之路，还清晰地记得自己也曾经因为孩子上网而停课示威，甚至大打出手，可是表面的承诺换来的是他们内心对网络更强烈的渴望和节假日里更加肆无忌惮的疯狂。

还记得那次春节放假，为了让学生更好地利用假期复习，我下达了假期在家里不许上网的命令，并信誓旦旦地说，自己的 QQ 会天天在线上挂着，哪个同学一上网我就会知道，但我哪里晓得自己的这番话因为没有足够的网络常识而引来了学生的"嘲笑"，最后他们用最简单的隐身就可以绕过我伪装的检测。

再后来，我放开了对网上聊天的束缚，不禁止，但也不提倡，我还谦虚地申请加入学生的群，他们由原来的排斥到最后的默许，再到后来的畅谈。我也越来越感受到利用这块资源可以获得孩子们更多的信任，也可以发现很多在课堂上很难发现的问题。

所以我认为，网络隐患就像洪水一样，我们只能想办法进行疏导而不能压制。再说，我们能压制得住吗？我们不能生活在真空里，让学生学习分辨是非以及抵制不良诱惑同样是一种生存能力。

现在，每接新一届学生我都会将自己的 QQ 号、电子函件告诉学生，让他们把心理的困惑通过这些方式传递给老师。后来我又建立了自己的教育博客，记录我与学生一起成长的点点滴滴，学生也可以在评论中留言。就这样，我们在虚拟的空间里表白着真实的情感，让教育延伸到了我们生活的每一个角落，我也可以用自己的关爱更快更及时地滋润每一块干涸的心田。

我和学生一起写日记

还记得我的这一做法源于对两个问题学生的处理，因为那两个学生上课时总是显得心事重重，任课老师多次向我反映，让我了解情况，但是小女孩很内向，一般不会向别人吐露心声，于是，我决定代替语文老师批改她们的日记。说是批改还不如说是和她们一起写日记，因为有时候她们写得还没有我批得多。从此，日记本就成了我们三个交流的平台，渐渐的我发现她们开始向我敞开心扉。心理的问题一点点解决了，她们的心情也变得开朗了，学习成绩也就自然而然地上去了，春节的考试中两个同学都进入了前十名，这对她们都是奇迹般的突破。当她们自信地找到我说，老师，我们可以独立行走了，我又选择了新的日记对象。我的语言并不华丽，但学生能每天都收到我对他们的关注，在任何一个想懈怠的时候都会有班主任鼓励的话语，每天进步一点点，点点积累也就能促成质变的升华。

后来，和学生一起写日记慢慢变成了我与学生交流必不可少的一种手段，虽然每次都会有人数限制，我也必须精挑细选出最需要的几个学生进行，但每一批学生都会收到可喜的效果。

还记得 2007 年毕业的一个叫邵珠锦的学生，由于是中间转学到我们班里，而且成绩很差，所以成了我们班的"编外人士"，也就是说，她考好考坏对本班的老师和量化考核没有影响。试想这样的学生，很有可能不被老师重视，而她又对此非常敏感。当她的这种情况被某些老师因她的违纪而被曝光时，她的悲伤、自闭让她的学习与心情都到了崩溃的边缘，她的父母更是着急得手足无措。面对这种特殊的情况我采取了与她一起写日记的方法帮助她恢复动力与自信。

记得刚开始的时候她有些应付，本来就不多的日记内容中有不少是些空话、气话。但我会争取每一次给她书写评语的机会，用真诚一点点去感动她，接近她。随着我们日记的一天天的延续，我们的话题也一点点变得更多，更深。再后来，她将她的日记本换成了带密码锁的，而且将密码只公开于我们两个人中间。她的父母看到了孩子可喜的变化，打电话问我用了什么灵丹妙药，我只是笑而不答，并约定一起看孩子最后的中招成绩。

就这样我不仅在日记中了解到了她父母之间的矛盾，了解了她那不太"光彩"的过去，更在一次次的交流中帮助她重新树立起了改变自己命运的信心。就在那段时间里她的成绩很快回升，并一次次地突破自我。在那年的中招考试中，她以优异的成绩进入我市最好的一所高中，虽然有些勉强，但用她父亲的话说，我在他孩子的身上创造了一个奇迹。

经历了这么多之后，我越来越深刻地认识到持续关注一个学生的重要性，也深刻地体会到了这种全新渠道所得到的不一般的教育效果。它让我拥有了一个了解学生的渠道，也为我创设了一个师生交流的平台，学生也从日记中得到最及时的鼓励，在鼓励中让学生得到了最有效的坚持。

现在，我又有了更开拓的日记交流方式，我建议学生每周写一篇周记，总结自己一周的心情，反思自己的得与失，分享自己的苦与乐，更重要的是规划新的一周自己的目标与付出。这样我的工作量虽然大了些，但可以每周都细细地品味到每一个学生的心灵感受，也就能更加准确地发现要进行深入交流的对象。很多学生由最初的应付转到了后来的喜欢，也有不少学生将日记看作自己每天必不可少的精神大餐。面对孩子们每天对自省的渴望，我不敢有丝毫的敷衍，因为他们等待的是老师的真诚，更是心灵远航的动力。

学会聆听学生的心声

也许因为我们老师"传道授业解惑"这一神圣职责所致，让我们这些做教师的比其他行业的人更健谈，也拥有更多的理论。也正是因为这种绝对的优势，让每一次谈话都出现了一边倒的现象。学生只有聆听和点头的份，没有机会申辩，更没有胆量反驳。我们也总是按照自己的理解方式、自己的解决思路处理问题，也许这也正是我们与学生之间产生隔阂最本质的原因。

面对弱势群体，我们缺少的不是道理和说教，缺少的是聆听，是设身处地和换位思考的理解。所以，面对学生出现的问题，不管是多么明显的事情，我都会给他们对事情自我辩解的时间。其实学生向你倾诉的过程，也是他们自我反省的过程，也是你对整个事件重新认定的过程。

其次，我会最大限度地原谅那些主动承认错误的学生，更会为每一个站在班级利益揭发不良现象和敢于向老师敞开心扉说出秘密的学生保密。

让学生轮流书写班级日志

相信每一名学生对班级个性都有自己的理解，每一个心灵对班里的所见所闻都有独特的感受。所以每接一个班我都会让学生们轮流写班级日志，在客观存在的现实载体上让他们用自己的眼睛观察，用自己的情感思考。一段段小小的历史，一份份美丽回忆，同时也让教师通过这些回忆更全面地了解每一天班里发生的情况及存在的问题。

　　9月22日　　星期二　　　　　考勤人：刘依萍

　　经过一周的努力，我们终于获得了"最优班级"的称号，这与班主任和我们全班同学的努力是分不开的。正是因为我们付出了艰辛和汗水才使得我们有所收获。如果说命运的改变也需要运气的垂青的话，那么幸运也仅仅是第一步，最终能改变命运的，还是那种自强不息的精神和坚持不懈的努力！同学，老师，朋友，让我们怀着一颗憧憬未来的心去迎接下一个明天吧！

　　9月23日　　星期三　　　　　考勤人：刘　泉

　　因为领导来视察，同学们热火朝天地进行了大扫除，分工明确，人人都忙得热火朝天。徐顺同学害怕擦不掉污秽，还特意买了一瓶洗洁精。车晓铭、赵显豪两名同学，一刻都没有停下，在同学们认真学习的时候，还有他们忙碌的身影。这两名品学兼优的同学，值得我们学习，让我们为之骄傲。今天大扫除值得表扬的同学太多，汇成一句话就是："你们是一班的骄傲。"

　　9月24日　　星期四　　　　　考勤人：陈　崇

　　快乐的时光总是消失得很快，在大家忙碌中感受到了集体的力量，听，早读那琅琅的读书声；看，那洁白无瑕的各个角落；闻，班内那散发出的香味。我们班是最优秀的班级，伴随着清逸的飘香，同学们进入了紧张的学习状态，为迎接下一次月考而奋斗。同学们！让我们携手共进，共创美好明天。

　　9月25日　　星期五　　　　　考勤人：杨振甫

　　学习负担重，今天也被第二次禁锢在校园里，眼看着一、二、三年级的同学提着大包小箱，心中有种说不出的感觉。为了舒缓同学们的心情，在最后一节课的时候，在老班的协调下，我们一班和二班举行了篮球比赛，竞争得十分激烈，大部分的同学都来加油。最终我们班以14∶7的成绩战胜了二班，可见我们团结合作得很好。其实打球和学习一样，同学们能够互补缺漏，互相帮助，我们班的学习一定会蒸蒸日上，节节高！

　　9月26日　　星期六　　　　　考勤人：于晓晨

　　今天，值得表扬的是在大家共同的努力下我们班没有出现任务扣分的情况，这是一个良好的开端，希望大家的坚持会促使我们一班成为一个成功者、胜利者。只有你发生改变，而且你超越了阻碍你发展的信念，那么你的人生才会发生改变。审问自己，留意自己，不要害怕困难，不要害怕失败，争做赢家，塑造自我，成就梦想。这就是你面对生活的方式，做出和别人不一样的成绩的方式！

9 月 27 日　　　星期日　　　　　　考勤人：李　昂

临近月考，同学们也置身于紧张的复习环节，为周二、周三的月考做了充足的准备。但学习与自己的工作是两码事，提水人员的工作完成得十分出色。自从实行"课后鼓掌"政策后，劳累了 40 分钟的老师也个个都绽放了笑脸，心满意足地离去。看着同学们一个个有干劲的样子，相信收获肯定不少，恰值祖国六十华诞，外带一个好成绩，可谓是双喜临门。忘记上一秒，利用这一秒，珍惜下一秒。

9 月 28 日　　　星期一　　　　　　考勤人：杨璐璐

明天将是一次测验，检测我们这一个月的学习状况，为此，同学们都进入了紧张的复习阶段，为明天的月考做好准备。为了舒缓同学们的紧张情绪，班主任安排在每一节下课后听一两首歌曲，来调节同学们的学习压力，听到那悦耳的歌曲，同学们都露出了甜美的笑容，有的同学会唱就跟着唱起来了，班里又增添了许多的朝气与活力。希望同学们用自信、乐观的态度迎接明天的考试，预祝同学们考试胜利。

10 月 6 日　　　星期二　　　　　　考勤人：郑少莎

昨天是所谓的"假期综合症"，今天可就不同了，今天同学们的表现才是他们真实实力的展现。月考的成绩公布了，考得不错的同学暗暗加油，冲刺重点高中。考得稍微不理想的同学则定下了下一次的奋斗目标，并开始着手了。继而，全班同学不约而同地全力奋战下一秒。没有谁的人生是一帆风顺的，偶尔起一些小小的波浪，对人生也是有渲染意义的，月考则是千百朵浪花中的小小一浪，它只会是同学们的警钟，并促使同学们坚持不懈地向前冲去。我不去想是否会成功，既然选择了远方，便只顾风雨兼程。我不去想身后会不会袭来寒风冷雨，既然目标是地平线，留给世界的只能是背影。现在，同学们双双组合，取长补短，共同迈进成功的殿堂。无论王子是否找到了真正的白雪公主，红舞鞋是否还在寻找着主人，海的女儿化为泡沫是否可以复生，同学们都明白：既然来到了这个世界上，就要努力展现出自己靓丽的一面，让世界记住，你来过，并奋斗过。

以上是我们众多班级日志中的几个小片段，但我们还可以清楚地体会到每一个学生对班集体的关注和热爱。他们总能从不同的角度欣赏自己"家"的美好，也能从不同的侧面提出自己的希望和建议。

现在，我又将我们的班级日志的模式进行了全新的优化，学生在日志本上常规记录的情况下，我还会及时地将学生们书写的班级日志上传到我的博客上，让每一个学生都可以通过网络了解我们班级的成长，更感受我们"家"的温暖。他们又会将这种信息传递给自己的朋友和亲人，在传递中，他们心中的那份优越与自豪也会让他们对"家"的感情更浓，更深。

用智慧铸"爱巢"

心灵感悟

班级管理应该是学生们自己的事情，它不仅需要大家的参与，更需要集体的智慧；当班里的每一个孩子都想为"家"做点事的时候，管理就会在温暖的奉献中变得和谐自然。

班级管理的原则

对于班主任，班级管理是一项重要的常规工作，不能逃避，更不能生搬硬套，它需要班主任适时、适势地置身于班级的实际情况进行创新性的开展。这个过程不仅是体力、脑力的付出与劳作，更是一个教育工作者智慧的呈现。对于班级管理工作不仅需要我们的激情与投入，还需要耐心与智慧。在这个过程中，我们要创设一个"家"的氛围，一个爱的空间，让每个学生都有机会成为这个"家"的主人，让每个成员为"家"施爱的过程中都能够享受到被爱的幸福与温暖。

班级的管理虽然有许多的技巧，但有一些基本的原则是必须遵守的，这些基本的原则也是我们处理班级问题过程中应该思考与权衡的心态支点。

第一是"平等自律原则"。这个原则要求我们教师，尤其是班主任要平等地对待班里的每一个学生，我们不能用有色眼镜将学生分成三六九等，更不能用某些学生的"前科"而实施"法外法"。平等，本该是学生享受的最基本的一项权利，但在应试教育盛行的今天，它却成了教室里最难达到平衡的特区。优秀学生在不知不觉中就可以拥有比"差生"更多的优惠待遇，而"差生"也总会在不经意间成为老师批判的焦点。同一件事情，发生在两类不同的学生身上，我们很可能出现两种截然不同的心态，随之就会产生两种完全不同的处理办法。在我们看来，这已经成了我们的思维定式，但在学生看来，他们已经缺失了在这个"家"中的合法地位，这势必会淡化他们为班级奉献的"本性"。细细想来，那些专门破坏班级稳定、调皮捣蛋的学生不就是如此这般被我们这些"灵魂的工程师"们一点点塑造出来的吗？

如何才能做到平等，我觉得最简单的方法就是学会换位思考，学会使用民主的力量。遇到问题时，先站在问题学生的角度来分析，再将这个学生当成你最中意的学生来处理，让理智代替冲动，让学生的主动承认代替粗暴的压制。面对班级的各类决定时，多征求学生们的意见，在对问题的辨析与讨论中，让方案优化的同时也积累了更多的"群众基础"。

而"自律"，这里指的是为人师表的老师，尤其是班主任，要严格要求自己，正所谓"其身正，不令而行，其身不正，虽令不从"，学生以教师的言传身教为榜样，所以，我们更应该处处严格要求自己。对于班级管理，当定下班规后，我们班主任也应该作为班级的一员，在现实条件允许的情况下严格执行，这不仅是律己的表现，同样也是对平等更深刻的诠释。

在课间操的时间，我会严格执行班委制度的最后一个集合完毕的要接受惩罚的决定，这也就督促我要和学生们一样下课后快速地到操场集合。在体育达标上，我也加入到学生的小组达标制度中，和他们一起训练，一起接受检测。在班级的卫生区方面，我也有我自己的责任区，当检查人员因为我的责任区而扣分的时候，我也一样要严格接受班规的惩罚。在这种平等自律的环境中，学生也会自觉地遵守班规，积极地履行义务与责任。

第二是管理方式上的"创新原则"。如何创新，创新到什么程度，要因人而异，因班情而定。

有很多教师为了省心，就照抄照搬别人的班级管理办法，没有针对性，自然不可能出现预期的效果。还有一些教师，虽然对于班规的制定作出了努力，但班规千篇一律，一劳永逸，让一年的班级管理规定永不修改地使用。我们绝不能忽视这样一个重要的问题，那就是学生在变，遇到的学生问题也在不停地发生着改变，班级的管理上永远没有以不变应万变的万能策略。这就要求我们班主任管理的思考与方法也应该与时俱进，结合学生的特点，结合教育的需要，创新地制订出班级管理的方案。

中学生所处的这个年龄段，求异求新是他们的天性，所以，陈旧的管理模式已经不能满足他们的精神需求，或者说他们早已不感兴趣了。试想，连学生们都不屑一顾的模式又怎么能激发他们学习的动力与积极参与的活力呢？我们要有敏锐的洞察力，及时去发现学生身边的教育素材，并利用这些素材开创性地制订出学生喜欢的管理模式，这样才能收到事半功倍的效果。

比如我们在班级管理中的"成长的班规"、"奉献岗"、"接力棒"、"检查组"等形式都是学生喜欢且效果明显的方法，我们的"专家会诊"、"求助卡"的全新方案更是学生所青睐的。

第三是"教育为本原则"。这一原则预示着我们所有教育与管理的终极目标都是为了教育学生，都是为了孩子更优秀地成长。有了这样一个原则的指引，相信我们就会减少很多消极的举动，也会避免很多不必要的冲动。

面对班级的问题，我们通常的做法是对问题学生大批特批，唯恐他们不知道事情的严重性，唯恐他们不受到心理的折磨。而面对问题学生，我们又经常会杀鸡骇猴，抓住学生的证据就拿起放大镜连续不断地放大，唯恐有一个同学还不清楚，而处理办法也尽可能的严厉，唯恐吓不到下面的"观众"。但仔细想想，我们处理问题的目的是什么，难道仅仅是为了此类事情不再发生吗？而已经发生的事情和参与其中的人，也仅仅以受到严厉的惩罚而收场吗？学校是教育人的地方，也正是因为我们的对象需要教育，所以他们出现各种各样的问题都是正常的，也是难免的，这些问题恰恰就是用来教育他们的最好的资源。我们要时刻提醒自己，处理问题是为了让学生变得更好，更需要常常冷静地反思自己，所采取的做法能达到教育学生的目的吗？为了教育，我们是否还有更好的方法呢？在这种反思的过程中，相信我们的管理模式可以不断得到优化，面对突发问题我们要做的就是学会冷静，时刻提醒自己是育人的教师，而我们面对的是未成年的孩子。

第四是"坚持到底的原则"。相信任何人都可以想出一些，或者是制定出一些有创意、符合学生特点的管理办法，但在具体操作的过程中又总会因为种种原因而中途夭折。如果对于所有的方案你都浅尝辄止的话，那么再好的方法也不可能出现你想要的结果。

很多方法在制定出来以后，理论上论证都是好的，这就如同我们选择了一个正确的方向去走，但在走的过程中我们还需要选择合适的道路及适当的交通工具，才能顺利地到达预期的终点。正确方向的制定往往是简单的，但是要想走好每一步需要的则是理性的勇敢和坚持。

还记得刚担任班主任不久，我也想出了很多好的方法，但总是好那么几天，以后的日子里便会一点点淡化，以至于最后悄无声息的消失。所以说，很多班主任缺少的不是创意与方法，缺少的是执着与坚持，因为这份坚持不是简单的重复和叠加，而是行进过程中的优化与提升。

第五是"贵在落实原则"。制度的真正生效在于它严格的落实，如果制度制定了却没有了后续的落实及监管，那么所有的制度也只不过是一纸空文。所以，制度制定的本身就应该有如何去落实和如何去执行的方法体现。在落实与执行的过程中最关键的则是如何有效而具体地对参与者实施适时的奖惩，公正而及时的落实是制度良性开展的保障，也是学生关注与执行的条件。

让"经济问题"不再敏感

由于教育乱收费问题的负面影响和规范办学相关法律法规的不断建立与健全，每一位教师在面对钱的问题时都会变得异常的谨慎和敏感，因为稍不留神就可能就会落得个"违法乱纪"的处分。但很多时候，班级的良性运转又和钱脱不了干系，比如班费问题、个性奖励问题。对此我想以我们班的班费问题谈一谈我的做法。

清楚地记得 2009 年的暑假，在我刚送走一届毕业班之后，没有任何回转余地地接了新一届毕业班，又以"后娘"的身份进入一个全新的群体。工作对接一切都很顺利，只是几乎清空了的班费成为班委和我纠结的问题。"账户"上仅有的"2.5 元"嘲笑似的在向我"挑衅"，班委反复征求我的意见，我也一时陷入了困境。如果一个新班主任上台就收班费的话肯定会受到大家的反感和非议，可是没有班费，班内活动缺少的物品，要发的奖品等就无法及时补给。

经过一番思想斗争之后，我还是决意要收，但对于收取班费的方式我做了变通。

晚自习时，我提前进班，在学生的试探眼神中，我开始旁征博引地点出了我们的班费问题，顿时我听到了许多叹息声，那声音代表了无奈的抵触，更代表了一种淡淡的失落，班主任的更换不过是又一个无聊的"警察"而已。这些我能理解，更值得同情，因为我们的孩子向来承担着"鱼肉"的角色，而班费的上缴也向来是他们不愿意接受的"苛捐杂税"。接下来我公布了本次班费的征集原则：

第一，自愿原则。也就是每个同学捐与不捐，捐多捐少是完全自愿的，我又补充说，我希望条件不允许的同学不要打肿脸充胖子，但有条件的同学，可以将自己平时买零食的钱省下捐出来，且多多益善，因为你捐出的越多，就意味你爱心增长的同时买零食的习惯也在淡化。

如果刚开始说到班费时学生的声音中显示的是失望的话，此时他们脸上则显现出了无数的诧异，接着我公布第二条原则。

第二，保密原则。捐赠结束后生活委员只向大家公布总钱数，而有哪些同学捐赠及每名同学捐赠的数额不对外公布，只需要简单记录存档，能与钱数对应起来即可。

我看到学生们开始感兴趣了，教室里有了笑容，也有了小声的议论。我接着公布第三条原则。

第三，比对原则。即同学捐赠的钱数没有下限，再少也没有关系，因为对班级的爱心是不能用钱数来衡量的，但有上限的限制，那就是任何同学捐赠的钱数不得超过班主任的捐赠数量。话到此处，我随即拿出了50元钱交给了生活委员。

如果说刚才的两条原则只是让大家找到了感觉的话，那么老师的这一举动则可以让全体学生投入，因为掌声说明了一切。

接下来便是焦急的等待，不知道这次班费改革会有什么效果，但我知道两点，第一，我做到同学们对好班主任所期望的举动；第二，如果大家都自愿"零奉献"的话，我们以后的班费筹集将会由班主任"单挑"。

生活委员第二天的汇报让我打消了所有顾虑，55名学生一共交了485元的班费，刷新了这个班三年来班费之最，且没有任何不情愿的色彩。生活委员还向我透露，有几个同学想交超过50元，都被拒绝了，还有不少同学都是借的钱……

听着生活委员的陈述，联想着同学们争先恐后的捐赠场面，我幸福地笑了，为自己靠创意渡过了难关，更为孩子内心深处的那份积极与善良。

也许我的这一案没有太强的可操作性，但毕竟让我明白了一个道理，在很多时候都不要搞一刀切式的教育，更不能因噎废食。对于与钱有关的事情，只要心中坦荡，再加上方法适当，经济问题就不再敏感。

班费基金成立之后，就必须有相应的配套设施并在规范化的运行中体现其收支平衡。我们将资金的多少和使用情况及时、透明地向全班同学公布。而对于每一笔资金的使用都需要经过全体同学的同意，并由班长签字后才能生效。

记得元旦联欢的花销就是在我们"财政部长"的主持下经全班同学讨论通过的，因为当时学校不允许各班组织联欢，我们就本着一切从简的原则将经费开支定格到100元以内。最后班里只用95元钱就完成了整个晚会的筹备工作，而且该有的会场布置，如瓜子、糖、可乐一样都不少，整个过程中我仅仅作为一名观众参与其中。

班里的跳绳每人有一条，可是放在哪里既方便又美观呢？原来是挂在窗户上。但每次的取放都不方便，所以学生们又讨论通过了购买9个墙壁挂钩的想法。全班通过就去执行，同学们都在规定的挂钩上整齐地摆放自己的跳绳，方便、美观，我们的教室也多了一道亮丽的风景。

……

对于班级经费的补充来源则主要体现在以下几个方面：

首先是废品收集。同学们将平日里的垃圾进行分类收集，每隔一段时间就进行集中出售。这项举措在很多老师看来存在争议，担心会不会使培养出来的孩子过于吝啬。我觉得这种担心是多余的，他们积攒的这些"垃圾"的最后收入并没有归为己有，更何况在保持卫生整洁的前提下让学生更加懂得了珍惜与节约，懂得如何变废为宝。

第二种途径是"劫富济贫"。在学校提倡勤俭节约、禁止吃买零食的情况下，我们也制订出了对应的"劫富济贫"的处罚措施。即凡是违背校规买零食吃的同学一旦被发现，就在同学们监督下自觉凭实力为班级进行捐助，虽然并没有规定具体的数值，但存在不能低于所购买零食价值的"潜规则"。这样也将对那些有经济实力的同学违纪的处罚变成了爱心的奉献，"劫富济贫"的过程也给了他们一个将功补过的机会。

第三种途径是在小组竞争中的赌注体现。每周的小组周评，每月的小组月评，还有每次大考过后的小组总评，我们都有对应的量化积分。小组内，成员制订出自己小组的奖惩制度；小组间，组长们也会在班委的引导下制订出组间的奖惩措施。在这些措施中有一项是奖金或是奖品的兑现，而这一项资金则是由没有完成目标的小组或是小组成员无条件捐出的。

另外，还有不定期的个人捐赠，还有在唱歌惩罚中不愿意出头露面的捐赠式替代等等。同学们都重视我们的公共财产，也都珍惜善待并合理支配班费中的每一分钱。

让学生在奉献中学会分担

让学生成为班级的主人，不仅体现在他们要享受平等的待遇，同时也意味着他们要为班级尽到应有的义务，做出一定的贡献。当这种义务与贡献成为自觉时，他们主人的地位也就得到了强化和巩固，同时集体也会在团结奋进的过程中变得温暖、和谐。

但奉献需要载体，更需要在坚持中形成习惯。细想班里有多少事情可做呢？硬指标无非是卫生打扫、作业收发及纪律维持等，如果每一个学生都有自己明确的分工，每个学生都能找到为班级尽些义务、做些贡献的空间，每个学生为班级争做正数的时候，所有的问题都会变得简单、自然。

来看一下我们班的奉献岗吧。

卫生打扫是每个班级最常规的工作，它的分工也是班里必有的程序，卫生打扫的质量如何也是衡量一个班最简单、最客观的量化指标。再加上各类检查的频繁出现，致使班级卫生优劣指标在某种程度上比教学还要重要。但学生经常出现偷懒、打扫不彻底、不及时，还有对分工有意见等现象。难道让每个人去完成那么一丁点的卫生打扫任务就那么难吗？问题并不在于工作量的大小，而在于学生面对卫生打扫所持的心态。他们没有把自己放在主人的位置，而是把卫生打扫看成了为学校、为老师做的事情，面对老师的强硬立场也就出现应付的现象了。

为此，我努力思考如何让孩子调整这种心态。首先，我想到的是名称的改变，由原来的"卫生区"变成了"奉献岗"，即每一个同学为班级做出自己一份贡献的岗位。然后是定位的改变，把原来的单一卫生任务变成了班里所有可能出现的任务，将它们尽量均衡地分成不同的岗位。最后是分工的不同，由原来的强压型变成根据具体情况和自身特点的自由选择型。例如，你在身高上具有一定的优势，你就可以选择擦灯管等"高空作业"的岗位；如果你的创意不错，你就可以选择教室内的各类张贴设计；如果你的字写得不错，你就可以选择班级日志的记录。

起初我担心学生们可能出现对岗位的争抢，出现岗位不能满足学生们需要的状况，但一天的选择之后我发现，每一个岗位都找到了适合它的主人，学生们基本上都能根据自己的特点与需要找到适合自己的奉献岗位。

一段时间之后，我们又对奉献岗进行进一步的优化与调整，对于岗位不合适的同学在协商的情况下进行适当的转岗，而对于新的需要，我们可以增加新的岗位，对于可有可无的岗位进行适当的合并或删减。

现在，学生们都能在自己选择的岗位上，尽职尽责地奉献着自己的力量。例如，徐顺同学的奉献岗是讲台桌的清洁卫生，他除了每天在老师上课前都能认真擦拭的基础上还在上面贴上了可爱的贴画，还自费购买了盛放粉笔的小杯子；杨璐同学负责卫生工具的摆放，每天她总能将拖把整齐地立在教室的后墙上；董瑞雪同学负责走廊窗户，她创造性地将同学们的跳绳悬挂在金属窗上，还美其名曰"一帘幽梦"……

这里没有强迫，没有偷懒，因为每个学生都是这个"家"的一员，他们不会偷工减料，不会消极应付，因为他的奉献质量将接受"全家人"的检验。

学做运筹帷幄的"将军"

班主任这个职务可以说是世界上最小的官了，而且没有实权，有的只有爱与责任。但官再小也要同时管理几十个孩子，正是因为管理的对象是未成年的孩子，所以几十个孩子的管理并不比几十个大人的管理轻松。于是我们经常会看到一些班主任起早贪黑，整天忙个不停，体力、精力双重透支，在我们身边也有很多班主任累倒在讲台上的光荣事迹，这些自然让很多老师对班主任这一职务望而生畏。

难道做班主任就必须这般辛苦吗？难道为学生的付出就必须以牺牲自己的身心健康为代价吗？回头看看我们的历史，曾经有过许多高级将领，他们指挥千军万马却依然游刃有余。有个成语叫运筹帷幄，我想指的就是那些用大脑打仗的人。我们虽不是什么将军，但可以把将军作为我们的榜样，学习他们的治军方略，思考自己如何成长为智慧型的班主任。这里智慧的切入点就在于如何优化对班干部的任命与培养。

也许我们会经常埋怨，学生干部什么都干不好，什么都需要老师进行说明，说来说去最后还得班主任亲自出马。细细想来，我们的这种心态恰恰就是抑制班干部成长的最大障碍。很多时候我们不相信班干部能够把事情处理好，面对班主任信任的缺失也必然会导致他们丧失了管理的自信；很多时候我们没有给他们足够的机会，没有给他们更大的权力，即便是他们下达了指令，最后往往因为我们的不满意而进行修改。长此以往，同学们也就不再听信班干部的话了，班干部也就会在对老师的依赖与妥协中失去了创造性开展工作的激情。

如何才能让自己成为运筹帷幄的将军呢？我们可以做如下的尝试。

首先，我们要充分做好班干部的选择与任命工作。我们可能面临初始班或是中间接班两种情况。对于初始班级，我们对每一个学生都要进行全面的洞悉，可以适当地搞些活动，或者多给他们一些自由的空间，很多有领导才能的学生会在活动和自由的状态下将其优势体现。对于代理班委的确定必须慎重，因为很多时候"代理"就是最后的"正统"。如果是中间接班，因为这些班里已经有了固定的班委，可以先对这些学生干部进行深入全面的调查和了解，了解班里学生对他们的评价，调查班干部对班里工作的态度，更要了解他们以往的工作内容，本着稳定局势和双向选聘的原则确定新班委的人选。

其次是强化班干部的权威意识。所有的指令不管是班主任定的还是在班主任的指导下班干部定的，都要出自班干部之口进行下达。这样不仅让同学们意识到班委的权力之大，同时也加大了同学参会、议会与监督制度的深入开展。当班委制定某些规章制度时，他们也一定会积极参与发表自己的意见。

作为班主任，我们本来在同学们的心目中就有了不可动摇的地位，就不用再强化自己的师道尊严，而班干部是学校的弱势群体，再加上他们永远在学生的中间，所以他们的权威不容易树立。要树立起这种权威的关键在于班主任的信任和尽可能的放权，而我们放权的主要对象是班级的灵魂——班长。

接下来便是分工了，既然已经放权，我们就要充分相信班长，让他结合班级的情况，结合自己的用人特点、关系的疏密对其他岗位进行荐举与分工。就如同"一朝天子一朝臣"一样，班长只有找到自己得力的助手才可能将他们的贡献形成最大的合力，也才有利于日常工作的开展。

就像我的班级，班长的权威树立的同时，他个性化地将班级常规管理分成了五个大的部分：学习小组的建设部分、卫生及各项检查、课间操及体育锻炼、问题学生的惩罚落实、每段时间的工作考察汇总。每个部分都会有专人负责记录，每两天进行一次汇总，及时向全班同学通报两天来班里的基本情况，也及时优化班规班纪。对于个别同学的不良表现进行通报批评的同时，也对班里的好现象、好榜样予以表扬与鼓励。对于那些需要老师协助配合，或者班主任强化的问题，他们会及时地传达给对应的任课老师。

这么多的问题，即便是交给班主任也很难一下子将其处理得井井有条，这也就更加强化了班长的协调能力以及班委全体人员的精诚合作，这也正是让班长进行分工定岗的原因所在。班长的个性彰显可以充分提高班委成员的积极参与，而班委的带头示范也必然会带动全员化的自我管理。当班级在学生高度民主、自治的氛围中实现良性循环时，教师自然可以在繁杂的班级事务中解脱出来，更多的创新与优化也会成为可能。

成长中的班规

有了分工，为了更好地工作，各块责任区都应该有相应的规定，如何制定才能体现制度的公正客观又能体现它的针对性与实用性呢？来看看我们班"成长中的班规"。

没有规矩，不成方圆。作为一个班集体也不例外，但用什么样的班规真的是见仁见智。有些学校采用统一的班规，有些班主任制定出一个班规后就一成不变地使用好多年，更有人直接拿别人的班规照搬执行。这些都是不可取的，也起不到班规真正的效用。

我认为班规应该是随着班级的不同而改变，应该随着孩子年龄的成长而调整。在我每接一届新的学生时，我都会让班规随着孩子们一起成长。随着对学生的认识的一点点深入，问题也一点点呈现，我们的班规便在我们共识中一点点成长和完善。

记得刚接 2008 级一班的时候，不少原来的老师向我暗示，这个班的孩子认打，很多家长也反复向我强调，自己的孩子犯错了不要轻饶他，原来的老师打了如何见效等等。但我和学生见面的第一节课就向全班的学生公开承诺：一不因错误而体罚学生，二不因惩罚而叫家长。我很清楚，在孩子们热烈拥护的背后我也将别人最有力的两件法宝拱手放弃。有些学生在试探，也有些学生在观望，而我则是在观察中思考，我们的班规也从零开始成长。

首先，我和班委成员一起选了三名最信得过的，文采最好的，也最有正义感的同学成立了班级日志领导小组，真实地记录每天班里的情况，并用自己的观点评述每天班级的发展。这是我了解班级的一扇窗户，也是我们一起制订班规的真实素材。

其次，在班长的策划下，大家推选出四名同学成立班级"监察组"。公开、公正地发现班级存在的纪律问题，并结合大家的意见制订出处理办法。他们是班里正义的眼睛，更是各项规定是否落实的监察员。

"老师，最近总是有人上课迟到，每次说他们时，他们都是以上厕所为由搪塞过关。"这是监察员们第一次向我反映的情况。"好，我们就以上课铃声为准，铃声一响，就由团支书开始记录，最后一个进班的同学就算迟到。"

"把这个作为我们新班规的第一条，然后由同学们讨论得出对迟到同学的处理决定。"最后，同学们的意见为违反规定者为大家唱一首歌以示惩戒。

从那以后，迟到的学生越来越少了，在我们班每天下午上课前最困的时候也个性地增添了一个让大家兴奋的节目演出。

接下来便是上课说话的问题了，监察员反映上自习课时总会有个别同学小声说话，又不能总是盯着他们。我们讨论后决定创设"纪律接力棒"，用一个小本子专门记录那些爱说话的人，由谁来记呢？就让说话者进行相互的管理与监督。当监察员抓住第一个说话的同学之后，就让这个同学在记录本上填写自己的姓名及说话的原因，然后再将这个本子传递给下一个说话的同学。如果某一违反纪律的同学在一天的时间内将本子传出去的话可以免除处罚，如果一天结束"棒"在谁的手中谁就要接受处罚，处罚仍然是在规定的时间内唱一首歌。

在这个过程中，说话的同学不仅要受到制度的约束，同时在检查寻找下一个"目标"的过程中也体会到了班干部的难处。

不久又有学生向我反映，晚上休息时，熄灯铃响过后仍然会有同学在打闹和说话。我就把此事拿到班会上讨论解决办法，就有同学提出要效仿班里说话现象的管理思路，但又有同学提出唱歌的同学太多了会不会影响到下午的上课。最后决定采取"接力棒"的办法，即在熄灯铃响过后先由寝室长将"棒"传给最后一个上床安静下来睡觉的同学，处罚措施是写 300 字的忏悔书，第二天再由这个同学向下传，如果传不出去，则由这个同学继续写且字数加倍。在管理员检查的过程中如果发现寝室表现极好，可以考虑将处罚力度降低甚至取消，但如果不见好转，则处罚力度加大。

一段时间之后，宿舍纪律变好了，现在制度已经取消了，但仍然是其他宿舍学习的榜样。

到现在为止，我们班已经形成了以唱歌、写忏悔书、为班级做一件好事为主要处罚措施的班级规定 12 条，而且我们的规定还在不断地完善和成长之中。班规可能会增多，也可能会将部分废除，但它一直都在大家共同的智慧中向更加人性化、更加实用化的方向发展。

处罚不是目的，班规也不是为了冰冷的制裁，而是为了让学生们在成长的过程中更加规范地学习和生活。学生在成长，班规也应该随之变化和成长，这种成长中蕴藏着教育的契机与智慧。

一切就绪之后，剩下最关键、也最重要的环节就是规定的执行与各项奖惩措施的落实了。大多时候方法都是好的，但总是坚持不了多长时间就被淡化或者消失，问题就在于制度及奖惩措施的落实上。要想准确而又及时的落实，关键的问题在于详细的记录与备案的公正。这就要求我们所有的班委成员不仅要说、要管，更要翔实地记录时间、地点、内容、事情简单描述，有必要的话还要有当事人的签字，这些是我们实施奖惩的依据，也是公正客观的表现。

说了这么多，好像班主任成了多余的摆设了，其实班级的管理远不止这些，学生毕竟是学生，他们所进行的也只能停留在表面的控制与管理，而且在管理过程中难免会出现矛盾与问题，更何况，他们的第一要务应该是学习，不能让过多的管理负担冲淡了他们对学习的努力和对成绩的提升。班主任还应该及时地集中班委进行交流，召开例会，这也是我们经常进行的方式。在例会上，班主任首先要做的是对班委工作的肯定与赞赏，并有理有据地分析各块管理的优点与创新，让他们充分认识到自己价值的同时也深刻地意识到班主任每时每刻都在关注着他们。同时还要聆听他们眼中班级存在的问题及改进意见，还要了解他们工作中遇到的困难与委屈，对于共性的问题进行改进优化，对于问题集中的学生要进行针对性的沟通与交流。

最后一项就是班委成员的考核了，而这一项考核的评委则是我们班的全体学生。尽管在班里难免会有几个调皮或是观点消极的学生，但我们应该相信大多数学生都是好的，都能够公正客观地表达自己对每一个班委成员的评价。对优秀的班委成员进行表扬的同时，对于有问题的班委成员在进行深入的调查之后做出适当的优化与调整。

当班级的学生管理走向正轨之后，我们班主任就会有更多地时间去研究问题学生并进行个案的研究与帮扶，也就有了更多的时间进行班级的创新与优化，我们也会在这种自然的自治状态下享受本属于师生的多彩人生。

让惩罚变废为宝

问题学生及其处理是教师尤其是班主任永远都无法回避的话题，同时我们也应该客观地认识到，教育的目的本身就是对学生问题的解决与引导，就是对学生错误的修正与反省，最终实现优秀素质的培养和人生智慧的点拨。如果教育的对象都是百里挑一的好学生，学校的作用何以体现，教师的能力又何以彰显。我们教师应该从内心的最深处改变自己对问题学生的看法，因为他们也是家长的希望，他们更需要老师的关爱，同时也是提高我们教育能力的宝贵资源。

面对问题学生我们少不了相应的惩罚，而惩罚的形式不仅体现了教师育人的技巧，也能折射出教师的职业道德与行为规范。当我们对问题学生进行惩罚时，冲动与理智有时候很难分得清，在我们不冷静的情况下，惩罚可能更多地代表了我们老师心理的一种发泄。而这种发泄除了让犯错的学生更加叛逆之外，就连他们心中面对错误那仅有的一点内疚也会在这种惩罚中得到了平衡。所以很多时候，不恰当的惩罚是师生之间关系失衡的主要因素，在越来越深的隔阂面前惩罚的负面影响逐渐了遮蔽了其有效的教育功能。如何用恰当的处罚让迷途的孩子及时知返，如何让学生通过惩罚体会到老师的良苦用心，是手段，更是责任。

每次接班时我都会给学生两个基本的承诺：第一，不叫家长；第二，不体罚学生。当我为自己的勇敢庆幸时，学生和其他老师也都在用观望的心态等待着看我如何在关键时刻兑现承诺。没有了这两样致命的法宝，如何惩戒习惯性犯错的顽固学生，如何塑造班级纪律的威严，如何更好地实现家校联手？这些问题其实开始的时候我并没有好好地计划和安排，但有一点我很清楚，对错误的惩戒是必需的。于是，我实行了第一项与体罚无关的措施：如果违犯了纪律就要为班级唱一首歌，这的确有些老套，但总归是一种办法。

我们的纪律管理首先是从迟到和上自习说话开始的，有专人负责记录，虽然每天都会有唱歌的同学，但这两个突出的问题明显得到了控制。再来看看学生唱歌吧，大多表现得害羞和紧张，开始时，每一个上台唱歌的同学都低着头，红着脸，偶尔有一个胆大的，但跑调导致的哄堂大笑也会让他无地自容。这种现象让我找到了教育契机，我感觉到了学生们的不自信和不爱表现将是他们未来发展的一个瓶颈，相信这也是大多数中学生尤其是高年级学生普遍存在的问题，于是我与班委一起进一步规范了这一惩罚的执行。

首先，我们又重新确定了唱歌的时间，即改为每天下午打预备铃前十分钟，因为这个时间是学生们最困的时候。然后要求每个唱歌的同学必须脱稿，唱歌时间必须在1分钟以上，当然1分钟不算长，但比起以往的"唱一两句了事"也是个不小的挑战。

在这一规定公布之后，唱歌的人明显少了，但唱歌的水平确实有了较大提高。两周过去了，我们的班委和记录员发现有些同学已经把唱歌当成表现自己的平台了，认真观察记录本上的内容不难发现，有些同学已经唱了十几次了。当然，这样的学生不是学习优异的，可他毕竟找到了属于自己的一份自信，我觉得这不是坏事，但如果仍然这样下去的话，肯定会有负面影响。

于是我们又进行进一步的改革。为了活跃班级气氛，更为了让大家的唱歌与欣赏水平都有更大的进步，我们准备开一场班级演唱会。大家先是吃惊，但很快便知道到了我的用意。

还记得那天晚上，我们进行自己计划中的小联欢，没有太多的准备，没有太多的形式，只有实实在在的清唱与表演。但简单的有些过头，水平普通得有点苍白的演唱会仍然让我有了不少的感触与惊叹。

首先，大家踊跃的参与热情是我事先没有预料到的，本来害怕节目太少会出现冷场，现在却担心因为节目太多而进行不完，这一点让我看到了大家自信的提高和个性的张扬。

其次是同学们表演的形式。很多同学找了伴奏，看来都是有备而来的，更有不少同学用书本卷起来当话筒用，还不时地向同学们挥手，很有大腕的风采。下面的观众也不甘示弱，用纸张做成了简单的花，时不时地献上去，还要一个拥抱，不过白的纸花好像不大合适，但这时什么也不管了，开心就好。

和先前忸怩的形象相比，很多学生都发生了天翻地覆的变化，这其中有调皮违纪的学生，也有很少受罚的优秀学生。一个出于无奈的惩罚措施却无形中让学生享受到学习的快乐和生活的七色阳光。

最后，我献上了一曲《美丽的神话》，在大家的欢呼声中我们的小联欢接近了尾声。结束前我向大家发出倡议，让我们一起创造属于我们自己的神话。相信一次不完美的演唱会，给大家留下的不仅是参与的热情，更有许多美丽的回忆。

也曾经因为班级的管理而身心疲惫，也曾经因为学生的成长反复而绞尽脑汁，但细细品来，这些都是财富，都是我们教育工作者提升自己教育水平、优化教育智慧的宝贵资源。所以，我们应该善待它们，更应该努力去开发，在这其中我们付出的是短暂的辛苦，收获的则是成长的快乐。

第四篇

我的天使我的使命

有人说学生原来都是天上的天使，在彩虹中嬉戏时，不小心折断了翅膀掉到了人间。而我们教师就是为受伤的天使疗伤的人。在我们的眼中要看到每一个天使的可爱与美丽，更要感受到他们对关爱的需求和对重新飞翔的渴望。我们不能忽视任何一个天使成长的权利，更不能放弃每一份童真坚持的力量。我们要让天使在关爱中忘却受伤的痛苦，更要让天使在养伤的过程中优化精进的学识，在成长的过程中迸发竞争的激情，在生存的空间里享受做人的幸福和尊严。

激发学生的热情

心灵感悟

学习强度要适当，超负荷的运转会让学生畏而生厌；学习进程要高效，在规定的时间里效率就是成绩；学习动机要有兴趣，兴趣能给学生提升前进的动力；学习状态要投入，忘我的状态下才能产生坚持的热情。

理解学生的辛苦

随着社会的发展和人们生活水平的不断提高，广大的家长也越来越重视教育了，但这种重视不是应素质教育全面发展的需求，而是对分数成绩的片面强化。在这种大的教育背景下，家长择校不关注学校的硬件建设，不再关注课堂的创新，甚至不关注学生在校生活的质量。他们看重的是学校学生的升学率如何，甚至只片面地看每年中考上重点高中的人数是多少。随之而来的，所有学校花样翻新的各类考评，又都万变不离其宗地由最后的分数定高下。可怜的学生们在隐形的攀比中无奈地充当起了家长、教师、学校争取荣誉、满足虚荣心的工具，对学生各个方面的考评也都被深深地打上了应试的烙印。在这种环境下，难免会出现差异中的歧视与偏见，这也就注定了后进生们永远无法逃避水深火热的困境，而优秀学生则会在畸形的、众星捧月的"照顾"中失去自我，他们也只有逼迫着自己用更多的精力，完成更多负担，迎合更多人的虚荣。

身为教师，有机会的话一定要替我们的学生算一笔账，认真地衡量一下正处在花季的孩子们所要承受的负担。首先以某学校（冬学段）毕业班的时间表来计算一下我们孩子的学习时间：

上午：6：50—12：00

下午：12：50—5：35

晚自习：6：30—8：50

学习时间已经超过了 12 个小时，再加上那些优秀学生迫于压力不得不再加班加点，早起的孤军奋战，晚睡的"凿壁偷光"，在这种违背健康的坚持背后，支撑他们的不是兴趣的动力而是家庭和学校给予他们的压力。在这种恶性循环中，学校也正一点点地让育人的"天堂"走向了消磨孩子意志的"炼狱"。

在很多人的眼里会觉得学生还有不少的假期，什么双休日呀、寒暑假呀，但我们教师应该清楚，除了不少违规的补课和各类名不正言不顺的辅导班以外，我们又哪里肯放过这些可以多打些粮食的"自留地"呢，不少科任老师片面地站在自己的学科之上来"装扮"学生的假期，孰不知大家都如此"贪心"对学生而言是灾难一样的作业压力。

记得一次寒假走亲戚，我的一个小表弟在一所重点中学上学，他无奈地晒了自己的假期作业。

语文：33张卷子，8篇作文……

表弟开玩笑地对我说，要想按老师的要求完成作业的话，在每天加班加点的情况下寒假可能只有三天的休息时间。而面对寒假休闲的诱惑和走亲访友的需要，相信学生在应付的心态下也必然会出现各类"创新"地完成作业的办法。

面对每天固定的课余时间，每个老师都有自己的如意算盘，但很少有人综合起来考虑学生的负担，面对"假期"这块肥肉，老师们又都无限制地扩充自己的"战场"，而忽略了他们的领地有太多的交集。当学生接受到的任务超出了他们所能完成范围的时候，他们会选择应付、作弊、拒绝甚至是反抗。而在这一系列的情感颠簸的过程中，我们和孩子能收获的不是知识的充实，而是一波又一波自我矛盾的折磨与学习兴趣的一点点消退。在这种强压政策下，学生会在多而繁杂的任务中失去自我，更会在应付中丧失学习的主动性。

所以，每接一个新班，我都会在每个学期想办法调整出完整的一天时间，彻底地融入学生中，从早起和学生一起进班早读，放学和学生一起去餐厅吃饭，课余时间和学生们一起按照"法定"时间进班上自习，上课时一起和学生们学习听课。认真记录这一天孩子要学习的内容，要完成的作业，和学生们一起感受学习的"乐趣"。

我想说的是，每年有很多事情要做，唯独这两天的课是让我感觉到最难完成的，甚至有时候多次"缝补"才能完成一天的任务。我想和我一样每学期坚持这样一天的教师不会太多，没有这种彻底的感同身受，我们就没有资格对学生横加指责。

记得有位资深的一线教师给学生做报告，介绍如何灵活应对无穷尽的作业，因为学生的精力是有限的而作业是无穷的，所以在很多时候需要学生在保证按时"完成"的前提下学会应付的技巧。也就是说，对你有用的要认真完成，且要一丝不苟，而你已经会的或者是明显重复的，就可以一带而过，甚至是胡乱编上也可以，反正很多老师也不批改，即便是批改错了你也心知肚明这不代表什么……

透过这段听起来很有水平的实战经验，不难发现这样几个问题：首先，教师在明知道学生负担重的情况下却还毫无节制地加压作业；其次，都在无形地转嫁自己的责任，不精挑作业，不想批改，然后再反过头来教学生如何去应付。这听起来略显幼稚可笑的事实就发生在我们的身边，在学生的身上每天重复地上演。

这让我突然想到了如果在一个没有指挥、没有路标的路口发生堵车，我相信在场的司机都想解脱堵车的困扰，也都很清楚如果继续地向前冲挤，就会让堵车更加严重。但是他们还是不顾后果地向前挤，因为在他们的脑子里都有一根弦，那就是他不挤，别的车也会挤。我不知道那些素质高的城市会不会"礼让三先"，但我觉得我们目前需要在容易堵车的地方设置"能拍照扣分的红绿灯"，需要"有执法威严的交通警"。

如果我们不能站在学生的角度设身处地地为他们着想，如果我们在学生的自由时间里"肆意私搭乱建"的行为得不到有效控制，恐怕要激发学生学习的激情，永远都只能是水中月镜中花。

让课堂内外都充满激情

我们经常把学生比作八九点钟的太阳，说明他们正处在应该充满阳光、朝气，充满激情、自信的年龄。但细细观察就会发现在我们课堂上的学生正变得越来越沉闷和压抑，也越来越被动和无奈。

当然，我们可以埋怨学生的负担重、压力大，玩的时间少，但这并不能成为让课堂沉闷而不思索改善的借口。恰恰相反，从理解学生、关爱学生的角度出发，我们更应该认真思索如何让学生轻松愉快地学习，如何让学生忘记自己身上的镣铐去翩翩起舞，至少要有起舞的冲动。

作为一个优秀的班集体，除了有良好的秩序、卫生和纪律以外，更重要的还要有浓厚的学习氛围，有竞争和超越的冲动与激情，有勇争第一的自信与朝气。但现实的情况是，纪律好了，往往也就看不到学生所谓的朝气；秩序好了，学生的激情也会随之一点点淡化。所以，很多班主任不怕班级纪律不佳，因为它可以利用内压与外控，采取有形、有规的方法进行管理。无论是长期还是短期的效果都可以看得见，无论是优秀学生还是问题学生也都可以得到具体的约束与改进。很多优秀的班主任接班之后往往可以在短期内看到纪律的明显好转，但学习的氛围与竞争的意识，还有参与的激情如何提高则是令老师们头疼的问题。总是以"后娘"身份出现的我，每送走一届毕业班之后都会遇到同样的问题，每年也都会进行同一问题的不同尝试与探索。

第一，要想办法去激发学生目标的力量。

要让学生有学习的劲头与激情，我认为首先要解决的是动力问题。而学生的动力源自两大方面，一方面是外在的客观压力，另一方面则来自于自身发展与需求的内动力。

对于中学生来讲，来自外部的压力是多方面的，他们应对的态度大致相同，或是消极应付，或是被迫接受。压力不会给学生激情，更不会让学生超越和创造。而学生内动力带来的需求则存在着本质的区别，这份内动力的得来往往源自于目标的展望与践行。

我在接班的前几次班会上总会找合适的机会让学生谈自己的理想，让他们认真规划自己的人生蓝图。"将来我想当一名医生，攻克所有的疑难杂症，让自己的亲人和朋友都能健康一生。""我想当一名教师，关注所有的差生，让每一个学生都能感受到温暖和成功的喜悦。""我想当科学家，为国家做出贡献的同时，也挣很多钱，让我的爸爸妈妈住上大房子，过幸福生活。"……

每每此时，我都会为学生理想中感恩的思想而感动，会为他们美丽的憧憬而欣慰。我相信同学们更是如此，因为理想毕竟是他们的，这些理想会让他们激动，更会让他们为理想的实现而努力前行，这个时候老师的鼓励和叮咛往往最有号召力，也最有说服力。

有了理想，就好像有了前进的方向，但每一阶段如何前行，学生还需要有阶段性的目标。对于毕业班的学生，首先要进行的是对中考目标的制订。我会让大家把中考目标与行动指南都写下来，制作成卡片并张贴在班里最醒目的位置，比如教室的梁柱上，漂亮的卡片加上醒目的字迹，让班里的每一个同学每一次抬头都能看到自己的承诺。每一次想松懈时，都会受到目标卡片的激励与引导。教室这块隐蔽的阵地，不仅为我们创造了美丽的风景，同样也成为激励同学们前进的窗口。

接下来便是每一步怎么走了，只有目标是不够的，我们必须让学生知道每天的任务、每次考试的目标。为此，我会让学生在每次考试过后对自己的成绩进行深入透彻的分析，然后再制订出下一步考试的目标及要追赶的对象。同时还要规定出为实现这一目标自己需要在哪些方面付出努力，在哪些方面需要教师的帮助，更重要的是如果达不到目标自己要接受什么样的惩罚。这些目标制订好，我们会用统一的纸张，在规定的位置上整齐张贴，选择的是大家都能看得到的地方，制订的是自己切实可行的计划，公布的是每一次考试过后要兑现的承诺。在相互的对比参阅中，学生找到了差距，更充满了兑现承诺的力量和决心。

最后是每天的自我反思与总结，以日记的形式呈现，在每天的日记中，反思一天的收获与失误。有哪些地方自己收获了成功的经验，以后可以继续发扬，有哪些地方自己还存在问题，需要及时改进。用这种方式让学生及时反思自己的不足，知错能改，善莫大焉。学生这个年龄，贪玩与懒惰是他们的天性，自我反思，约束下的可塑性也是最强的，所以每天的日记可以成为他们成长的滤网与加速剂，过滤掉不良的习惯与心情，补给充足的朝气与激情。

第二，树立身边的榜样。

有很多老师习惯让学生有自己的座右铭，还要有自己的崇拜的人物榜样，如毛泽东、周恩来、雷锋。这些对学生有很大的好处，可以让他们从小就树立正确的人生观，端正审美，有正确的追求。但是，我们还应该考虑到，这些伟人与孩子之间的距离过于遥远，让他们可望而不可即，很难让他们找到向伟人学习的切入点。我们不仅要让学生有心中崇拜的偶像，还要有自己身边切实可行的，看得见、摸得着的榜样。

为此，由我负责的团委每年都要进行一次学校之星的评选，由每个班的同学推荐选举出能代表本班形象和特点的备选人员进行学校的参评，再进行学校的集体评选，最后将选出的学生榜样连同照片和先进事迹、本人格言，制成标牌悬挂在教学楼指定的位置。和那些世界伟人相比他们当然会逊色太多，但他们是同学们熟悉的伙伴，也就更能让学生找到奋斗的起点。

在对班级学习氛围的营造中也可以采取相似的方法，我们可以树立几个值得大家学习的榜样。班级中，可能有些学生不仅学习优秀而且刻苦认真，是大家公认的榜样，但这样的学生毕竟少之又少，或者根本就找不到这样的学生，即便是有几个学习不错的学生，多是在吃聪明饭、贪玩、懒散，反倒成了大家的反面教材。所以，班里榜样的树立需要老师，尤其是班主任悉心地选择与培养。

我们可以先将榜样的选择集中在学习优秀的学生身上，因为他们有着榜样先天的素养。要让这些学生认识到"能力越大，责任越大"的道理，更要让他们将竞争的眼光放向更大更远的空间，将超越自我作为每天的行动指南。每天精力能集中更长的时间，每天能回答更多的问题，每天能有更多与老师交流的勇气，每次都能高标准要求自己作业的质量……

当他们总是以一种最好的状态投入学习的时候，也就会慢慢形成自我约束、自我超越的惯性势头。教师的作用则是及时地将他们每天的优秀表现显像地展示给全班同学，让大家向他们学习看齐的同时，也对这些榜样们进行了变相地鞭策和鼓舞。大家会将更多的目光投向他们，他们也自然会更加规范自己的言行，更加刻苦，用更好的成绩来稳固自己在别人心目中的形象。

学习优秀的榜样有了，可是对于成绩差的学生来说，他们很难从这些榜样身上找到学习的切入点。在他们心中有一种根深蒂固的思维，那些学生的优秀是天生的，成绩优异是正常的，而自己成绩差也是理所当然的。所以，我们还需要树立一些距离他们更近的榜样——进步榜样。

每一次考试过后，我感兴趣的不是哪些同学排在了前 10 名，而是有哪些学生创造了突飞猛进的惊喜。所以，每次考试过后我都会设立"进步奖"，让更多的同学关注那些通过自己的努力在原来基础上实现突破的同学，也让成绩不理想的同学找到成功的希望和信心。

第三，打破平庸，让更多的人拥有自信。

中学生有一个共同的特点，那就是"三分钟的热度"，他们也都很容易激动，但时间会把他们的这种激动慢慢淡化。学习本来就是一件平凡而又有些枯燥乏味的过程，每天周而复始的课程安排更会让学生感到生活的单调。如何打破这种平庸的生活气氛，让学生每天都能享受到不一样的精彩就成了我们教师需要精心设计和考虑的问题。

每一节课的设计，我们都要从这个方面入手，推陈出新的授课风格、打破常规的教学模式才能得到学生的青睐。班主任对班级的管理，同样也需要新鲜的血液和个性的空间。为此，我设立了"每日一星"的栏目，根据值日生的记录、任课老师的反映，还有自己的观察，每天都表扬一名在这一天内某些方面表现优秀的学生，或是助人为乐，或是拾金不昧，或是发言积极，或是作业优秀等等。总之，想办法用放大镜找学生身上的闪光点，受到表扬的学生会在荣誉中筑建新的自信，其他同学也会在对自己榜样的学习中努力挖掘自己的潜能。

学生犯错了，就为大家高歌一曲，让犯错的同学在大家的掌声中反省，也在歌声的彰显中找到了另一种自信。跳绳效果没有进展时，我们就进行小组对抗赛，在商定赌注的情况下，赢的一方就会获得对方的"礼物"作为奖励。

学生喜欢新奇的事物，班级的成长需要新鲜的营养。而那些新奇的元素需要我们用智慧的头脑和敏锐的目光去发现和寻找。其实，我们同学的学习生活并不缺少美丽和新奇，缺少的是发现美丽的眼睛。

第四，持之以恒，让目光放得更加长远。

"十年树木，百年树人"，充分说明了育人工程的长期性和复杂性，同时也是在告诫我们所有的教育工作者，对待学生要有持之以恒的决心和诲人不倦的耐心。

学习氛围的创设如同一个集体习惯的养成，不是一朝一夕就可以解决的问题，需要我们老师坚持不懈地巩固与强化，更需要班主任悉心地培养与引导。有好的方法固然是重要的，但更重要的是把你的方法持之以恒地贯彻到底。

当学生内在潜能被激发，当学生都能参与到公平和谐的竞争中的时候，山羊也能跑出豹子的速度，那时也就距离奇迹的诞生不远了。

"增趣"才能"减负"

随着素质教育的不断深入和人文关怀的高调宣扬，"减负"成了很多教育工作者关注的焦点。很多家长与教师也纠结于如何化解"减负"与"降质"的矛盾，纠结于"减负"是不是一定要"减量"的困惑。我想"减负"是必要、必行的，但我们必须明白学生的"负"到底重在哪里，必须清楚我们"减"的最终目的是什么。

很多人片面地认为，学生的负担重就是因为学习时间太长，作业太多，任务太重。试问一个痴迷于网络游戏的孩子，会因为大人都不可能通过的游戏关卡而觉得负担重吗？试问学生可以专注于电脑一玩就是几个小时，他会觉得时间长吗？

所以，学生负担的轻重并不能单纯地取决于学生每天学习时间的长短和学习任务的多少，而在于他们对操作与学习的内容是否感兴趣。如果他们每天的学习内容都是他们喜欢的，每天做的事情都能让他们感受到生活的乐趣与成长的价值，相信再长的时间、再多的任务也不会成为他们的负担。

再来看看我们的课堂，程序化的教学模式，功利化的考评机制，让我们教师的很多教学行为都变成了针对少数人的机械训练，这也势必会导致"差生"们每天都在重复着他们不懂、不会的东西，也势必会导致更多的学生每天都在重复着他们不感兴趣、不喜欢的东西，学生的"负担"自然会在这种心灵上无聊的重复和应付的重压下产生。

如何让我们的课堂设计更加生动有趣？如何让我们的学生感受到学习的快乐？问题解决方案的实施也就是"减负"得以实现的过程。

细心解读课标不难发现，它与传统教学大纲最大的区别就在于更大程度地放宽了教学设计的空间，也给了教师更多创新思变的自由。如何让我们的课堂更加生动有趣应该成为实施课改的重中之重。让学生在"玩"中学，"做"中学，从生活中学，从科技前沿中学也成了很多"优质课"的导向标，可是在能体现教育常态的随堂课中，依然是应试下的"唯分数论"占有着垄断的地位。对此，我们应该坚信兴趣是最好的老师，同时更要能预见到学生快乐学习必然会带来水涨船高的分数效应，就如同挖井，看似与深度无关的拓宽最终必然加速整体深度的建设。

如何才能让我们的课堂充满乐趣呢？看似错综复杂的问题背后，其实有着简单朴实的教育规律：让知识有用，让学生学会，把课堂还给学生。

首先是让知识有用。相信每一门学科的产生都源自于生活的需要，而学习的最终目的也应该是让我们更好的生活。但应试教育的极端体现让很多生活化的知识变成了单调的符号和公式。如何让知识的真正价值得以体现，是课堂兴趣最大的源头所在。比如物理知识的学习，如果我们对每个物理规律都能找到它在生活中的注脚，真切的生活体验和解决问题的新奇也必然会激发学生深入学习和掌握规律的欲望。这种"有用"还可以体现在我们教学形式的改革上，比如英语教学，我们完全可以让学生置身于"英语购物"、"英语 party"的生活场景中学习，相信这要比死记硬背那些单词和句型有效得多、有趣得多。

其次是让学生学会。打破"一刀切"的讲授模式，准确把握每个学生的最近发展区。面对有几十个学生的班级，学生存在个性差异是难免的，也是必然的，我们必须在充分了解每个学生的基础上，准确把握不同孩子的优势与劣势，然后对症下药地设计自己的立体式课堂。比如我们可以进行作业进度的分层布置，可以进行分层教学的动态管理，还可以进行针对性的个案帮扶。这是我们备课的核心所在，也是我们教育的良知所在。从这个角度来说，备学生比备教材更重要，关注每个生命的教育良知比高产高分的绩效更重要。

最后是把课堂还给学生。学生的负担重，关键就在于他们在课堂上充当的是奴隶的角色，没有主动，没有自由，自然也就找不到成长的自信与生命的价值。我们必须优化小组文化建设，让每一个学生都能在别人帮助与个性展示的团队中找到主人的感觉，当他们能从心灵里感受到学习是自己的事情，自己就是课堂主人的时候，负担就会转化为责任，学习也会变成他们自我展示的载体。

我们应该明白教师的工作就是为了让学生更加快乐地成长，而这种成长是鲜活的、多彩的。我们还应该明白，学生的负担更多的是来自心灵深处的，减负就应该让他们找到自信，看到成长，享受到课堂和学习的快乐。

选好课任指挥官

记得我上中学时，班里没有课代表，只有一个学习委员，其职责好像是顶替了现在所有的课代表，但好像没有什么"实权"，就是帮助老师收发作业而已。

现在的中学都有了课代表，分工更加明确，任务更加具体。但更多的还是简单的收发作业、试卷而已。难道课代表的职责仅限于此吗？我认为一个好的班集体，在班级纪律方面班委的力量不容小视，而要想提高班级的学习成绩，各科课代表则起着举足轻重的作用。我们先来分析一下，课代表在本学科的教与学的过程中能起到什么作用，该如何定位。

首先，课代表应该是该科教师的助手，这个作用也正是很多课代表全部的职责。但要想把这件事情做好并非易事，需要及时收发作业，按时迎接任课老师的到来。再精细一点，提前向全班同学声明下一节课的内容，让同学们做好上课的准备，及时督促黑板和讲台桌的清理。千万别小看这些工作的细节，这是对教师的人文关怀，同时也是上课教师虚荣心的一种满足，也可以更好地激发教师上课的热情。

其次，课代表应该成为任课老师与班级同学沟通的桥梁。作为一名科任老师与同学之间多多少少会有一些隔阂，很难及时而又准确地发现同学们学习本学科的困难和问题，也很难发现同学们对老师的不满与意见。课代表是同学们中的一员，更容易发现问题，也更容易发现问题产生的原因。所以准确全面地从学生中间发现问题，及时地让老师调整自己的教学策略，是课代表非常重要的一个职责。

再次，做好课堂纪律表现的记录，做好任课老师、本班同学和班主任的关系协调，形成合力，让优势最大化。我们经常会发现不少的任课教师走向课堂纪律处理的极端化，平时出现小的问题可以做到视而不见，可能是因为他们所担的班多转移了他们的注意力，也可能是不想小题大做，让班主任觉得自己无能，总习惯于事情达到了不可收拾或很难收拾的时候才让班主任知道，而这个时候再去解决往往已经变得非常棘手。如果课代表每天及时地总结汇报课堂情况，尤其是将所有课堂对比分析之后将发现的问题及时反馈给班主任，那么，我们班主任就可以及时做工作，将问题消灭在萌芽状态。

时间长了，课代表难免会出现疲惫与倦怠，他们的队伍中间也难免出现不合适或者正在转向不合适的人选。所以，制订一个动态的方案、一个奖励和考核机制是非常必要的。

在我们班，我曾经对班里很长时间固化的课代表队伍进行了民意调查，我让同学们用对号、错号、半对号来对大家心目中的课代表进行评价。结果出来了，出现了不少错号超过 15 票的同学，错号代表着要求调换，这一结果出乎我的意料。接下来，我并没有向大家通报这些同学的名字，而是用了另一种方法，也就是将每一科的课代表中大家满意率最高的同学进行通报，一方面让大家对他们的辛勤付出表示感谢，另一方面也让他们体会到自己工作的成就感。然后，我将每科另一名课代表的选择权交给了这几个同学，结合老师引导，也结合自己工作的需要进行选择。

经过这一系列的调整与优化之后，同学们的问题及时得以呈现和解决，班主任和各任课老师有了更加深入的交流与共赢，课代表也在他们更加和谐的共进中将本职工作进一步完善。

作业的收缴与批改是学生学习过程中非常重要的一个环节，在解决课代表工作定位的基础之上，如何优化作业完成的质量便成了课代表另一工作的重心，为此，我经常与课代表们沟通交流，在我们达成共识的情况下出台了一系列的检查与反馈机制。

比如"作业回执单"，每一次交作业，课代表与批改作业的教师都要共同填写一张"作业回执单"，其内容包括科目、时间、任课教师、应交人数、实交人数。另外还需记清没有交作业的学生名单，作业优秀的学生名单，最后还要汇总本次作业的总体情况。前面的是课代表填写，而后面的则由任课教师根据自己对作业的批改情况如实填写。这张回执单最后要汇总到班主任的手里，以便对学生进行总体评价。

有了认真负责的课代表，有了作业批改的落实与反馈，相信学生也会多了几分认真，少了几分应付，激情也会在坚持与优化中一点点被点燃。

从换位体验到小组文化的建设

从应试教育与素质教育的PK到课程改革向传统课堂的挑战，从改变中的无所适从再到百家争鸣的模式突起，教育在不长的时间里经历了太多的波折，而身在教室里的师生们也经历了一次又一次的身心浩劫。有刮风的，有打雷的，也有下雨的，但风雨过后我们又能留下些什么呢？我们很多人不屑于脱离教学一线的专家们空中楼阁式的说教，但我们又何曾想过始终坚持在一线的教师就一定有资格对学生的学习评头论足吗？我们经常提倡要换位思考，但年龄与角色的定位又如何能让我们真正体验到换位的感受，如果让老师们都做一回学生，用换位的真实体验来感受学生的角色，相信我们才有可能触及到真实的教育原生态。

感谢《中国教师报》为我们提供了这样一个平台，让我们四十多位从全省各地选拔出的教师代表以学生的角色置身于真实的课堂，有老师为我们上课，有我们小组内的团结合作，更有小组间的竞争。体验的投入中，实现了自我角色的颠覆，主动参与的精彩中，也让我深刻地体验到学生最需要的到底是什么。

还记得正式上课的第一天下午，我们在郑州市某中学进行了编组前的破冰训练，在一个个亲切互动的小游戏中我们认识了彼此，消除了陌生也增进了情感的交流。我很荣幸被选为第六小组的组长，但荣誉的背后是沉甸甸的担子，我有责任领导小组成员通过我们共同的努力取得最后的胜利。于是，我们在最短的时间里准备着我们的组名、组号、组徽、组训，还有我们必要的才艺展示。我们组的八名成员积极思考，各显其能，从出奇、出新、出彩的角度来设计自己组的个性标识。

为了充分调动大家的积极性，我先给大家一些独立思考的时间，最后每人一个展示自己设计的机会。就这样我们集了大家的智慧，确定出了我们六组的组名是"神舟八号"（当时"神舟八号"还未升空），不仅预示着科技的再一次突破，也表达了我们小组八名成员势不可当的上冲趋势。组徽是一个几何箭头，代表起飞的火箭，下面叠放的八个圆环代表了火箭的助推器，同时也代表了我们小组的八名成员手牵手、心连心团结在一起。组号是"六组六组，畅通无阻，神八神八一路奋发"，同时我们还设计了一个近似于"千手观音"的队形展示，前后站成一排，前四个成员蹲下侧出并晃动双手，代表助推的火焰，后四个成员双手合十上指代表火箭的主体。我们的组训是

"走自己的路，让别人跟着我走"，言外之意就是我们是一面旗帜，引领着课改的方向。对于统一之后的小组标识设计，我们大家都特别满意。

正当我们激情高涨的时候，有两个老师提出要提前离开，这是对我这个刚上任不久的组长的第一个考验。在我百般挽留无果的情况下，也只有在布置了第二天展示的初步设想之后就结束了"战斗"。

走出那所学校的大门，我才突然回过神来，我是来参加会议的老师而不是学生，但又忍不住留恋于刚刚投入的学生角色，虽然有小组长的无奈，但更多的是我们激情的参与和智慧的碰撞。这也让我马上联想到自己班级的小组，想到每个小组的小组长，不也正是我今天所体验的吗？我今天所想要的一些条件与机会，相信也是自己的学生想拥有的东西。

第二天，我们如约来到了大礼堂，望着近两千人的会场，既兴奋又紧张。但当我走近我们小组的区域，听到其他几位学员"组长好，组长你可来了"等问候时，我很快进入了学生的角色。当得知会场上不再预留准备时间而按照随机抽号的顺序进行陈述展示时，我们开始紧张了，怎么办？面对那两个因为提前离开而导致我们小组没有充分准备的学员的内疚，面对其他学员紧张无助的情绪，我尽量掩饰着自己的紧张，因为我是组长，我有责任安抚大家。

首先，我们对前一天已经设计好的内容进行了巩固与优化，又开始了展示内容的准备工作，反正没有准备，所以干脆就大胆创新、随机应变，就连题目都是开始展示时我才想到的——"真实的爱"。就这样一部原创的情景剧在我们不知道该如何演出的情况下上场了，但他们都知道，他们的动作都会有我在旁边的旁白作为指挥而随机进行模仿。就这样，我们的情景剧开始了，组员们乘坐着我们的"神舟八号"进行时空穿越，从自己童年的课堂来到了今天的高效课堂，我旁白说得精彩，组员们演得传神，更重要的是，我们将新旧两种截然不同的教学模式向大家展示得淋漓尽致，场下的掌声不断，笑声不断，就连台上的几个评委都被我们的表演逗得东倒西歪。最后，在我们《童话》高潮段落的歌声中将情景剧推向了高潮。即将谢幕时，我们小组一起表达了我们作为"学生"的心声："老师，您辛苦了，但请不要用爱的理由捆绑住我们飞翔的翅膀。"随着台下长时间的掌声，不知道为什么，我一时间竟然有一种想哭的感觉，而这种感觉绝非是展示成功收场的释然，更多的是，我感到学生的不易与对自由的渴望。

会议结束了，我也告别了自己短暂的学生生涯，会后小组成员的称赞，不少与会同仁的夸奖与地址的索要，让我感受到自己取得了别人羡慕的"成功"，但对于我来说最大的收获是自我角色的颠覆。我在不长的时间里体验了一把作为学生、小组长的酸甜苦辣，更深刻地感受到了作为学生心里最需要的是什么。短短的一节课就能给自己留下这么多的感受与震撼，魅力所在就是老师的放手和自己的投入。试想，如果我们的学生每节课也能有这么多生命成长的精彩，他们又怎能不狂欢呢？

我陷入了沉思，我在想我们教育的原点，我在想我们每天努力与辛苦的价值，我在想学生需要什么，教师应该教给学生什么，我们又能够给他们什么。也许我一时间找不到所有的答案，但一次换位的体验和自我颠覆式的训练，改变了我的思考方式，也改变了我努力的方向。我会在新的方向上寻找自己新的职业幸福，更加努力营造学生生命全新的绽放。

小组文化与学习自主

在学校统一配备师资、器材，统一分配学生的情况下，每个班起点资源基本上是相同的，但一段时间过后，总会出现不同班级成绩、纪律等各项指标的明显差异。源头就在于学生的积极性是否得到了充分的开发，在于同学之间的帮带资源是否得到了有效的利用。这里需要全体师生对学习氛围创设的投入，更需要有优化的智慧和创意，而在所有的创意中，合作小组的建设是学生个性化学习的基点和亮点，也是让学生永葆激情的源动力。

什么是班级合作小组呢？在我的班里，合作小组就是将班内几十个学生经过合理的分配组合，以四人小组为单位形成在交流学习中相对固定的发展共同体。以这个为载体进行包括学习在内的各项管理及个人行为习惯的培养与优化，将原来的班主任管理全班几十个学生转化为管理若干个小组。这样既减轻了教师管理班级的负担，同时也激发了学生进行自育和自主学习的积极性。这样操作既增强了管理的针对性，同时也解放了教师的双手，使教师有更多的时间去思考并优化自己教育管理中的更多的创新。

班级合作小组的建设与优化给我们班级的管理和德育工作的开展打开了一扇神奇的大门，它的神奇在于充分调动了学生们参与的积极性，在于它让同学们翻身当了学习和管理的主人。但如何加强小组的建设才能让其更具有实效性，需要的是成长的智慧和不懈的坚持。

我们不妨先来预设一下理想状态下的场景：

课堂上，同学们以充分的个人努力为基础，以优化的小组互补为阵地，解决了大部分的学科知识，也提炼出了共性困惑的问题；交流中，小组间争相举手发言发表自己小组的见解与困惑，也在集体的智慧中再一次实现能力的提升；自习课里，同学们在小组成员间帮扶与制约的和谐中优化着自己习惯的完美，也为全体同学的进步创设了积极的学习氛围；课余时间的体育训练中，同学们都精神抖擞让自己达标，更力求自己的小组在挑战的参评中优胜过关；每天的卫生打扫与每日一歌时间里，都会有"将功补过"的身影出现在好人好事与才艺展示的空间里，为自己所在的小组挽回一些名誉的损失……学生的状态从奴役的接受变成个性的彰显，教师将目光从手中的试卷转向学生的心灵，我们关注的重点从分数的提高转向孩子生命的成长。

面对小组建设，我们教师应该有以下的源头心态：

首先，我们要充分相信学生，大胆放手。相信学生都有向善、上进的欲望，相信学生都有成功成才的潜能。教是为了不教，放手让学生自主学习，是我们教学的目标，也是教育发展的必然。细心比较不难发现，凡是不敢放手让学生自主学习的大多是不自信的教师，而那些胸有成竹并进行了精心设计的教师则总可以在充分相信学生的前提下将学生的自主潜能挖掘得淋漓尽致。

其次，学习和分数不应该是学校教育的全部。面对没有了宽度的水井，我们深度地挖掘必然会愈加困难。脱离了激情与活力的学习会变为学生成长的负担，片面地夸大分数与成绩会让七彩的校园生活变成苍白的精神煎熬。

再次，教育要投其所需，更要投其所好。学生需要知识，更需要在知识的载体之上形成能力，从而更好地学习新的知识，优化更多的能力。学生需要在学习成长的过程中养成良好的习惯、求知的欲望，更需要在探究的体验中激发广泛的兴趣爱好，从而形成良好的人生价值观。孰轻孰重相信大家都心知肚明，但教育工作中很少有人全面兼顾权衡真正的重点。

在了解了学生所需之后，我们还应该想办法投其所好，将苦药裹上糖衣，将淡饭加上佐料。就像是厨师，既要兼顾合理的膳食，还要注重色香味俱全。创造条件满足学生年龄段的好大喜功、好为人师，更通过合理的竞争和评比宣泄他们的好胜好强。用同学们喜欢的方式实现教育的目的，满足学生所需，这便是理想状态下教育行进的模式。

最后，合作、自主、探究式的学习是学生成长的需要，也是课堂发展的趋势和必然。我们在积极面对教育创新的同时，更要思考我们在教育教学中的角色与工作重心的理性转轨。

小组成员的分配与动态变化：

从客观的层面上建立班级的学习小组，我会采取"充分调查了解——合理的编排设置——动态的优化管理——全方位的成长融合——和谐统一发展"的进程模式开展。

首先，我们小组成员的分配与结合必须建立在对每一个学生和对班级特点充分了解的基础之上，简单地按照学生的高矮、成绩分配是不科学的，也是不可取的。我们要了解每个孩子总体的成绩，更要了解孩子的优势与劣势、性格特点、交友爱好等各个方面。我们可以通过直接交流、科任教师的印象反映、朋友的推荐以及家长的介绍等多种渠道对学生进行全方位的了解，这是科学进行小组成员分配的基础，也是小组成员之间实现良性合作的关键。

在此之上的具体编排，我会将集体智慧最大化，学生个体的意愿加上班委小组长的协调，加上各任课教师的润色，最后由班主任进行宏观调控，至于多少人一组及小组的位置设置，我们可以因人而异，因班而异，因年级高低而异。

小组成立之后，在活动的进程中难免会出现误差，暴露出问题，这也需要小组建设在动态的管理中优化，促进成员结合的最优化。但我们必须保证整体的稳定，面对问题能用其他方法解决的就不要破坏小组稳定，能在小组内微调解决的就不要牵涉别的小组，不得不进行小组间调整的，也必须充分权衡利弊并在征得双方小组成员同意的情况下进行，这样在动态的平衡中发展，在发展中让小组建设一点点完善。

小组的建设应该适宜于所有的学科，更应该加强各项规章制度与小组成长的融合。课堂表现、作业的质量、卫生评比、纪律表现等各个方面都尽量让每位成员个体与小组的团队荣誉挂钩，让小组成员在互助的帮扶与制约中实现全方位的进步。

组员为小组负责，组长为班级负责，班主任的管理是十几个高度自治的小团队，任课教师的讲授是面对同学们智慧最大化后的共性困惑。任务轻了，针对性强了，个体的积极性被激发了，最终也必然促进班级整体的进步和发展。

小组建设的运行机制：

课堂学习中，小组成员在充分投入自学的基础上进行小组交流，焦点问题在争辩中强化巩固，小困难会在组内的帮扶中得到解决，共性的问题也得到了沉淀和汇总，然后在教师的引导下进行组间的交流，进行新一轮问题的争辩与解答的过程。当所有学生都通过个人或集体的智慧将能够解决的问题处理之后，教师可以集中优势兵力解决学生的共性困惑和交流遗漏的部分。

这不仅让学困生得到了最实惠的帮助，让优秀学生的才能和价值得到了最充分的体现，同时也让教师的解惑功能更具实效性。

各项管理制度中，成员之间进行监督和约束，各项检查落实下，每个成员在优化自己的同时，更看重小组的荣誉和利益，共同制订的组规具有更强的实效性，当然也能给每一个成员最佳的约束，从而形成了组荣我荣和我为小组添光彩的冲动与激情。

体育竞技场上，小组间用挑战的方式激发了组员们训练和参比的斗志，让同学们在自觉中奠定了体育加试的成绩基础。

合作小组可持续发展的动力与保障：

合作小组能够得到最优化发展最重要的任务是什么？我认为是小组长的培养及其责权的优化。合作小组的建设让学习与管理的重心下移，小组长的作用也越来越重要。我们不仅要精挑细选，更要加强后期的培养及其功能的优化。内在方面，我们要让每一个小组长明确自己的责任与义务；外在方面，教师尤其是班主任要强化小组长的权力以及助其树立威信，让其更有魄力去调动成员的积极性。在小组长能力范围内，要开创性地优化小组学习的环境氛围；在其能力之外，知道利用合理的途径向班委或老师反映和求助，不越权，不渎职。一个优秀的小组长就是一面旗帜，而其能力的培养与提高也必然会不断地激发小组前进的动力和热情。

其次，小组建设要在竞争与协作中实现共赢的和谐。我们应积极引导合作小组建立并优化自己组内的目标机制和奖罚措施，并宏观地调控小组间的竞争与评比。这样成员之间必须加大组内的互助协作才能提升本组的核心竞争力，而在这种组内互助、组间竞争的机制下最后实现班级共同的进步。

另外，我们有"专家会诊"更有"个别扶贫"。对于个别小组长能力之外的问题，我们可以采取积极有效的方法进行解决。例如，可以在每周的小组长例会中，让他们汇报自己小组存在的困难，每个组有一个接受班主任帮助的指标，班主任可以用有针对性的交流谈心解除误会，也可以解决困难。利用这种"个别扶贫"的方法，既体现了班主任的作用，也解决了部分问题学生在小组内造成的病结。而对于特别顽固的问题学生，我们可以从班里找出了解并愿意帮助他、有义务管理他等各类与其相关的同学组成"专家团"对其进行"会诊"，本着"治病救人"的态度，本着帮助个人也帮助小组的思想找出"病根"，配制"良药"。

让课堂充分地实现学生的自主学习，让教育建立在更多学生的自我管理之上。在实施的过程中，也许我们会遇到比传统的课堂模式更多的问题和困惑，但我们最起码有了正确的方向。相信当我们将自己的精力与智慧倾注其中的时候，我们和学生都会在享受学习挑战的氛围中快乐地成长。

让理性的竞争成为课堂的常态

市场经济优于计划经济，个人承包责任制优于"大锅饭"的历史告诉我们，社会制度的优化离不开竞争，离不开个人、个体主观能动性的开发。相比之下，我们的课堂要想搞活，同样也少不了竞争，少不了在比对中激发学生学习的热情。这是孩子们的天性，也是教育的规律与技巧。所以，如何让理性的竞争成为课堂的常态，关系到我们的课堂能否高效地开展，也关系到学生竞争与合作意识的优化与培养。

1. 让竞争成为课堂学习的常态

细细品来，课堂学习本身就是一个处处充满着竞争与比对的过程，从课堂问题的回答到作业的上交与批改，从单元的小结与检测到期中期末的考试测验，教学的每个环节都有评比与竞争。但传统的课堂下，我们更注重的是竞争与评价的结果，而忽略了过程的实践与优化。长此以往，竞争会在懒惰应付的过程中被淡化，能力会在过分看重结果的背景下降低，学习的激情也会在输入式单调方式中一点点被消磨。作为课堂教学的主导，教师必须放下内容灌输的急切，想办法为孩子提供更多的竞争平台，让学习成为学生自己的事情，让每个孩子都成为课堂竞争参与的主体。当孩子们在每堂课上都有机会参与并乐于参与或是紧张于参与的时候，课堂自然会成为学生的课堂，学习也自然会变成他们自己的事情。当学生每时每刻都置身于为实现竞争的胜利而兴奋地准备、寻找和思考的时候，课堂也就会实现教与学的高效。

2. 优化竞争平台和竞争资源

不是所有的竞争都能激发学生学习的欲望，也不是所有的竞争都能够达到我们预期的效果。如何才能让竞争活而不乱，如何让较量充满更多优化的资源，需要我们教师不懈地坚持，更需要我们有投入的智慧。

第一，我们要想办法在自己的课堂上搭建越来越多的竞争平台。这需要我们打破传统的备课方式，将更多的时间留给学生自己去亲身感受，将更多的空间留给学生进行个性展示，将更多的陈述变成设问，将常规的讲解变成学生之间的交流。把教师讲得精彩转化成学生学得精彩，从关注知识的传授转化为关注心灵的成长。这种转变是我们提升课堂竞争机制的心态基础，也是我们更好地为学生搭建平台的基础。

第二，合理配置小组建设，让竞争更多地发生在小组之间。建立学习小组，提倡合作学习已经成了当下流行的课堂模式，我们合理化的竞争也应该建立在小组的基础之上。让小组集合他们成员之间共同的力量，先实现小组内的智慧最大化，再进行组间的竞争与辩论，让善于思考的同学对问题的理解更加深入彻底，让善于书写总结的同学可以将本组不同的意见整理记录，让善于评价表达的同学将本组的观点清晰地表达。在这种集体的竞争中，既突显了个人的特长与地位，也在集百家之长的过程中让同学们的智慧最大化。

第三，让理性的评价成为竞争良性发展的保障。我们对竞争的定位是活跃课堂，激发学习的欲望和参与的力度、广度，但很多学生参与的最初愿望是获得表扬与竞争的最后胜利，所以，及时、恰当的评价是课堂竞争良性发展的保障。我们可以在细化的评比中将成绩量化，在量化的叠加中让每个学生都能感受到过程的力量。比如，我们每天上课前都会将每个小组的名称写在黑板规定的边角上，及时记录每个同学和每个小组参与、提问、回答的数量与质量，表现优秀的小组与成员可以在靠近胜利的过程体验进步的叠加，表现暂时落后的小组则会在分数的刺激中促发"知耻而后勇"的提升。

第四，让竞争文明而深入。有竞争就自然会有个人或集体之间的对抗，而对抗往往伴随着火药味的争端与挑衅。如何让课堂的竞争活而不乱，如何让辩论争而不破，是我们教师课堂艺术与技巧的智慧体现。要让学生们充分地认识到胜者凭借的是智慧而不是力量，更要让我们的评价引导学生走向行为的文明与问题的深入。

竞争的最高境界是团队的协作与资源的优化和共享。竞争只是手段，我们必须透过课堂竞争看到我们的终极目标，激活课堂的同时提升学生的能力，在优化学科知识学习过程中更能让孩子体验到协作的力量与团结的可贵。对教师而言，我们更可以在学生竞争的过程中及时弥补暴露的问题，还可以在学生相互交流的过程中互通有无，将学生智慧最大化，将个性化资源共享。

呵护"受伤的天使"

心灵感悟

"差生"是教师永远无法回避的话题，也是教师成长最大的潜力资源。它是我们教育智慧汇集的源头，更是我们成长必经的阶梯。别抱怨，因为受伤的天使会更敏感于你情感的天空；别放弃，因为你承载着家庭、生命延续的希望。

有人说我们的学生本来是天上的天使，调皮玩耍的时候不小心折断了翅膀，这才落到了人间，我们教师就是为这些天使医治疗伤的人。虽是一个比喻，却非常准确形象地定位了学生与教师的角色。在这些受伤的天使中，相信我们所谓的"差生"应该是受伤最严重的。

既然是"受伤"，他们必然会存在或多或少的问题，也必然需要精心的调养与细致的照顾；既然是"医者"，我们就应该有着"父母心"的慈爱，更应该有"救死扶伤"的坚持与决心。我们应该用更好的"药"，用更精良的"设备"，合力医治那些"重伤的天使"，我们要用精湛的医术和全身心的投入最终实现"天使伤情"的一点一点康复。

医治"重伤天使"你准备好了吗？

面对"差生"我们首先要做的就是调整好面对他们时的心态，要遵守几个教育的原则。也许我们转化"差生"的方法不尽相同，但面对"差生"我们所具备的心态应该是相通的。

第一，面对"差生"我们要心存感激之情。

试想如果我的学生个个都是全优生，他们不仅仅有着超强的纪律观念，更有着军人般的自制能力；他们可以靠自学来学习教材，也可以很好地处理每一个突发事件。如果学生全都是这样的苗子，那我们老师根本就是多余的，更没有什么成长的空间可言。

正是因为有了学习的"差生"，才让我们能更加准确地把握教材的切入点，才能更好地改进自己的教学策略；正是有了纪律的"差生"，才会让我们更加有效地制订班级规章制度，才能提高我们育人的能力；正是因为"差生"，才让我们有了更多更大的进步空间；正是因为弱，才能让我们体会到变强变大的喜悦。在我们解决困难，转化"差生"的过程中，困难的解决就是对自己教育能力的提炼，更是对自己教育智慧的升华。所以，我们没有理由不善待"差生"，更不应该抱怨和放弃，我们应该珍惜"差生"为教育带来的灵感与资源。

第二，我们要充分认识到"差生"也有被爱和平等的权利，他们也是家庭的希望。

"差生"通常被视为"班级的负数"，拖了集体的后腿，"差生"不仅自己不学习还要影响到别人，是"大锅里的一块臭肉"，所以在很多人的眼里，他们是学生中的异类，是教师的肉中刺、眼中钉。但对于这些学生本身而言，他们同样寄托了父母全部的爱，更承载着家庭未来的希望。可以毫不夸张地说，放弃一个"差生"就等于毁掉一个家庭。分析至此，相信每一个有良知的教师都应该认识到自己肩上责任的重大，也绝不忍心毁掉一个家庭。

第三，我们要学会面对全体均衡施爱。

我们经常会有一种感觉，那就是越是有问题的学生"脸皮越厚"，他们会麻木于教师的劝导与批评，他们会无视于班规、班纪，甚至无动于衷于父母的关爱与付出。其实不然，他们会比那些优秀的孩子更加敏感，他们会非常关注你对优秀学生的言行举止，当然，也更在意教师和同学对他们的评价。我们眼中的"麻木"与"无视"恰恰是他们过于敏感而又无法及时得到情感空缺的填补时故意伪装出来的一种行为假象，为了那份被别人忽视的自尊，也为了寻求一种心理的另类平衡。如果他们的心理失衡不能及时得到解决，他们这种偶尔的行为假象则可能会演变成真实的行为习惯。

这就要求我们不仅要有对优秀学生关爱的锦上添花，更要有对"差生"偏爱的雪中送炭。我们要让自己的爱给得自然，更要给得均衡，如果存在失衡的话，也应该是偏爱弱者得更多。

第四，多一把尺子来衡量。

有人给垃圾这样下定义，垃圾是放错了地方的宝贝。这句话变化的不仅仅是定义，也辩证地给出了对同一事物截然不同的评价与判断。同样，我们是不是也可以辩证地看待"差生"呢？"差生"是选错了评价标准的优秀生。

当下的教育教学中，智育在我们的评价体系中占着主导地位，甚至垄断了全部的教育核心。所以，不少人就会武断地认为，凡是学习不好的学生就是"差生"，凡是做那些与学习无关的事情就是不务正业，凡是与学习违背的行为都视为违纪。在这样的评价体系中，学生的个性与特长不能得到发挥，同时也会让很多学生的特长潜能受到抑制，自信受到创伤。

所以，我们要多用一把尺子来量出孩子中更多的优秀，我们要多用一种审美的眼光，从不同的角度寻找学生更多向上的灵光。操场上，速度的竞技中有优秀；画室里、画板上的七彩色中有优秀；联欢会上，歌声的旋律中有优秀；手工制作时，个性的创造发明中有优秀。在这样越来越多的优秀中，不仅不会淡化学习的地位，反而会让更多的学生在拥有成功喜悦与自信的前提下促进学习的进一步提升，也会在更加和谐与宽松的环境中让每一个同学都得到全面的发展。

让孩子更有尊严地学习和生活

温总理一句"要让人民更有尊严地活着"，激活了亿万老百姓生活的激情，这也充分表明了我们对尊严的渴望和对生命质量提升的需求。我们的学生也是这群人中的重要组成部分，相对于我们这些成年人来说，他们的需要更单纯，他们获取尊严的渠道也更单一。我们的这种尊严来自于生活、社会的方方面面，而学生的这种尊严更多地来自于他们所在的校园环境，更多地来自于老师对他们的关注与认可。

首先，我们要清楚地认识到每一个生命都有对被重视、被尊重的渴望，也都有着很强的自尊心。马斯洛的需要理论认为，人的上层需求是尊重和自我实现的需求，而这种需求也会在其他低层次的需求得到满足之后而越发的强烈。从这个角度来说，我们的孩子在基本的生理与安全需要得到满足之后，就会对尊严的需要有着特别的渴望。但我们在很多时候总会错误地认为，只有优秀学生才会有很强的自尊心，才需要老师的尊重，所以我们对优秀学生关爱有加，甚至以牺牲后进学生的尊严为代价来维护优秀学生。

沉默不等于不在乎，调皮与违纪也不等于他们不需要尊重，相反，他们更加渴望也更加需要这些东西，正是因为这种渴望的极度强烈和现实环境给予的落差太大，才让他们在越来越大的失望中将自己的这份需求深深地埋藏，当然这是性格内向、平和学生的做法。而对于那些性格外向、暴躁的学生而言，他们就可能用另类的，甚至是极端的方法来获取心理的另类平衡。

所以，与其说某些学生顽固不化，倒不如说我们没有给予他们足够的尊重和关注。我们要关注每一个孩子，我们要像太阳、火炬一样无私地奉献自己的光和热，同时我们还要学做无影灯，在照射的过程中不留阴影，不留死角。

我们要让每一个学生都有尊严地学习，它体现在教师不能有成绩歧视，更不能有目标差异。成绩好的学生人人都喜欢，而成绩不好的孩子更容易受到伤害，更需要得到关心与呵护。我们要有雪中送炭的同情心态，更要有挖掘潜力的前瞻眼光。纪律好的学生我们要学会欣赏，而整天调皮捣蛋的学生，我们就更有义务在关注中寻找医治的良方。很多人都呼吁课堂上教师情感的公平，但我觉得，要让每一个学生都有尊严地学习，公平之余，我们还应该有些私心，适当地偏爱一下那些生活在阴影中，时常被我们忽略的学生。

我们要让每一个学生都有尊严地享受班级主人的待遇。班里的几十个孩子虽然存在着各种各样的差异，但在人格上他们是平等的，在享受班级主人的权利上是平等的。只有让他们都充分地享受到主人的权利，他们才能为共建班级奉献自己的激情。如果只让个别的班干部行使权力，势必会让更多的人认为班级事务是少数人的事情，所有的工作也会由自觉的义务变成逼迫下被动的"苛捐杂税"。从这个角度讲，我们在给每一个学生尊严，其实是在为建设班级蓄积了一份力量，当每个学生都享受到主人的待遇时，他们自然乐于为自己的家奉献一份力量。

尊重学生并不等于排斥批评与惩罚，相反，合适的批评更能体现学生被尊重。但我们一定要慎重于批评的动机与方法。学校是育人的地方，所以，我们所有教育策略的出发点都应该源于如何让学生更好、更健康地发展。我们的批评和惩罚也应该本着这样的原则。批评的方法应该建立在爱学生、关注学生的立场之上，这样即便是有些过火的惩罚，相信学生也能够理解和接受，但如果我们的惩罚只是为了宣泄私愤，给孩子带来的恐怕除了心灵的创伤之外就只能是有形或无形的反抗了。

同样的一件事，往往会因为我们不同的心态与出发点而产生天壤之别的效果。同一位教师，同样的辛苦，往往会因为我们不能恰当地摆正行为的动机而发生错位的心灵感应。同一名学生，同样的生命，往往会因为自己没有被尊重而偏离人生的轨迹。孩子与我们虽然年龄、身份不同，但对尊严的渴求是相同的，也许我们正为了自己有尊严地活着而努力和忙碌，别忘记我们的学生同样渴望着理解、关注与尊严，而这种尊严就产生于我们的举手投足之间。

课堂角落里的悲哀

如果我们细心统计，就会惊奇地发现所有班级授课制度下的课堂都会有群体中的弱势，再优秀的班级也都存在着同学中间的"差生"，这是我们每位教师都无法回避的现实，更是许多课堂行进中的无奈。也许对于一个班级来说，区区几个"差生"算不了什么，但对于这些"差生"而言则是上学阶段甚至是一生的悲哀，对于他们的家长来说，更是在悲观失望中看不到希望和未来。如果说面对欠账太多的"差生"我们的无奈还可以理解的话，那么伴随着年级的升高和学习的深入产生越来越多的新的"差生"我们就有着不可推卸的责任了。课堂角落里的每一份悲哀，我们都不能视而不见，因为那不仅是学生的悲哀、家长的悲哀，也是教师的悲哀、学校的悲哀，更是现行班级授课制的悲哀和教育的悲哀。"差生"到底是如何一步步形成的，是我们每一位师者都应该思考的焦点，更应该努力寻找引发这一恶性现状的源头所在。

不晓得班级授课制在我们教育中的主导地位已经占据了多长时间，更不敢断言它还将持续多久，但我们必须冷静地反思它的局限与弊端。我们无法否认班级授课制出现以来为我国的教育事业曾经和正在做出的巨大贡献，但我们必须承认整齐划一的授课特点的确是禁锢学生个性发展的枷锁，更是一批批"差生"出现的根源。

我们不妨以初中为例进行一个深入的剖析，小学升入初中，虽然他们的成绩也存在着差异，但小学与初中知识并没有直接的牵连，有很多学科都是到了初中以后才有的，如物理、化学、生物，再加上十一二岁的孩子正处于人的一生中可塑性最强的年龄段，所以我们可以近似的看作他们踏入初中时的起点是基本一致的。但是我们还必须承认的是每一个孩子都是具有鲜活个性与特点的生命体，多元智能理论更告诉我们，学生都有着各自的智能强项与短板。

再来看传统下的教师面对这群虽然起点相当却存在着个性差异的孩子是如何进行教学的。他们面对的是全班这个整体而非某个学生，他们总是在根据班级的总体情况来确定自己的教学内容与教学进度。面对文理差异的不同学科，不同的孩子接受能力是不同的，这样势必会在每科的教学中出现学生"吃不饱"和"不够吃"的两种极端现象。而面对这种极端现象我们教师又是怎么做的呢？他们依然要将这两个极端的现象平均到中等的学生当中去，所以他们参考的对象依然是中档的那些为数不多的学生群体。这样做的后果将直接导致优秀学生在已知区域的重复中不断消磨着自己学习的欲望与激情，而后进生则会在未知区域的重复中一点点萎缩学习的理想与自信。

面对"差生"的不断涌现，教师也许可以找出一大堆委曲、无奈的理由，但我们不可否认的是在"差生"产生的过程中，我们的确扮演了"造物主"的罪魁祸首。无论是想洗刷罪名还是想将功补过，我们都必须认真地反思在每一个教育循环中班级授课制的缺憾给师生留下的阴影。

首先是班额越来越大，五六十人的班级已经比比皆是，七八十人的班级也已经屡见不鲜，面对越来越大的班额，越来越多的孩子，我们也越来越难兼顾到班里的每一颗心灵。心理学就有相关统计，当班级人数超过 50 个人的时候，教育的对象就会由学生个体转化为班级整体。我们教师不能也不愿更多地关注学生个体便成了可能和必然，所以为师者的教学简化与单调也就有了客观存在的基础。

其次，看看我们林林总总的各类考评方案，哪一个不是应试恶魔的化身？虽然我们不能将师德弱化为只顾得看奖金与成绩，但客观现实的指挥棒却有着让人爱恨有加的魅力释然。当越来越多的人看到锦上添花比雪中送炭更见效果的时候，当越来越多的老师发现关注"差生"对自己的成绩与积分无效的时候，"差生"也就越来越无人问津。

再次，单调而繁重的作业批改让教师们无心也无力优化自己的教育技巧，消极应付的检查评比又额外地增加了师生的课业负担。当教师处在不自由的状态下教学的时候，简单粗暴的评价机制和统一简化的教学模式也自然应运而生。

当我们将这一切清晰而又无奈的客观现实摆出之后，好像教师也同样是班级授课制下应试教育无辜的受害者，当我们在情感与体力双重透支的叹息之后，也许应该痛定思痛我们教育未来的路。

当我们迷失方向的时候，最保险的方法就是回到我们出发的原点，再想想我们要达到的目的地，与两者之间的那条连线相比之后就可以清晰地看到我们到底如何偏离了人生的航线。面对课堂角落的悲哀，面对教师与家长的无助，我们好像忽略了一个教育体系中最关键的因素，那就是学生的动力源。

为什么我们费劲周折去做那么多本来应该学生自己去做的事情，为什么我们要以牺牲自己幸福的为代价来剥夺学生的幸福。经过太多的辛勤劳作，付出了太多的投入与坚持之后，我们却蓦然发现本来崇尚科学，充满着求知欲望的生龙活虎们，却在我们的越俎代庖中变成了专吃嗟来之食的宠物。

学生主动学习的欲望哪里去了，也许这正是班级授课制最大的遗憾；学生学习的动力源如何再次被激发，更是我们每一位教育工作者反思话题的焦点。

让起飞的天使知道老师爱他

有人说，所有的爱都是为了最后的分离，虽然有些伤感，却是事实。"后娘"的特殊身份让我与学生有着更短的相处周期。每当面临即将起飞的雁儿，我总会"痛并快乐着"。每当送走一届毕业班，每当他们即将走进中招的考场，面对他们越来越大的压力，也许我们能做的只有默默的支持，天使即将飞向更广阔的空间，面对未知的天空，我们应该让他们知道老师永远爱他。于是在每年的中考前夕，我都会用心给每个孩子写一封信，是关爱，更是祝福，是希望，更是期待。（下面是我给学生的部分信件）

创造属于你自己的辉煌

（写给宋昊霖的信）

昊霖：

优秀、聪明、懂事、善良……在我的心目中所有好的词语都曾经在你的身上使用过，并且觉得没有任何虚伪粉饰。相信这也是很多同学和家长对你印象的描述，虽然有那么一些瑕疵，但永远也不会掩盖你耀眼的光芒。在所有教过你的老师心目中，你就是优秀学生的代名词，相信在你家人的眼里你更是他们的骄傲。随着越来越近的中招考试，越来越大的压力，我感受到了你正付出着越来越多的努力，不再上网聊天，不再打篮球，不再睡懒觉……但是在你用更多的努力去创造学习的新高的时候，你却发现"第一"的桂冠没有以前那么好拿了，甚至有几次考试你还出现了较大的退步，虽然外在的表象看不出你有多么难过，但我相信一股不服输的烈火正在你的心头燃烧。一次又一次的搏击必然会有一次又一次努力的投入，不论结果怎样，我觉得最重要的是你在这份投入中找到了自己的不足，也找到了进步的空间。面对最后一次模拟考试的失利，我不想问原因，更不想追究责任，因为我始终相信所有的失败对你来说都是中考前的磨炼，我一直期待也一直相信的是你最后的一鸣惊人。

没有比头颅更高的山峰，没有比脚步更长的道路，我相信你会用自己的坚持与智慧创造属于你自己的辉煌。面对中考，你不需要超过任何人，你只需要超越你自己。沉着冷静地面对每一次挑战，细心认真地应对每一道习题，让你成长的痕迹在中考的试卷上变成漂亮的单词与符号，让自己所有的付出和努力都浓缩在那张沉甸甸的通知书上，让我们用坦然的回忆笑对身后所有的挫折，挺直胸膛奔向下一个辉煌。

我会一如既往地支持你！

不要让人生在关键的渡口留下遗憾

（写给郑晓悦的信）

晓悦：

在所有任课老师尤其是班主任的心目中你是一个虽不善言谈却有着极强个性，虽然不爱表现张扬却总能以优异成绩示人的学生，所以老师们都很喜欢你。也正是因为这种喜欢，老师才更希望你在中考中能有一个让人满意的收获；也正是因为这种喜欢，所以才希望你在人生最关键的渡口不留下任何遗憾。

但是细细品来，你在几次的考试中都存在着不尽如人意的地方，我觉得其中肯定有失误和意外，但面对多次的意外之后，也许你会开始怀疑自己的实力和水平了。"我行吗？""我到底怎么啦？"相信你也多次问过自己这类问题，虽然没有标准答案，但我觉得你应该知道如何去寻找答案。首先，向昨天寻找答案，你曾经辉煌的历史无不证明着你行，而且是毫无争议的行，你没有任何理由怀疑自己。但是你没有把握住现在，或者说你没有充分的把握住今天，但这并不影响你对未来的创造，因为几次的失利给你带来了失败伤心，更给你指明应该攻克的目标和方向。从哪里跌倒就从哪里爬起来，同时你更应该将绊倒你的那块石头尽快移开。

聪明的人绝对不会害怕失败，因为他们知道失败是成功之母，聪明人更不会为自己的失败寻找借口，因为他知道借口会让自己在遮掩问题的同时酝酿出新的失败。晓悦，面对马上到来的中考，你要做的不仅仅是坚持苦学，更要找到自己问题的症结，并把它解决到考场之外，面对人生这一关键的渡口，你需要在四年的积淀中亮出最优秀的自己，不留下任何遗憾。相信自己能从走过的道路中总结出跑步的技巧，相信明天会在你不懈的坚持中诠释着别样的精彩。

不做生命的昙花

（写给刘文婧的信）

文婧：

　　我相信你是带美好的梦想与重新开始的希望来到四中的，更相信你想通过自己的努力与坚持向多变的命运抗争。你人如其名，文静的让人不忍心对你大声说话，但在你文静的表情背后我还可以深刻地感受到你那颗因为受过伤而显得脆弱的心灵。你想要依靠，但在陌生的环境中你找不到肩膀，所以你必须用自己的拼搏努力打破自己平庸的生活现状。于是，你勇敢地走到了今天，又一次靠近了中考的赛场。

　　有时候觉得时间很慢，慢得让我们掰着手指寻找中考距离我们还有多远，但不知不觉中我们已经来到了初中生活的终点，也许你我的心中都存在未尽的遗憾，可是时间的公正不会给任何人停留思考的空闲。值得庆幸的是，你一直都在努力，爸爸妈妈也能在你需要的时候送给你心灵的温暖。

　　还记得那段时间的周记批改，我总能从你的字里行间寻找到创作的灵感，你也总能在回复的感谢里书写着对未来美好的眷恋。不能忘记你为每一次考试所付出的努力，更欣慰于你在面对失败的困难打击时首先考虑到的是老师会不会伤心失望。正如我给你回复的字条和让你看到的那篇文章一样，我对你从来都没有失去过信心，也始终坚信你这块金子总会有发光的一天。终于，我等来了，那次你用自己的行动打造了别人意想不到的年级第二名，更用自己的实力证实你曾经的诺言，虽然在接下来的考试中你便出现了反弹性的下滑，但你曾经的辉煌也是你实力的体现。

　　面对中考，我相信你已经做好了最后的备战，我相信你的潜能，更相信你的优秀绝对不是昙花短暂的一现。

从开始优秀到最后的优秀

（写给李昂的信）

李昂：

　　多次在你的面前提起你是曾经的"校长奖学金"的获得者，不知道你是什么感受，我是想让你知道什么时候都不应该忘记自己曾经的辉煌，那虽然已经是历史，但毕竟是自己创造的。那不仅是自己的荣誉，更是自己再创新高的标尺。人生不可能是一条直线，因为那样不仅没有了人生的神秘，也没有了人生的激情与价值。但我们要努力让自己人生的这条线在曲线的进程中使每一个阶段的端点都高高扬起，就像我们马上到来的中考，你有必要，也有能力让自己人生的曲线向上弯曲并抵达制高点。

从一个辉煌跨向另一个辉煌的途中也许会有很多波折与无奈，从开始的优秀到最后的优秀也许会有无数的挣扎与呐喊，但我们都应该相信越是波折越能够让我们体味到最后成功的魅力，越是面对重重的困难，越能让我们在披荆斩棘的冲刺中体味人生的韵味。

李昂，中考在即，我们没有任何理由退缩，因为我们四年的积淀全都要在这场没有硝烟的战斗中得以体现。面对多次没有考好的创伤，你更应该昂扬起心灵的斗志，因为越挫越勇才是你的本色。面对最后的中考，所有的过程都将变成浮云；面对最后的决战，你应该拿出最自信、最无畏、最勇敢的自己去迎接神圣的挑战。

回首过去，你有辉煌的历史，展望未来你更不失英雄本色，加油，从开始的优秀到最后的辉煌，从家人的期盼到未来的畅想。不要给自己留下任何遗憾，不要给生命留下丝毫的缺陷。

等你的好消息，愿做你冲锋陷阵的粉丝！

等待你最后的一鸣惊人

（写给杨振甫的信）

振甫：

操场冲刺的人群中，你是最快的一个，所以很喜欢看你奔跑的模样，因为你浑身洋溢着超强的自信和忘我的傲气。在同学中你又是那样的普通，普通的很容易被别人遗忘，但我相信普通平静的表象背后是你心中澎湃着的决心与战斗的豪情。

想想学习的竞争又何尝不是一场奔跑呢，它需要的不仅有体力强健，更要有坚持到底的心灵执着。相信在竞技场上"笑傲江湖"的你也绝不会在考试的战场上有丝毫的逊色，相信前两次考试都能完美收场的你，也一定能在最后的决战中取胜。

还记得那次二高的体育加试，如此优秀的你却受到考试低分的冲击，我不知道这种不公正的判决对你意味着什么，但好事多磨的现实也许对你是一种珍贵的回忆，当你高兴地走出校门兴奋地对我说你满分的时候，我悬着心放下的同时也为你经得起考验而欣慰。

马上要考试了，紧张是正常的，但你绝对不能惊慌，还记得那次你问我成绩不好，没有信心了，该怎么办。眼神中有些担心，也有些无助，我知道所有的这些情感都是因为你太在乎结果，太想成功了。看看你走过的这段路，想想你努力付出的每一分努力，当你觉得自己做到问心无愧的时候还有什么好担心的呢？相信天道酬勤，更相信水到渠成，我相信你的实力，更相信你能经得起任何的考验，相信你能用奔跑的自信与姿态微笑着撞击终点的红线。

四年寒窗靠勤奋，两天中考靠心态。四年的学习积累你用勤奋书写了人生的无悔，接下来就需要你用自信与坚强打造出最佳的心态，我相信你一定能做到，更期待着最后你给所有关注你的亲人们带来中考的一鸣惊人。

坚持到底就是胜利
（写给江超飞的信）

超飞：

请恕我直言，在报考之前，我一直为你的前途感到迷茫，重点高中对你来说也许只能是一种奢望，但你的坚持和决心让我一点点改变自己的观点，你也正在用自己的努力与付出将自己的梦想与现实无限的靠近。喜欢你并不仅仅因为你成绩的稳步上升，更多的是因为与过去的比对中让我感受到你超强的可塑性。

也许你还没有忘记昨天的自己，伴着鬼脸，逗着乐子，以别人的笑而实现自身的价值，以课堂的骚动作为自己个性的彰显。我也曾经多次无情地指责批评，但总是以收效甚微而草草收场。虽然已经记不清楚你是什么时候开始想着转变自己的形象了，但我清楚地记得在反复的迂回中你的变化像戒烟一样曲折困难。我觉得是你母亲的执着打动了你，是未来的美好吸引了你，是残酷的竞争触动了你，当然也有你内在的那股子不服输的韧劲促使你终于坚持了下来。虽然有些晚，但浪子回头金不换的可贵依然能在你身上得以体现。

超飞，我心里很清楚你背负着比别人更大的压力，面对着比别人更多的挫折与困难，但你没有让老师失望，没有让你的父母失望，因为你正用无畏的气魄迎接着一次又一次的挑战。如果抛开应试教育的魔掌，我觉得你已经成功了，因为你已经找到生命的重心，已经找到了人生中最真、最善的东西。所以平静地对待马上要面对的中考吧，相信一分耕耘就有一分收获的哲理，同时也用一种平静的心态面对这场残酷的竞争。正如你的父母所言，只要尽力了，只要做到问心无愧就够了。而且我也相信在平静的心态下，坚持与努力的备考中，等待你的一定是胜利的佳音。

坚忍不拔　微笑到最后
（写给王雪颖的信）

雪颖：

　　我一直珍藏着你送给我的那份"礼物"，一个承诺，更是一个永不言弃的希望。从我接班的第一天开始，你就引起了我的注意，不是因为你个头矮，而是因为你总是那样的开朗可爱，有个性而不张扬，有主见而不偏激。在接下来的日子里虽然有些小错，有些争执，有些眼泪，但现在想来都已经定格成了回忆中最美丽的风景。

　　转眼间两年的时间过去了，虽然在学习上你没有给老师和家长太多出人意料的惊喜，但你的不懈坚持让所有人为之感动。人生最可怕的不是失败，而是面对失败的一蹶不振，细细想想失败又何尝不是在为我们最后的成功积淀养料呢。人生最可贵的不是夺得成功的掌声，而是坚守着每一寸奋斗的历程。

　　我还记得填报志愿的那几天，很多学生在这一人生关键的交叉口彷徨了，而你在与老师简短的交流之后毅然选择了重点高中，这对你的学习现状而言是一个不小的挑战，对你接下来的行走更是一种巨大的压力，但你自信的表情告诉我，你可以，你能行。这也让我再一次对你刮目相看，于是在接下来的日子里，我看到了更加刻苦的你，也看到你更投入的坚持。

　　雪颖，我能感受到你正顶着比别人更多的压力，也将会遇到比别人更多的困难与风险。但面对你的坚韧和坚持，我欣慰地认为你已经胜利了，因为你已经用行动告诉那些在黑暗里呻吟的弱者，你可以坚强地做得更好，所以我也衷心地期待着在中考的战场上你凯旋的喜讯。

竞争面前只有实力没有眼泪
（写给谢振宇的信）

振宇：

　　曾经很多次因为有你这样一个得力干将而自喜，曾经也为你的学习进步而欣慰，但随着越来越近的中考，面对着越来越大的压力，我的这种高兴也慢慢变成了紧张，紧张于你能不能实现成绩的突飞猛进，也紧张于你能不能在中考的战斗中凯旋归来。

　　还记得那天你来找我商量中考的志愿填报，我虽然没有明确表态，但也许你还是能感受到我对你那较高的期望。你选择了重点高中，虽然顶着很大的困难与风险，但你依然勇敢地做出你人生中第一个重要的选择，我充满了感动，更充满了希望与期待。记得以前很多次与你谈心的时候，你总能理智地明晰所有道理，但对于未来与成绩你又总会那样的小心与敏感。面对你的眼泪，我突然感觉到作为班主任的我，现在也是那样的无奈，因为我不能让你这样一个懂事优秀的学生品尝到成功的滋味。

中考在即，而你给我的感觉却依然是那样的脆弱，低着头沉默，这不是我想看到的振宇，相信也不是你追求的自己，只要信心不倒，困难总多不过办法，只要我们勇敢面对，一切都会在我们的坚持中变成现实和可能。"打个立正你就不冷了"，简单的话却包含着深刻的哲理，挺起胸膛微笑地面对，困难就会绕你而行。

几天之后你们就要上战场为自己的理想而奋力搏杀了，战斗结束我们的相处也将变成各自生活中的回忆，我希望在最后的这段时间里你能够露出坚强的微笑，更能够展示出大度的从容，用平常心面对中考，用全力以赴的努力去书写最后的辉煌。丢掉怯懦，擦干眼泪，用自己的实力去征服竞争。

静静收获天道酬勤的惊喜
（写给宋可的信）

宋可：

相信你还记得我曾经向你们说过我最喜欢的两个词语，一个是"天道酬勤"，一个是"水到渠成"。在我的心目中，你就是这两个词语最好的践行者。你是大家当之无愧的榜样，也是老师心目中完美无瑕的楷模。每次小组长的交流你总能将你们小组的情况公正客观地向我反映，每次班干部值班的过程中你总能将自己的身影坚持到最后。有人说时代变了，我们不再需要太实在的人，但你的行为则在无言中驳斥了那些灰色的观点。

虽然你的成绩不是最优秀的，但你绝对可以称得上是优秀中最稳定的。不论年级中出现什么样的波动，你总能用自己的坚持巩固着你永恒的前茅地位。无论别人如何宣扬各种休闲的诱惑，你总能在执着的坚守中保持着自己心灵的那份宁静。所以有很多时候，我觉得我应该向你学习，学习你那种不骄不躁的坚守，学习你那种宠辱不惊的平淡心境。在这个充满着竞争与压力的时代，你的这种品质就是你最大的优点，更是值得我们学习的珍品。

宋可，面对越来越近的中考，我并不担心你在考场会失利，但我期待着你能创造属于自己新的辉煌。如果两年来的稳定是一种量变的积累的话，那么最后的中考磨石应该能让你爆发出惊人的质的飞跃。相信你会在坚持中充分利用好最后的分分秒秒，更相信你会在平静的心态下化解白炽化的紧张与压力。而作为班主任的我除了默默祈祷你一路顺风之外，恐怕就只剩下静静地等待你收获天道酬勤的惊喜了。我愿意等，而且我相信自己等来的一定是你飞跃的喜讯。

拿出你的霸气"一览众山小"

（写给丁振伟的信）

振伟：

　　喜欢你的大度与诙谐，因为你不会为别人叫你"老头"而生气；喜欢你的认真与刚正，因为在你的眼里容不下半点虚假的沙子；更喜欢你的那种目空一切的霸气，因为这种霸气不仅让你有了超越的自信还让你有了兑现承诺的行动与勇气。同学与老师也在你一次又一次的成绩进步与创造奇迹的过程中见证着你的快乐成长，相信你的家人也和我们一样用骄傲的心态关注着你如何用努力创造新的辉煌。

　　但最近一段时间，我觉得你变了，变得沉默了，变得不张扬了，这对很多同学来说也许是好事，但对你来说则让老师多多少少有些担心。但无论怎样，我还是能看到坚持、执着的你，但没有了那份霸气的丁振伟总觉得缺少些什么。

　　振伟，也许在不断的努力之后你依然发现自己还有很多的缺陷，也许在你不断的付出之后依然还存在着或多或少的差距，我想说，这些都是正常的，这既说明了学无止境的道理，同时也充分体现了人生的多彩性与神秘性，没有哪一个同学可以做到永恒的辉煌，但我们都相信一分耕耘必有一分收获。

　　面对即将到来的中考，也许你比任何人都清楚这场战斗对你意味着什么，在你平静表情的背后隐藏了多少汹涌澎湃的激情我能体会得到。但这个人生很关键的渡口处，我希望你再次拿出你的那股霸气，相信自己是最棒的，是不可战胜的；拿出那种舍我其谁的豪气，相信你可以在最佳的心态下创造出最佳的成绩，相信你可以用行动最先爬到中考的制高点；拿出你一览众山小的豪迈气概向众人呐喊："我丁振伟永远都是第一！"

　　我期待着那一刻的到来。

爬上高原的山峰

（写给姚秋崇的信）

秋崇：

曾经你是老师心目中最阳光、最洒脱的学生，因为你有朝气更有目标；曾经你也是同学们心目中最羡慕的对象，因为你总能在不耽误玩耍的情况下依然将学习搞得超级棒。作为班主任的我虽然多次为你的"不务正业"而大伤脑筋，但从内心深处则一直为能得到你这样的英才教之而骄傲。

渐渐的，学习的压力大了，你也开始将更多的心思用在了学习上，虽然还有不时的调皮，虽然还有偶尔的偷偷打球，虽然还有不经意间的懒惰，但我还是感受到了你的一点点转变。也许是恨铁不成钢的缘故吧，你的努力进程总是赶不上我私欲的要求，所以对你有过严厉的体罚，有过苛刻的批评，甚至因为小得不能再小的偷打篮球而叫来了你的家长。现在想来自己真的很幼稚，但值得庆幸的是我没有任何私心，而你也没有任何怨言，就这样在你的努力和我的期望中我们相安无事地走到了今天，直到中考战场边缘。

不知道你是从什么时候开始不自信的，我起初还为你的这种新的"自知之明"而欣慰，但时间久了，发现那不是正常的你，你应该是一个霸气十足、自信十足的姚秋崇。我知道考试的失利和越来越大的压力是你产生这种情绪的主要原因，我心中也开始担心你什么时候才能重新找回属于你的自信与从容。一段时间之后我才深刻地体会到你正处在学习的高原期，而这样的高原期往往是一个学生发生质的飞跃的前兆。所以我在欣喜之余，也想象着在你度过高原期之后爬上新的高峰时的欣喜若狂。

现在的你又重新有了往日自信的微笑，相信经过这一系列的挫折与磨砺之后，经历了高原期的迷茫之后，你一定能在中考的山峰上成为爬得最高、最快的人。

让你的成绩超过你的体重

（写给王璐的信）

大璐：

我还是更喜欢把璐璐改成大璐来称呼你，不仅仅为了和晓璐进行区分，更多的是习惯下的亲切和自然里的喜欢。你胖，但你并不遮掩，这是你的豁达与开朗；你霸道却不武断，这是你的魄力和优点。不是因为你是有一个当教师的姑姑才让你成为焦点，而是你的人格魅力和善变的举动让我们不自觉地把视线集中到你的身上。

你曾经有过许多错，但你更有改过自新的决心和行动；你曾经因为偷懒而遭到老师的重批，但觉醒后的你仍能展示出感恩的昂扬。有时候觉得你很强悍，觉得什么言谈对你都会无济于事，但真实的你却又是那样的脆弱，因为每次谈心到动情处你总是以泪洗面，那眼泪背后有悔改的决心，相信也有委曲的申辩。转眼之间，这些都已经变成了美丽的回忆，记在了我的日志中，也留在了我们记忆的最深处，也许我们应该将这些尘封，而将眼光瞄向离我们越来越近的中招考试。

在老师的心中你一直都是最有潜力的"重量级人物"，虽然在几次的模拟考试中总会存在着或多或少的遗憾，但我相信聪明的你一定能从每次的失误中读到值得自己珍惜的东西。虽然还没有达到自己理想的水平，但我相信你的坚持与永不言弃的决心会让你在越来越高的攀登中一点点接近成功的顶峰。

面对中考，我不想听你的豪言壮语，我只愿默默关注你埋头钻研的姿态；面对未来，我不需要你的什么承诺，我只愿静静等待你给我们带来的精彩，相信那一刻，你会用比体重更重的成绩向大家宣布，你的成绩也是最"胖"的。

让你的微笑灿烂到最后

（写给许国宁的信）

国宁：

曾经因为你那"坏坏"的笑而感到你是个不务正业的"流民"，而在学习紧张到白热化的今天我才感觉到能笑对人生有多么重要。每次进班我总能最先看到你埋头苦读的身影，每次在餐厅也总欣喜于你们愉快的谈笑风生。我曾经还想着狠心地将你们这唯一的一点欢乐的空间剥夺，想来真是没有人情味的残忍。尽管我的初衷是为你们提升成绩着想，但我忽略了一个最重要的东西，那就是你们都是有朝气的生命，你们的生活不能没有欢乐与笑声。

现实是残酷的，但我相信它也是公平的，它不会同情任何人，也不会偏袒任何人，它只会用天平无私衡量着，与付出和努力等质量的交换给你所能拥有的收获。

你我心里都明白，你有着和别人一样的目标却又有着比别人更大的压力，面对中考你要付出比别人更多的代价才可能获得和别人同等的收获。但可喜的是我依然能看到你可爱的笑容，依然能听到你爽朗的笑声，所以我为你骄傲，更为你的这种心态而欣慰。想告诉你的是，无论面对多大的压力都不要被困难吓倒，不论面对多少挫折都不要惧怕伤痛。

面对中考，我们的目标已经定下，没有选择的余地，更没有彷徨的理由，有的只能是不尽的努力和不休止的坚持。我始终相信你的实力，更相信你能经得起任何风吹雨打。男子汉总能在越挫越勇中彰显英雄本色，真君子也总能在压力与责任面前表现出非凡气质，你是老师心中的英雄，更是家人心中骄傲，你不能输，你也不会输，加油！

永远支持你的老班！

让你的选择无悔

（写给董瑞雪的信）

瑞雪：

你是一个超级认真又超级敏感的学生，每次的活动安排与准备，每次任务完成与反馈，你总能用自己最独到、周密的方式给老师交上一份满意的答卷，甚至很多时间老师都忘记了的制度你却依然能够精益求精地坚持到最后。但面对学习，面对老师和别人的言谈与评价，你又显得那样敏感和脆弱，你会为别人的一句话而伤心很久，你会为一次考试的失利而辗转反侧，想想这也是你过于认真的缘故吧。总之，两年的时间以来你已经成为老师不可缺少的助手，也是班级建设中不可缺少的中坚力量。

但是学习成绩是你我共同的心伤，努力了却没有太大的起色，坚持了却依然徘徊在温饱的边缘。也许你还记得我批评你不应该钻牛角尖，虽然有些违心地在打消一个科学家应有的潜质，但也是为了让你在奠定基础上提高自己的无奈之选。面对越来越大的学习压力，你没有退缩，而是用顽强的坚持努力改写着自己的成绩。面对中考志愿的填写，你没有放低对自己的要求，而是执着地填写了重点高中，这对别人来说没有什么，但对于你却意味深长，我不想知道你经历了多少内心的挣扎才下定了最后的抉择，我只愿意相信你会为自己的这一选择奋斗到最后一刻。

过去的只能代表历史，我们要努力面对的是全新的未来。虽然我们不能为历史所累，但前事不忘后事之师的古训告诉我们要从历史中吸取丰富的经验教训。面对中考，我相信你能坚持到最后的胜利；面对自己的选择，我相信你一定能用自己的行动告诉所有关注你的人，你的选择没有错。

让你的优秀变成分数

（写给刘子文的信）

子文：

我曾经不止一次在你的面前，在你的家人面前，在很多老师面前谈到你的优秀，这种优秀指的是你的潜质、你的聪明、你的悟性和你的懂事与善良。但这种优秀如果不能及时转化成分数的话，它就是虚弱的，是经不起别人的谈论与考验的，所以我期望你能够将这种优秀变成分数进行展现。

作为检查组的成员你总能用自己的方式打击那些影响别人学习的"罪犯"，作为值班代表你也总能在不影响自己学习的情况下维持好大家的学习秩序。虽然你也会因为一些小事与别人斤斤计较，虽然你也会和个别女生发生口角，但现在想来那都是你们这个年龄张扬的资本，也是你们成年后回忆时不可或缺的笑谈。

但有一项内容是不容忽视更不容敷衍的，那就是你的学习成绩。每次考试过后总会因你成绩的不尽如人意而感到遗憾，一方面是对你无限高的期望，一方面是你未能将优秀转化成分数的落差。在矛盾中自然会萌生许多恨铁不成钢的苦恼。可喜的是你从来都没有放弃过努力，也从来没有失去过对自己最终成为优秀的希望。是啊，没有走进中招考场之前，说什么都言之过早，我也始终相信你是块金子，而且一定能在最关键的时刻发出最耀眼的光芒。

从你爸爸的话语中，我读到了家人对你殷切的期望；从你执着的眼神里，我看到你奋发的力量。笑到最后，成为笑得最美的人；坚持到最后，让你的优秀潜质变成成绩，让你的付出兑现承诺，让你的努力书写属于你自己的辉煌。我等你成功的佳音。

让胜利变成奇迹，让奇迹变成永恒

（写给车晓铭的信）

晓铭：

你娇小的身躯总能爆发出无尽的力量，你平民的身份总能树立起我们班最亮丽的榜样。很多人关注你优异的成绩，而老师心里明白你是在用更多的努力，顶着更大的压力在争、在抢。我相信在成绩面前你收获的不仅是赞叹与荣誉，更有超强的自信与不竭的动力源泉。还记得那次百天誓师大会，当别班的同学自称是年级第一名时，我们班很多同学都为你鸣不平，虽然我无语，但我心里明白，你是大家心目中真正的第一，也是永远的第一。在我的心中还压抑着一团火，那就是你要在以后的考试中拿到第一，在最后的中招考试中也拿到第一，让别人再也没有滥竽充数的空间与借口。现在我也欣慰地看到了你正在一步步用自己的行动兑现着老师心中的这个愿望。

说实话，去年你就有冲击重点高中的潜质，但出于自私也好安全也罢，我还是把你留了下来，你和你的家人都表现出了大度的接纳。我相信一年的沉积之后你收获的应该是不同程度的成功。一年来你并没有因为自己已有的辉煌自居，而是在一次次新的竞争与参与中彰显着你个人不懈的魅力，在小组的交流中你也没有因为别人幼稚的问题而推脱不理，争论的课堂上总是能听到你不厌其烦地向同组人解释的声音。每一次评比的优秀小组，恐怕都有着你不可磨灭的功劳。

终于又到了中考，相信在你盼望已久，因为你就等着在竞争的最高峰上插上"车"字旗号了。昨天的成功只能代表过去，今天的辉煌依然是过程的部分，而明天如何，我相信在你的心中已经有了一个响亮的答案，我相信你一定能让胜利变成奇迹，更相信你能让这种奇迹在你的人生中变成永恒。

让所有期盼的眼神绽放幸福的光芒

（写给刘国栋的信）

国栋：

我见过你的爸爸，虽然有些鲁莽，但对你殷切的期望却让我感受的真真切切；也见过你的奶奶，一个年过半百却为你这个孙子操碎心的老太太，虽然她满腹牢骚，但对你的要求是不容打任何的折扣。我与你的母亲虽未曾谋面，但通过电话，我可以感受到她同样对你抱有莫大的希望。也许还有我未曾见过、听说过的你其他亲人，但我敢说他们都把你当作自己生命的延续和希望的寄托。这么多亲人的等待与期望是你的责任，更是你前行的力量。

曾经我为你家境不佳而忧心你负担过重，但你的坚强与执着让我在欣慰中打消了忧虑；我还曾经为你和别人攀比享受而担心你的成绩下滑，但你很听话地在老师的劝导下终止了那种不恰当的举动。今天，也许在你的身上还有许多让老师担心的地方，但你的努力与坚持让我的担心一点点淡化，我相信你明白眼前的中招考试对你来说意味着什么，更相信你能够用自己的努力与实践证明你不是生命的弱者。

国栋，面对中考相信你有着和别人不一样的追求与压力，但我觉得有一样是可以肯定的，那就是你那股子不服输的精神和永不言弃的气势。面对越来越近的战场，相信你不会退缩；面对越来越短的备战时间，相信你不会迷失自我。冷静地做最好的自己，沉着地书写最完美的人生，相信你最后的答卷会用最优秀的成绩回报所有关注你的亲人，相信你也一定会让所有期盼的眼神闪烁最幸福的光芒。

让我借用一下你的通知书

（写给张华杰的信）

华杰：

我好像已经习惯了每周都有你向我借钱的身影，我也为你打破了口袋里从来不带钱的习惯，你让我感受到了债主的霸气，也让我体会到了有钱人特有的快感。但这一切好像都不是最重要的，最重要的是我能在每一次与你交流的过程中感受到你的懂事、善良、可爱与坚持。请不要怪老师总是向你"逼债"，因为每次"逼债"的过程都可以让我多一次与你交流，让你感受到老师对你不一样的关注。

快毕业了，正所谓礼尚往来，我觉得你也应该借我点东西，你能借给我些什么呢？好像你有的我都有，想来想去我终于想到了一样你有我没有而且非常珍贵的东西，那就是你中考的录取通知书。别小气，我只是借用两天而已，为我曾经的担心画上完整的句号，也为我曾经发放"无息贷款"的"贫民"的翻身当家而骄傲心足。

华杰，在与你妈妈的交谈中我了解到你一直都是家人心中的希望与骄傲，在与你近两年的交流中更让我感受到你的潜质与较好的个人素养，但同时不能忽视的是你身上还存在着或多或少的缺点与不足，想走向完美与辉煌还需要坚持走很长的一段距离。我能感受到你在执着中坚持，在付出中努力，我也相信你能够在这种坚持与付出中走出困境，走出平庸，走向成功的辉煌。

马上就要中考了，紧张的氛围也在教室的每一个角落蔓延，但我希望仍能看到你那种"无所谓"的笑容，在这种无所谓中积淀着你超凡的水平，不为别的，就为了能借我你那张亮丽的重点高中的录取通知书。我知道有点自私，但这点请求相信你不至于拒绝吧。

我等着，别让我失望。

生命需要智慧更需要勇气

（写给谢欣欣的信）

欣欣：

很高兴能成为你两年的班主任，更感谢你能作为我的课代表并为我们班的物理学习做出你诸多的贡献，更欣慰的是你的善良、执着与可爱让我感受到做你老师的幸福。很快就要中考了，也意味着你很快就要从我的身边展翅，就要从我的视野里起航，虽有千万般不舍，但想到你要为更高的目标打拼，你要到更高的学府深造，心中也就多了些许释怀。所以现在更多的心思都在想如何能让你的优秀更淋漓地展示出来。

还记得那次试验加试时我和王老师为你暖手的瞬间吧，我想说的是那个瞬间感动的不仅是你还有我自己，很多时候想为你做些什么，从而消除你考前的紧张，但总会因为自己的无能为力而悄然作罢，所以才有了上次考试前的那种拙劣的"透题"现象，虽然技术含量一般，但我还是希望你能读懂班主任的良苦用心。

中考一点点临近，压力也自然会一点点变大，相信你和全体同学都能体会到这一点。那天因为你的物理成绩不理想而把你叫过来，这其中有对你的恨铁不成钢，但事过之后我马上就后悔了，后悔不该为你紧张的压力之上再加新的压力，希望你不会因为我的这种犹豫善变而欲加之罪。

我知道中考对你来说有多么重要，更晓得失败对我们来说有多么残酷，但我更想让你知道心态比这一切都重要。从两次加试都可以证明你的实力是不容小视的，也进一步预示着最后一次考试你也一定会有超人的表现，也许你会因为几次考试个别学科的失利而心痛不已，但这不正是你进步最好的前兆吗？只要你能够放正心态，只要你能从几次的考试失误中总结经验教训，只要你能从平时的训练中消除知识上的盲区，只要你能自信地笑到最后，我现在就可以给你下重点高中的录取通知书了。想想你拿到通知书的那一刻幸福的场景吧，你就没有任何理由再因为一些莫须有的紧张而折磨自己的心灵了，更没有多余的时间因为无聊的浮躁式的压力掠夺自己的精力。

努力向前，大胆阔步，生命需要智慧更需要勇气，我相信一分耕耘必有一分收获，更相信自己的眼光和你的能力。加油，我等着你凯旋的喜讯。

寻找生命的波峰

（写给刘泉的信）

刘泉：

　　喜欢和你谈心，因为你总能用自己优化的语言让我感受口才的魅力；喜欢批改你的周记，因为你有着让我折服的文采。曾几何时你就是我心目中才女的代表，曾几何时也为你成绩的一次次新高而欣喜若狂。生命的曲线总会有高有低，但我希望在这初中阶段即将结束的关口能再次看到你爆发式的自我超越，希望等来你再一次扬起生命的波峰。

　　还记得我们那个小组许下承诺并在坚持中用实践一步步兑现，你每次总能用自己独到的理解分析着每个同学一天的表现；还记得你因没有达到目标而不得不向我捐献出一个本子，上面还不忘记写下不舍得的话语。一点一滴的回忆好像都被眼下无情的考试压力冲淡，一份一份的感动却经过岁月的洗礼之后慢慢沉淀。我相信，我们共同走过的这段求学之路是经得起时间考验的，也一定会在多年以后散发醉人的芬芳，但这一切都必须有统一的前提，那就是在中考的搏杀中取胜。虽然中考的战场在你们漫漫人生的征途上算不上是什么大的战役，却是你通往人生辉煌一个很关键的渡口，更何况你有能力取得最后的胜利。

　　刘泉，过去的一切虽然有很多感人的回忆，但你我更应该看重今天的现实，虽然竞争是残酷的、现实的，但它也是公正的、无私的。你有辉煌的过去，也有充满着波折的进程，相信在曲折的迂回中你更能体会成功的不易与坚持到底的难能可贵。面对越来越近的中考，你可以紧张，但不能乱了阵脚；你可以放松，但不能放低对优秀的追求。我始终坚信你有超强的实力，更期待着你带给我最动听的喜讯。

扬长避短创人生辉煌

（写给赵显豪的信）

显豪：

　　在性格上你是一个爱憎分明的人，在学习上你又是一个优差对比鲜明的人。你曾经以你刚正不阿的执法让你的人缘一路攀升，同样也因为英语成绩的不佳让老师大伤脑筋。我和你一样始终相信这一切只是过程中的一点波折而已，我们也都能够预见到成功。

在学习习惯上你无疑是我们大家的楷模，在学习知识的精细上你同样可以作为同学们榜样，但对于英语的学习你总是显得那样无助与脆弱。可是你没有放弃，相信那也绝对不是你的性格，在坚持中或高或低的成绩也在老师焦急的等待中上下浮动。我时常会接到来自外地你的母亲打来的长途电话，关切之余我能深刻地感受到你不仅是他们工作的动力源头，同样也是他们的骄傲与希望。我也总会在你优秀的举动上大做文章，不是虚假地应付，而是对你发自内心的赞赏，电话那边阵阵舒心的笑声，相信将是他们接下来更加卖力工作的动力。

人无完人，但人人都可以追求完美，就像你一样优秀的方方面面之下却有着一个英语的阻力，它就像是你生命木桶上的那块短板，由于它的存在制约着你内在的水量。我从来不怀疑你对英语学习的付出与努力，但我觉得你还可以更加有智慧地学习，更多地向别人尤其是向老师求助，同时你最应该拥有的是对英语学习的信心与战胜英语学习困难的勇气。

马上就要考试了，也许很多方法性的东西都已经没有太多使用的空间，我只想说，你的努力我们看得见，勇敢地战胜你的脆弱，淋漓地展示你的强势，在中考的战场上扬长避短，再创人生辉煌。

你一定要在沉默中爆发

（写给王俊武的信）

俊武：

沉默寡言却总保持着自己的个性，不苟言笑却总有自己的观点，这是你最初给我留下的印象，也是我喜欢你的原因之一。不张扬不等于墨守成规，不高傲不等于委曲求全，你也在用自己的行动一次又一次地向我们大家证明你能够在沉默中爆发。

但我也渐渐发现你的成绩很不稳定，经常会出现较大的波动，这对于一个初中生来说是一个不小的考验，因为好的成绩可以让人振奋向上，但从逆境与低谷中奋起却不是一般人能够做到的，更何况不止一次的在跌倒中爬起，再奋起直追就更加难能可贵。但是你做到了，就凭这一点，你足以成为我的榜样，你的确是好样的。

我还记得那次考试你没有考好，却央求着参加培优生才能参加的试验加试训练，我当然不会拒绝，因为在我的心目中你一直都在优秀学生的行列。终于，我们一起走到了中考备战的最后关口，我也在默默的祈祷中等待着你的最后一次爆发。

不论你如何给自己定位，在老师心中你始终身居优胜者的行列；不管以前的你有过多少次波折与失败，在老师心中你总能用自己的坚持与坚强击败困难的魔掌。现在到了最关键的时刻了，我相信你已经做好了最充分的准备，也已经具备了打漂亮仗的资本，你现在唯一要做的就是让你的自信坚持到底，让你的笑容坚持到最美。

不在沉默中爆发，就在沉默中灭亡。我相信最后你会向我们展示爆发的惊喜与辉煌，加油！

功成名就时，别忘了我这个曾经的阶梯。

用努力给父母更大的惊喜

（写给于晓晨的信）

晓晨：

虽然对你的父母不太熟悉，但我感觉到他们比别的家长在孩子身上寄托了更多的希望。印象最深刻的是你几次考试的转折，一次是你成绩下滑时急切而担心的询问，一次是在你冲进班里第二名时真切的感恩。着急也好，感谢也罢，其实流露的是相同的父母情感，那就是对你的殷切希望和美好未来的期盼。他们不要求丝毫的索取，有的只是无私的奉献，有这样伟大的父母培育，再看你的优秀也就顺其自然了。

在刚接班的日子里，有不少原来带班的老师向我介绍班级的情况，说到你时总会不自觉得流露出些许赞扬的话语，你的优秀不仅体现在学习上，更体现在人品上、性格上。你从来不与人为敌，甚至没有过争吵与论辩，同学们也总能从你的大度与善良中看到自己的不足，也会在自惭形秽的比对中默默地把你作为学习的榜样。

随着考场上的一次次征战，随着竞争的日益紧张与激烈，你的笑容少了，你的努力多了，因为我很清楚从来都不认输的你绝对不会让自己在竞争的大潮中败下阵来。一分耕耘一分收获，我欣喜地看到你在坚持的过程中一点点将自己的实力优化，也一步步靠近成功的制高点。虽然偶尔也有或多或少的失误，但你总能在谦虚的心态下精益求精地将其修正。

面对越来越近的中考，我相信你已经做好最后、最猛烈的冲刺，更相信你会在最后的博弈中取得王者的光荣。到那时相信兴奋的不仅是你我，更有为你付出了所有的父母。最后的胜利就是对他们最好的回报，赢得中考也会是你带给他们最大的惊喜，加油！

做自己生命的主宰

（写给张冠笑的信）

冠笑：

你是大家心目中的后起之秀，也是家长心目中最不能确定的悬念。为什么不能确定，只因为你还不够强大；为什么面对目标心生那么多的徘徊，就是因为你还没有成为自己生命的主宰。

首先，我很欣慰于你成绩的进步，虽然不算迅速，但起码你是在一步一个脚印地稳步向前。所以老师为你的进步高兴，家人更为你的努力骄傲。但问题是当你的进步行进到中考报名的路口时，你陷入了选择的彷徨。虽然在报考志愿书上你毫不犹豫地选择了重点高中，但现在我才意识到当时那个抉择你是顶着多么大的压力，需要多么大的勇气。

现在回首我觉得你是庆幸的，因为与那些不敢报考重点高中的同学相比，你已经在勇气上超越了他们，虽然你会有着比他们更多的压力、更大的风险，但这也一定能激发出你更大的斗志和更大的潜能。站在只有向前才能行走的独木桥上，你所面对的也只有勇往直前，同时我更相信你会用行动和努力让你的选择无悔。

面对越来越近的中考，你需要倍加珍惜所剩下无几的时间，但我觉得你更加需要一颗无欲则刚的心和一种平静求上的心态，不骄不躁中优化自己应试的各项技能，在精益求精中寻找提升自己价值的力量。在这生命最关键的渡口，没有人能实质性地帮助你，但也没有什么困难可以阻碍你的前行，唯独有你自己，可以成就你伟大的志愿，也可以葬送本该属于你的美好明天。成败之间，就在于你能不能成为你自己生命的主宰，荣辱之上就看你如何笑对困难与挑战。

天使迟早是要飞翔的，所以我们要给他们足够的自由锻炼他们飞翔的翅膀，天使成长的生命中应该是充满爱的，我们教师就是那个给他们爱与呵护的人。别让我们的行为沾染太多的功利，别让天使的飞翔遇到太多的阻碍。

第五篇

我的课堂我的教育

教育是一方池塘，有水就会有生命的滋长；课堂是一片蓝天，有翅膀就应该自由的翱翔。教育是块水磨石，不应该有成长的疼痛，更不应该有雕刻的伤痕；课堂是一壶清茶，需要我们用心品味，不是为了解渴，而是为了那份生命互动的浪漫。用心去触摸，你会触及到很多生命的灵感；用心去感悟，智慧的幸福便会在心灵间荡漾。

课　　堂

教育的主战场在课堂，而课堂空间是可以无限大的。教师的责任就是将有形的课堂在无形的空间里变得更大，因为课堂是我们孩子生命的载体，它的容量与内涵将决定祖国未来心灵的底色。课堂的容量取决于你在其中播种什么样的种子，课堂的高度取决于你在其中关注的重心在哪里。当你做到了充分地尊重学生、解放学生的时候，你的课堂就可以无限大。课堂的容量取决于学生快乐体验的深度，课堂的高度取决于生命价值展示的广度，当我们能幸福于学生的幸福，成长于孩子的成长的时候，我们的课堂就实现了无限大。

改变课堂从改变自己开始

课堂教学改革进行到今天，为什么还有不少老师依然步履艰难，为什么让老师闭上嘴巴就那么难呢？也许在大力改革的同时更应该及时反思问题的症结所在，在我们大力宣扬新课改优势的同时别忘了寻找一线教师的顾虑在哪里。

教育的惯性，多年来才形成了一套自己的教育模式，长期积累才有的教学成果，让很多老教师好不容易找到了条件反射式的轻松，突然要改，他们当然有些不舍与抵触，强势逼迫之下也只能是换汤不换药。

工作的惰性，在平凡而又似乎有些单调的周而复始中，很多老师产生了职业倦怠。在他们的心中，教育教学都是客观的工作压力，所有与学生、课堂有关的事情都是公家的事情。在这种应付与被动的心态之下，课改也只能是肤浅的换个名称而已。

利益的奴性，把教育当成了养家糊口的手段，一切都向利益看齐，把教育功利化、金钱化、积分化、职称化。在他们的眼里，各类客观的考核方案是他们所有教育目的的出发点，追求升学率，他们就会抛弃边缘的差生，追求高分，他们就会无情地牺牲学生生命成长的阳光和自由。在这类教师心中课改只是一个华而不实的梦。

也许我们每一个有教育良知的教师都应该思考并回答以下四个问题：其一，你们觉得现在的教育现状合理吗？我相信任何一个一线教师都会找出一大堆不合理的现象和理由。有人说："我们的教育是老师们以牺牲自己的幸福为代价来剥夺孩子的幸福。"也有人说："我们现在的教育是老师辛辛苦苦地摧残孩子。"……其二，既然我们都知道自己在做着对孩子的未来无益的事情，为什么不去改变呢？我相信很多人都会摆出自己也是受害者的委曲与无奈，说什么考评的制约，说什么指挥棒的引导，说什么量化积分的影响，说什么领导的评价等等，所有的理由统一起来就是自己之所以这样做就是因为如此这般才不会受罚、受批，才可以得到表扬、奖赏和更多的积分与奖金。其三，难道我们忍心为了自己的一点既得利益就无视学生一生的幸福吗？难道我们的良知就忍心让我们残忍地去做那些伤害学生潜能与资质的勾当吗？其四，又有谁能证明如果我们一心向着学生的未来，一心关注生命的成长，他们的成绩就一定会不好，我们的奖金就一定会不多呢？也许所有的答案都是因为我们的懒惰，都是因为我们的应付与倦怠。

改变课堂从改变心态开始。

有了上面这些面对课改慢作为和不作为的顽疾的分析之后，我们就不难发现课改的推进速度关键在于老师，而老师的问题关键在于心态。不妨从几个更重要的方面分析我们的心态应该如何改变。

首先，对教师来说，我觉得幸福比优秀更重要，优秀只能作为对老师某段工作过程一个暂时性的评价，而幸福则是他们持久发展的源动力。优秀的教师不一定幸福，但能享受教育幸福的教师迟早都会成为优秀的教师，因为这种建立在幸福之上的优秀是可持续发展的，是可再生的，更是"节能环保"的。所以，我们要轻装上阵和学生一起享受爱与被爱的阳光，抛却功利，全情投入，享受教育的幸福，并将这种幸福的姿态展示给所有的学生。

其次，对学生来说，我觉得快乐比分数更重要，他们这个年龄不应该承载太多的责任和负担，他们应该享受他们这个年龄本该拥有的快乐与精彩、天真与烂漫。但很多孩子的自由正在以各种爱的理由被无情地掠夺，时间也一点点被无尽的应试霸占，面对高分的优秀，他们的心情却是潮湿的，而竞争的败者，他们也就输掉了自己的所有。不管怎样，我们没有理由不让课堂上的学生快乐，先投其所好再投其所需，先快乐再学习新知，所以，我们要淡化成绩，关注学生课堂快乐的体验。

再次，关于师生的关系，我认为朋友比导师更重要。师道尊严早已在很多孩子的心中根深蒂固，我们没有必要再反复强化，反倒是师生之间那道鸿沟如何去架桥或填平值得我们反思。我们要时刻告诫自己，教书不是教师角色的全部，育人才是学校最本真的宗旨。我们要做传道授业解惑的教师，更要做学生的朋友关注他们心灵的空间与生命的质量。同时更应该明白，我们不仅是知识的输出者还是学习者，向学生学习，以朋友的身份学习，所以我们要蹲下来，与学生握手并成为他们朋友中的一员。

最后，对课堂上学习的方式，我觉得交流比讲授更重要，学生不是盛放知识的容器，而是一个个需要被点燃的火把，而这种点燃更多的是他们在相互的交流中摩擦而产生的灵感火花。我们习惯的包办已经形成了固化的思维定式，那就是我们必须讲了学生们才可能掌握，我必须强调了才可能引起学生的重视。于是就出现了面面俱到的讲，即便是让学生交流了却还是不放心，这样势必会造成时间的浪费和学习的重复。也许我们忘记学生最想要的是参与的感悟和自我价值的充分展现，也许我们忘记问自己一句，你讲，学生就真的听吗？你认为难点的东西难道就一定是学生的难点吗？所以，我们要提供自由的空间让学生充分的交流，我们要为孩子搭建更大的平台让学生绽放互动的精彩。

挖掘学科魅力　营造生命课堂

当教师越久好像越迷茫于教育的本源，投入越多反而越挣脱不了应试的魔掌。学科与学科的区别好像也只能体现在试题的类型与语言符号，一样都是长篇累牍，一样都是题海战术，一样都是索然无味，也一样都是在一点点消磨着我们的教育激情，也一样都在一点点将学生推到厌学的边缘。扪心自问，我们考虑过所担学科的魅力源头吗？思考过学科真正要给学生的教育内涵吗？也许我们透支的付出只是扮演了拉磨的驴子在原地打转，也许我们坚持的投入却无形中充当了扼杀学生天性的凶手。做好准备改变自己，停下忙碌的脚步思考学科魅力所在，思考如何营造有生命质感的课堂。

今天我们一起来分析物理教育的终极目标与物理课呈现的理想模式。

首先，我认为物理知识的学习就应该是让学生掌握优化生活的技能与方法，拥有解决生活困难及解释自然现象的能力，有了解前沿科技和生活新型物品原理的渴求，更有应用物理知识于生活实际的欲望，最后达到有发明创造的冲动与实践。越来越深刻地感受到教育所进行的只是科学链条中极少的一部分，如果归属的话应该是在数据的处理与整合，但应试教育将这一部分无限地放大，让我们忽略甚至舍弃了其他更重要的部分。

其次是我们应该用什么样的模式正确地呈现理想化的物理课堂。我将理想的物理课堂分成了以下几个课型：

第一是"科学发现课"（类似于我们现行的理论新授课）。不一样的是我们所说的"科学发现课"是用科学的眼光在生活中发现能与我们学习的相关知识联系在一起的生活现象。也可以说是"从生活走向物理"，在对生活现象的分析与理解中总结出物理现象或者规律，再利用这些规律解释更多的生活现象。另外就是将知识与规律延伸到科学发展的前沿，或者是生活中先进的科学产品，让学生在感受科学魅力的同时也激活了对物理知识的动态理解。

第二种课型是实验探究课。对这个课型我们都不陌生，但在实际操作中则更偏向于实验验证，虽然都是实验，却有着很大的差异。而我们真正的实验探究课不仅要实现真正的探究，更重要的是我们可以将课本单一的实验探究素材进行重组和延伸，可以从生活中的问题素材提炼出探究的问题并实施探究。

第三种课型是生活实践课，相当于常规的实验室的验证操作课。但与其最大的区别是我们做的实验不再是脱离生活实际的空洞实验，而是与学生生活息息相关的实践活动。例如，通过观察家中实际电路和电能表加深对电路的理解，通过实际观察烧水做饭的沸腾情况来理解课本中阐述的规律与观点。而这种实践可以是实地考察也可以是动手的游戏，既亲近了学生的生活，也激发了他们学习知识的兴趣。

第四种课型是发明展示课。每个学期都给学生创设利用所学的物理知识进行发明创造的空间与时间，让每一名学生都有动手制作的冲动，让每一个灵感都可落实出个性的发明创造。而这一课型就是将学生一段时间以来的发明创造统一进行展示，同时也是对物理知识的最高境界的复习与应用。

我们要试着改变几个根深蒂固的思想：第一，物理课不一定都要在教室上；第二，物理课不一定必须通过做题才能提高成绩；第三，发明创造绝不是浪费时间；第四，物理课堂上的师生可以更开心快乐地学习。

学生自主遇到"混乱"之后

在小组竞争与学生自主得到充分的发挥之后，我们也许会遇到另一个难题，即学生过度的个性和无序的展示让课堂陷入了另一个困境，那就是可能导致的"混乱"。

面对自学，不少学生缺少深度，因为他们更想在讨论中学习，把对问题本该具有的自我解读寄托于小组其他成员的身上，导致很多自学流于形式，浅尝辄止。面对讨论本该充满智慧的交流却演变成了声音大小与形体气势的比拼，大声喧哗也就算了，不少学生还以询问别组问题为名随意走动，这就导致有些小组人员严重超员，而有些小组门可罗雀。如果我们细心观察就会发现，最后的人员分布往往是谈得来的聚集到了一起，甚至有些小组的成员一不小心就动起手来（玩笑式的打闹）。面对小组问题的回答，大家都争相举手的确是好事，但面对太多同学参与的热情，老师又往往为难于提问问题的公平，在有同学站起来回答问题的时候，其他同学显然失去了认真听讲的耐性，或是嘟嘟说自己的辩解，或是发出不屑、挖苦的声音。

问题出现，我们该如何面对和解决呢？也许我们要找到两个关键点，其一是我们面对的问题最初的出发点是什么，也就是为什么要设计这样的事情去做。其二是我们的最佳愿景是什么，也就是我们要通过自己的努力达到一种什么样的理想境界。将两个点连接成一条线，这就是我们应该努力的方向与行走的轨迹。将其与现实中自己的工作行为对照，就可以进一步规范我们的每一项行为活动。

首先思考一下，我们想尽一切办法要实现学生课堂上的小组合作与学生自主学习的初衷是什么？

让学生做课堂的主人，充分发挥他们学习的积极性与主动性，并让他们在这种参与和体验中享受到学习的热情与快乐，更重要的是让他们学会团结协作、自信展示，更要学会在尊重别人的基础上取长补短，以知识为载体培养他们一生发展所需要的能力和素养。

再来思考我们预期中课堂理想的场景是什么？

学生在充分自学的基础上能对问题进行深入的独立思考，有自己的见解，更有自己的问题，然后同桌之间单向的复述（两次一轮），将知识进行强化记忆，同时也将问题小范围的碰撞。接下来就是以对概念的记忆、对知识的了解和对问题的呈现为基础的小组交流，资源共享的同时也让智慧最大化，更重要的是将自己不明白的问题弄明白，如何去准确清晰地表达。而上述所有的环节动静不一定要太大，声音不一定要太高，彼此的忘我投入与心领神会在接纳与互补的过程中让智慧最大化。接下来的问题呈现、组间交流中，同学们提出自己小组共性的问题，让其他小组百家争鸣，同学们有序的发言，其他同学认真的聆听、记录，寻找其漏洞也思考更优的解决方案。老师可以在同学们争论得不可开交的时候及时介入，而所有的争议都建立在欣赏、尊重的基础之上，最终实现学识的进步与能力的提高。

有了最初的目的和预期的愿景之后，我们就可以检测过程中的行为与学生课堂的表现，凡是与此相悖的都应该克服和根除，凡是有利于其提高与发展的都应该极力发扬和优化。

第一，我们要在交流互动之前为学生创造足够的独立学习与思考的空间，让其明白任务，更能找出重点与难点，同时也为后续的交流与学习备足参与的粮草。这是学生进行课堂所有环节的基础，也是他们能否在展示中有自信出色表现的保障，所以我们要给予足够的时间、空间和耐心的等待。

第二，在交流中学会分享与聆听别人的精彩，学会团队的协作，学会见贤思齐并能同情帮助弱者。交流对知识的学习而言，它是学生基本单元最初的夯实与优化，它往往可以弥补课堂问题展示中不能面面俱到的缺憾，更能有针对性的查漏补缺，对于学生能力培养方面也是一种极好的情感体验，合理的分工让大家明白合作的力量，个性的帮扶与相互的支撑让大家感受到团队的重要。教师要对表现好的小组给予及时的表扬与鼓励，同时对那些不能团结协作、乱作一团的小组进行警告和正向的引导。

第三，问题的呈现与个性的展示。这是每节课的重点，也是课堂教学的灵魂。我们在共同解决问题、拓展知识的同时更要挖掘学生自信的培养与自我表现欲望的激发。所以要求每位成员有话就要站起来说，大声准确地表达，而且要在陈述正文之前言明所在的小组和自己的姓名，旨在培养他们的集体主义观与自信表达的能力。当学生能够将自己的组名与姓名大声说出来的时候，是一份荣誉、自信，更是一份义务与责任。在这个过程中，教师应该极力地引导学生们做敢说、敢辩的小勇士，拒做随声附和的骑墙派。我们更要杜绝做那些对别人的回答不听、不屑甚至挖苦轻蔑的反面角色，一旦发现就要抓住不放并进行及时的批评教育，让他们知道聆听是对别人的尊重，同时也是自我素养的展示。

第四，调整学生们对小组量化分数的正确评价，学生们重视分数是好事，但过分的唯分数论势必会产生消极或负面的影响。所以在淡化分数结果处理的同时，要强化参与快乐体验的布设，让每一个学生都能在参与中找到成长的快乐。我们每一位教师还应进一步精细化我们的课堂，让环节引人入胜，让问题环环相扣，让思维不断碰撞，让兴趣不能自拔。当外部的刺激一点点激发出学生探究兴趣的时候，精彩就会变成课堂本真的自然。

合理的评价方式，可以让学生知道每个人都有展示的空间和机会，更要尊重和借鉴别人展示的内容，可以让每个学生都大胆地说出自己的观点，可以让每一种声音都能找到合适的定位与公正的评价。课堂对每个学生来说都是开放的，但这种开放必须是建立在有序、有规和充分的尊重与共容之下的进步与共享。

课堂的幽默从哪里来

作为具有鲜明个性与成长欲望的学生来说，他们对快乐的需求远大于对学科知识内容的渴望，他们喜欢轻松愉悦的课堂，也就自然喜欢幽默风趣的老师。在学生心目中，如何评价一位好老师，他们看重的是这位老师是否能用自己幽默的言行给他们带来快乐。

是不是能让学生笑就是幽默？是不是所有的幽默都适用于课堂呢？首先来看课堂幽默的几个层次。

第一个层次，教师用语言的转向与落差让学生在情感的扭曲与纠结中被迫地发出笑声。比如用滑稽声像模仿某个同学的窘态，或有意用某个学生的外号来取悦于大多数同学。在这些和课堂毫不相关的玩笑里，相信师生能感受得到这种幽默是仅滋生于生理之上，上升不到精神享受的层面。这种幽默是肤浅的，也是短期的。

第二个层次，教师用提前的精心预设，或者是善意的圈套让学生受到"恶搞"，在这种上当前后的情感落差与心理波动中产生幽默，使多数的学生的笑声建立在少数人出洋相的基础之上。比如明知道某些学生可能已经出现了问题，却依然在没有告知的情况下让他们"丑态毕露"，或者故意在易混易错点设下"陷阱"等待展示"猎物"上钩的窘态。这种幽默的确能启发学生的心智，但这种启发是自上而下的注入，有对学生思维、灵感的牵制，学生得到的更多的是被动的欣赏，却没有主观创造的喜悦，所以说这种幽默更像是给观众的，而不是给演员的。

第三个层次，教师用幽默的方式进行诱发，或者说是激发学生探究和参与的投入，其中更多的是学生最原生态东西最本真的体现，粗糙的东西在智慧的审美之中必然出现幽默的素材。比如面对知识内容上的重点、难点、易错点时，教师精心将内容问题化，设计成极具生活化、时尚化、多面化的问题作为讨论的平台，让学生们在小组合作与组间竞争的氛围中用自己认识的基础与个性的语言进行理性的辩论，在唇枪舌剑中我们自然会聆听到智慧的幽默与会心的笑声，教师的幽默源于此时智慧的点评和良性的嫁接。

那么如何才能催生智慧的幽默，创设快乐的课堂呢？这不仅需要我们有正确的审美，更要有对教育全情的投入和对学生无私的关爱。

首先，幽默源于对课堂游刃有余的掌控与教学内容胸有成竹的把握。我们要对每节课的内容及可能出现的问题做好充足的预设与准备，做到有备无恐，遇事从容镇定。试想一个没有备课的教师在担心怎么坚持到下课的心境之下又怎能幽默得起来？

其次，幽默来自对学生充分的尊重和理解。如果我们总是以自我为重心，始终牵制着学生的思维随自己提前预设好的环节前行，表象的"完美"也自然会掩盖灵感碰撞的素材。当学生在课堂上给予了充分的尊重与空间之后，原生态的精彩就会应运而生，这种闪光的体现是学生高层次的精神快乐，面对问题暴露，老师不遮不掩下的顺势引导自然会激发出幽默。

再次，幽默源自教师无私的真诚与特殊的勇敢。面对自己不懂不会的问题，面对自己无意间犯下的错误，自作聪明的遮掩在学生的眼里是虚伪，而傻一点、笨一点的告白给学生的印象反而是大智若愚的智慧与幽默。学生虽然单纯，但对人性的真假异常的敏感，真诚的东西有时会有些丑陋，但能在幽默中唤醒沉睡的美丽。面对连自己都不相信的理论与言说，我们应该勇敢地揭露，这本身就是一种"冷幽默"的素材。这种幽默也许没有笑声，但在教师的坚持与勇敢的感召下，学生收获的是精神的净化与对真善美的向往。

课堂需要快乐，但快乐绝不能等同于娱乐，真正的快乐是由内而外精神欣喜的外显；教师需要幽默，但幽默绝不是狡辩与解嘲，真正的幽默需要智慧，更源于对学生无限的尊重与关爱。

让课堂的"感冒""烧"出来

面对感冒发烧的孩子，家长最先做的事情就是想尽一切办法将孩子的烧退下去，于是就有了吃药、打针、输液，甚至不惜动用激素、抗生素的代价求得快速退烧的效果。可是家长这种一味追求速度的爱是盲目的，因为他们忽略了"烧"背后的价值，忽略了"烧"其实是孩子自我免疫系统与病菌斗争竭力自愈的过程，更忽略了过多的药物在杀死病菌的同时也萎缩了肌体抗击外来病侵的免疫能力。

面对课堂上出现问题的学生，教师最想做的事情就是尽快告诉学生问题的标准答案，于是就有了在学生出现问题或即将出现问题时就开始大讲特讲，恨不得将所有完美的知识都一股脑地装进孩子的大脑。可是我们似乎忽略了学生的认知规律，忽略了任何知识的学习都需要一个消化吸收的过程，更忽略了学生问题的解决是其自我反省与认知转向的过程，就如同感冒了就必须让它烧出来，不经历这个过程，再好的答案对他而言都是不真实的被动接受。

如何才能让课堂上的"感冒""烧"出来呢？

首先，我们要用耐心的等待与聆听为学生中那些"感冒患者"铺设一个能够"烧"出来的氛围与空间。试着将知识内容问题化，将问题生活化，在这种问题意识中为学生创设由他们知识生长点出发的阶梯性的问题情境。在设计的问题和学生提出的问题面前，我们一定要控制自己那种好善乐施的医者情怀，牢牢地锁紧自己手中各类可以轻易为学生的问题"退烧"的药物。让学生的问题充分地暴露，让他们带着问题"烧"起来。

让我们耐心地等待达到以下的几种情景，他们自己在争论中败下阵来，深刻地意识到自己存在学识上的漏洞与缺憾；或是他们在思考的过程中出现了以己之矛攻己之盾的纠结，让自己明白了存在的问题；又或者是"烧"到最后把自己也"烧"迷糊了，不知道何去何从。总之，在"烧"过之后他们或许会自我治愈，或许能自我反思，或许是让自己的"病症"清晰的呈现。不管是哪一种结果，我们都收获到了学生可喜的自我成长。

其次，我们要优化学生面对问题时的解决思路，更应该优化面对学生问题时的处理方法。

面对问题与困惑，学生要么是冷漠的逃避，要么是直截了当的索要最后的答案，"老师，这道题选哪个答案呀？""老师，这道题怎么做呀？""老师，这道题我不会。"就如同感冒发烧的病人极力要向医生那里得到快速退烧的药一样。这里反映出来的是学生不会问问题，或者是面对问题不想思考、不善于思考，同时也凸现出学生惧怕困难，害怕"烧"起来的痛。

我们要习惯性地引导学生遇到问题时必须有自我的独立思考，在这种充分思考的基础上才会有小组交流碰撞的火花和对别人见解的消化，要学会坚持自己认为正确的观点，绝不能在没有真正理解的情况下盲目地屈从于别人，哪怕是老师的观点。这本身就是感冒后烧的过程，他需要的不仅是面对"病痛"的镇定与乐观，更要有面对真理激情挑战的勇敢。

而教师面对学生低质低效的问题追问更应该付出耐心与真诚，因为简单的"拒绝医治"给学生的可能是被冷落的心酸，在心灵与学识双重弱化的困扰之下很可能产生放弃的"并发症"。我们要用自己的耐心引导他们对自身的问题进行全面细心的分析，更应该用真诚等待让他们自己发现、寻找解决问题的方向。

最后，师生都必须端正面对困难、面对自身问题时积极乐观的心态。我们应该清楚，学生成长的本身就是不断暴露问题的过程，而老师的价值也就体现在帮扶与解决学生问题使其不断优化的过程之中。面对学识中的问题，我们应当视其为学生进步的阶梯，面对问题中的学生，我们应该将其作为师者优化育人智慧、享受教育幸福的感动源泉。

在前辈的训教里有"孩子病一次就长一次"的感悟，我们更应该有问题暴露一次学生就收获一次的育人观念。感冒了，就让患者烧出来，只要不危及生命安全，只要温度在肌体承受的范围之内，我们就静心地等待，多一些爱的聆听，多一些真诚的关怀，即使学生痛一点也必然会带着幸福的微笑。

实用的科学最有魅力

上课的铃声响了，可学生们仍不肯停下的讨论与兴奋让我觉得有些反常。了解之后才知道两节课后他们就要进行拔河比赛了，这对于很少参与课外活动的孩子们来说，兴奋是理所应当的。怎么办？是继续评讲自己都觉得枯燥的卷子，还是任由他们如此无序的兴奋下去？我突发奇想，干脆藏起那张准备好的试卷，开始了一段"大胆"的尝试。

"上课！"我大声发出指令，让同学们在无奈的"起立"与"老师好"中安静了下来。

"我们今天的物理课就讲拔河。"这句开场白仿佛比什么华丽的辞藻都精彩，因为同学们的掌声就是对其最高的赞誉。

"我刚听说今天下午第二节课后要进行拔河比赛，大家的兴奋正好说明了你们有团队意识和强烈的集体主义荣誉感，对此我很欣慰。但光凭这种求胜的心态和浑身的蛮劲是不能取胜的，我们必须站在科学的高度智取。"

"怎么才能智取呀？"学生几乎异口同声地喊出了这个问题。

"我们首先来分析双方拔河，一方胜利，他们到底胜在哪里呢？"因为时值复习阶段，力学已经学过，他们有相关的知识储备和分析能力。

"拉力大的胜"，"胖人多的那一方胜"，"与地面摩擦力大的胜"……同学们争先恐后发表着自己的观点。

"我们先来分析一下，是不是胜利的那一方拉力大呢？"在众多的答案里我唯独强调这一个答案，这么一问，学生们就不同的答案开始了争论。

"力应该是一样大的，因为双方的拉力可以看作互相作用力，而相互作用力的特点我们前面学习过，是大小相等的。"

我很兴奋，因为已经有学生将现实的拔河问题引入到了物理知识，更欣赏这个同学正确的观点，但很快就有同学提出反对意见。

"既然拉力是一样的，为什么不是相持而是一方获胜呢？"这是很自然的追问，因为刚才的回答好像并不能解释这个问题。

"因为摩擦力，输的那一方与地面的摩擦力较小，他们先向对面的方向滑动，对方也就胜利了。"虽然还有很多同学迷惑不解，但至少有了一些说明问题的依据。因为这里牵涉了高中的牛顿三定律，但从简单的角度来讲就是刚才几个同学提出来的那样，一是相互作用力，一个是摩擦力。为了让同学能有更加深刻的理解，我做了一个类比："如果我们一班要和二班进行拔河比赛，我们让二班的每个同学都穿上轮滑鞋，你们说谁会赢？"

同学们都开心地笑了："当然是我们班赢了！"

"是因为你们的拉力大赢了吗？"我接着问。

"不是，是因为他们与地面的摩擦力小。"

"我知道了，在拔河比赛的时候我们可以派个'卧底'偷偷地在对方的脚下面撒些沙子，我们就容易赢了。"一个同学开始动歪脑筋了。

"理论上行得通，但道德上过不去。"我对这种方法进行点评，同学们又是一阵大笑。

"我们现在总结一下，拔河比赛胜利的一方是因为他们在努力拉对方的时候与地面有比对方更大的摩擦力。好，我们接着分析我们如何做才能让自己胜利。"

"想办法增大我们与地面的摩擦力。"学生们又一次异口同声。

"那如何才能增大我们与地面间的摩擦力呢？"

"增大接触面的粗糙程度，增大压力。"一个同学熟练地背出了课本上的结论。

"能具体一点说吗？"我引导同学们将物理知识向拔河的实际迁移。

"我们可以换上钉子鞋"，"我们可以换上新鞋"，"我们可以穿上防滑鞋"，"比赛前我们先把我们的场地打扫干净，不能有沙子"。同学们踊跃发表自己的观点，显然这一类学生在寻找增大接触面粗糙程度的方法。

"还有其他的方法与思路吗？"

"尽量找胖的同学上战场，因为他们重，对地面的压力大，摩擦力就大。"

"不错，还有没有其他的方法？"

"还有我们要蹲下来降低自己的重心。"

"这个好像与摩擦力没有关系呀？"我故意追问到。

"这样可以让我们拉得更稳，不容易摔倒。"

我开始佩服学生考虑问题的全面，这个问题也再一次打开了同学们思维的阀门。

"我们可以将自己的身子向后倾"，"我们要朝同一个方向用劲，同时用劲，这样我们的合力最大"，"我们要找个人喊口号，用我们团结的士气战胜对方"。

……

一节课，我们到底要给孩子什么？什么是最有价值的知识？今天这节没有任何准备的临场发挥课似乎在预示着一个最简单的答案，那就是我们不仅要知道学生最需要的是什么，还要知道学生最喜欢的是什么，而教师的智慧则是将学生最需要的变成他们最喜欢的方式呈现，这种智慧的源头就是在科学的范畴中寻找实用的魅力。

激发学生的热情从改变评价方式开始

走进现在的课堂，很多时候我们已经看不到学生那种好奇的眼神和对知识的渴望，看不到高高举起的小手和争先恐后的参与，取而代之的是一张张疲惫而又无趣的脸庞和与世无争的老成与稳重。面对问题，他们更愿意集体"浑水摸鱼"式的嘈杂，却没有站起来独立表达的勇气；他们更愿意看别人的表演偶尔又发出笑声；他们更愿意听从老师的肆意摆弄却不屑于提出个性的任何问题。随着年龄的增长与常识的充实，本该越来越强势的心灵却一点点开始麻木，本该越来越大的食量，却越来越厌食，甚至绝食。问题面前我们反思改变，不妨站在学生的立场从评价方式的改变开始。

学校曾流传这样一种说法："我们想要什么就评什么，我们评什么就有什么。"起初我并不完全赞成这种说法，觉得它有些喧宾夺主，评价毕竟只是学习的一种辅助手段，又怎能强过知识本身，就如同烹饪的佐料，它也只能是点睛之作，价值绝对不能与菜肴本身媲美。但在越来越多的课堂体验之后，才发现我的认识是有偏颇的，评价虽不是我们最终的目的，但它在实现最终目的的过程中的地位是无法替代的。它可以成为学生参与课堂激情点燃的火种，更可以成为成就学科魅力的不竭动力源头。

来看看我们改变后的课堂。

首先，合理地分配小组并选择能胜任的小组长，当然小组的成员组合与动态管理是不可缺少的，但我相信有心的教师做这件事应该不是太大的问题，这里不再重复。但是我们应该时刻提醒自己，我们面对的是小组，而不是单个的人，同时对学生的要求也应该以集体利益为主，产生的问题必须是小组共性的，智慧也应该是经过小组成员们共同认可的，这样不仅可以让资源最大化、最优化，还可以让我们的评比与评价更具有针对性和实效性。

其次，是对小组课堂表现及时性的评价与展示。我会提前将各小组的名称写在黑板的一侧，用"正"的每一笔来代表每个小组展示的次数与质量。以一节复习课为例，我们首先让学生自学提前画好范围的内容，同桌复述强化知识的记忆，小组讨论困惑与问题。一段时间的交流与争辩之后同学们以小组为单位提出自己共性的、有价值的问题，而每提出一个有价值的问题（要求是在知识范围内的）就可以给自己的小组记一分。这种既可以优先解决自己的问题，又可以为自己的小组赢得分数的方式激发了学生参与的积极性。这里要强调的是，每一个提出问题的同学在提出问题之前都必须大声地说出自己所在的小组和自己的姓名，比如"我是第三组的×××"等。有很多人会觉得这个过程有些多余，但我认为我们在课堂上除了让孩子学会知识之外，更要设法去提高他们的个人素养，而大胆地喊出自己的名字就是培养他们的自信与自我展示的能力。在问题提出之后，其他小组的同学可以对问题表达自己的理解与答案方略，当然这一过程也会给他们的小组赢得成长的分数。在整个过程中，我们会根据学生不同的表现、不同质量的问题，在平均给出分数的前提下给予适当的区分，也是激励他们让自己的问题更深刻，让自己的表现更优秀，也让自己小组的合作更具有实效性。

再次，对分数和成绩的最后考核与评价。学生之所以重视分数是因为分数的背后还有配套的奖惩措施，否则学生参与的激情很难持久。于是我们采取了一周一小结、一月一大评的系统评价方案。我们将每周学生的量化分进行汇总，对分数最低的三到四个小组进行鼓励强化之后，布置几个演出节目的任务分配。第二周再从零开始进行计分考评。这样一个月下来就会在惩罚的节目准备中备足了一次小联欢的节目。在联欢互动中，学生为新一月的学习创设新的动力与激情。

为了进一步优化评比的公平性，我们每周会进行一次小测验，将小组的平均成绩作为小组量化的一项指标，同时我们还将实力相当的小组进行两两对抗，这样就避免出现实力悬殊导致激情丧失的状况。小组在相互的挑战中还个性地制定出了自己的"赌注"，老师也可以参与某一个小组成为他们中的一员"股民"。

在课堂评价实施的过程中，我们可以根据过程中的现象进行及时的调整，调整学生争议的问题，改良有失公平的规定，同时对参与的盲区增加评价的条款。经过一段时间的实践之后，越来越发现，课堂应该是孩子的，而孩子毕竟是孩子，他们的天性要求我们提供更多展示与参与的平台，他们的天真也就自然会在竞争与和谐的氛围中自由绽放。"要什么就评什么，评什么就有什么"绝不是一句极端的空话，其中蕴含太多的智慧，有太多自己践行之后个性的思考与智慧的展现。激发学生学习的激情，从改变评价方式开始；关注学生的成长，从关注他们快乐的指数开始。

从超市到课堂

走进超市，首先映入眼帘的是一排整齐的自由储物柜，自动方便的操作让我们在购物之前就已经享受到了充分的自由。

进入购物区，你看不到促销的强拉硬拽，销售员都安静地站在自己的岗位上，不时地整理消费者不小心放乱的物品，及时地解释或介绍消费者对产品的疑惑。虽然偶尔也能听到一些推销的声音，但那是在提醒消费者哪里有超市正在搞特价促销的产品。我们可以在没有人牵制、诱惑、误导的情况下，自由地根据自己的喜好和需要挑选中意的商品。细心观察还会发现，每层楼货物的摆放都是有特色分区的，而每一个区又有着更准确的物品定位。在这样清晰的摆放中，我们即使在没有任何引导的情况下也可以找到自己想要的东西。

从计划经济到今天的市场经济，商人们的经营理念和销售方式都发生了翻天覆地的变化。他们要在激烈的竞争中站稳脚跟就必须揣测消费者的心理，就要跟得上消费者的个性需求，但与其几乎是同时起步的教育，走到今天又有过多少变化呢？也许有一样和超市是相近的，那就是在市场商品的种类不断丰富的情况下，我们的课堂知识量增加了，训练增加了，作业增加了，当然学生的负担也增加了。面对超市的日益火爆和教育的惨淡经营，难道我们不应该在对比中学习些什么，思考些什么吗？

我们"顾客至上"了吗？这种"至上"代表了对消费者的尊敬，而我们有没有做到对到教室里来上课的每一个学生都尊重了呢？我们有没有考虑过他们要学习所涉及的每一个细节？我们有没有调查过学生真正的需要和爱好？我们有没有设想过如何做可以让孩子学习得更快乐、更幸福？如何让有着个性差异、认知差异、心理生理差异的不同个体都有所收获呢？如果我们从来都没有想过这些，如果我们一直都垄断着课堂的霸权，如果我们每节课都是由自己的思想出发而不去考虑学生的感受和需要，如果我们总是摆出师道尊严的王者姿态，如果我们对学生动辄就是恶语相向批评体罚，请问，学生如何能体会到"至上"的待遇？如果超市是这般情景的话，请问，还有消费者愿意去那里消费吗？所以，向超市学习，首先要从尊重和关爱学生开始。

我们的"货物"足够丰富，且合理分区了吗？消费者之所以愿意到超市去购物，不仅因为那里自由，更重要的一点就是那里几乎可以找到自己想买的一切物品，很多超市都打出了"一站式购物"的标语，我们老师可以吗？我们的知识储备可以满足学生所有的要求吗？也许你会说，我只教给他我有的，或者再说直白一点，就是只教给他们教科书上有的，如此肤浅的教育手法又如何能满足学生知识与心灵的需求呢？苏霍姆林斯基就曾经量化地要求过一个合格老师的知识储备至少要有所教学生储备的 50 倍，我们能做到吗？没有足够的"货物"又如何彰显学科魅力，又如何能满足孩子不同的需求。其次，我们还缺少知识的分类与融合，本来就不是太多的学科知识还非要分个清清楚楚，老死不相往来，并空白到隔科如隔山的境界，没有学科的交流与融合，又如何让知识在学生心目中形成清晰而系统的轮廓。

我们做好"销售员"了吗？超市的销售员虽然话不多说，却时刻关注着消费者，他们总能在消费者最需要的时候给予及时的帮助与解答，或善意的推荐，或良性的引导，不强求，不胁迫。而课堂上的我们对此又做得如何呢？我们会对着需要"面粉"的"消费者"不厌其烦地讲解着"电饭煲"的使用方法，你还必须得认真听讲，不然就惩罚你。我们只会不休止地推荐那些对我们来说"利润"最大的"商品"，却从来不关心"消费者"到底需要什么。如此的课堂怎么会不萧条，如此的"推销"又怎能不让人讨厌。

也许真的应该好好反省我们的课堂，趁着我们的"顾客"还在，向超市学习，从服务、尊敬的心态努力，向超市看齐，向自由、需要的层面优化。

从营销的角度看课堂高效

课堂教学是需要成本的，而这个成本不仅体现在教师的备、教、辅、批、改等方面的情感与精力的付出，更体现在学生的时间、精力和情感的投入。从营销的角度来看，课堂的效益如何应该更多的体现在学生在付出成本之后所获得东西的数量与质量上。很多人总自负地认为只要让学生待在课堂上学习，只要有老师传经送宝，再差的形式也是有一定效果的。这就如同我们做生意、卖东西，再不好的销路、再低的价格也可以收回一些资金。但我们好像忽略了一个重要的问题，那就是我们收回的与我们投入的相比之后的差值才是最终的利润。所以我们要提倡课堂的高效，就是要增加除去生产成本之后的收获绝对值。

如果学生长期处在学识盈利的状态下，他们会在知识与能力的成长中享受教育的福泽与魅力；反之，如果他们总处在亏本的学习状态下，课堂对他们而言也只能是身体的消磨与精神的萎缩。如何实现课堂的高效？"效"应该高在哪里？这是我们必须面对的教育问题，更是刻不容缓的教育现状。

考试分数的提升不应该是课堂高效全部的落脚点，尽管我们都无法回避成绩的重要性，当然，在这个应试充塞的大教育背景下，我们也不能回避。但每一个有教育良知的人都清楚，成绩绝不是教育的全部，也不应该是课堂教学的全部。所以，在思考如何让课堂高效的时候不应该也不能回避学生生命的需要与能力成长的高效。从另外一个角度分析，这些能力的高效之后对成绩的提升也必然有水涨船高、水到渠成的功效。所以我们不能排斥学生的全面发展，更不能片面地夸大成绩与分数的提升才是最终的高效。

从这个角度考虑，我们在关注课堂学习内容的同时，还应该思考在课桌与讲台的留白处流淌的内容。对一节课的评价除了学科知识的巩固与提高之外，我们还要反思将这些内容统统都刨除之后课堂还能给孩子留下些什么？

课堂的高效需要教学形式的创新，更渴望教育理念的回归。当我们面对百家争鸣的模式论的时候，当我们在评析种种先进的教学方法的时候，我们不难发现所有好的东西，其实质是相通的。正如美国著名的教育心理学家奥苏伯尔所说："如果我不得不将所有的教育心理学原理还原为一句话，我将会说，影响学习最重要的因素是学生已经知道了什么，根据学生的原有知识状况进行教学。"这是所有高效方式的出发点，更是教育理念最为朴素的回归。

最后来看我们平日里所关注的课堂高效，是学习的东西越多，做的试题越多就叫作高效吗？表面上看的确如此，整节课上学生都忙得不可开交，讨论、交流、记录、表达，一节课下来满满的很充实，但这种饱满的课堂背后我们有没有思考过，在这些东西中有多少是学生所需要的，有多少是学生所缺少的呢？如果让我们的学生一节课里将阿拉伯数字反复学上一千遍一万遍，看起来很实在吧，但这些数字是他们早已学会的东西了，对他们来说这节课学得再好也不能称得上是高效。所以我们的高效不能仅仅满足于学习内容的多少和课堂表现的热闹程度，更应该深入地思考课堂上学生发现了多少自己原来不懂、不会或者掌握不牢的问题，并在此基础之上又有了多少的突破与巩固。

高效不排斥低速与沉默，我们不能错误地认为高效就一定要高速，所谓高效就一定要超额完成教学任务。更有人片面地认为高效就应该呈现一种交流的热闹，沉默与冷静不是高效。我们一定要清楚地认识到，高效是相对于学生的所缺、所需而言的，对于学生所缺、所需比较多的地方，适当的放慢速度反而可以让"效"更高。在学生学习的过程中交流与互动是不可缺少的，但必须清醒地认识到再好的交流也不能代替学生的独立思考。

课堂的市场需要在高效的价值体系中盈利，但绝不能唯利是图，教育的空间里需要在理性的营销中关注生命的成本，更应该在全面的关注中润色乐园的魅力。

教　　育

为师多年，却很难说出教育准确的定义。当"教书育人"只剩下"教书"，当"传道、授业、解惑"只剩下"授业"，教育是很可悲的。当"学习的乐园"只剩下"学习"，当"科学的殿堂"只剩下"学科"，学生是很可怜的。

学习应该是孩子快乐生活的需要，教育应该是学生幸福成长的阶梯。请不要为了某种莫须有的借口肢解学生完整的生活，更不要以牺牲自己的幸福为代价剥夺孩子的幸福。

"桃子"和"梯子"

"让学生跳一跳能够摘到桃子"，一个形象的比喻引发无数教育工作者对课堂教学的定位与思考。我觉得此比喻贴切而深刻，它告诉我们教育教学难度设立的最佳境界。但随着教育创新热的不断深入，越来越多的人淡化了这个理想难度的设立，而越来越热衷于各类梯子的研发。面对教育的"桃子"，我们要不要"梯子"？教师的智慧应该情归何处？这是我们必须弄清楚的教育方向。

我们不妨先来看看教育原点性的东西。教育是干什么的？或者说我们应该如何定位教育的终极目标？其实这些早就写在了课标最醒目的地方，但对于很多人来说它太"难"，或者说太"理想化"了，所以很多人更愿意选择视而不见的洒脱与我行我素的自然。那么，我们不妨用通俗的语言来定位，教育的过程是在不断优化学生心理健康、身体健康的基础之上培养他们养成各类优秀的习惯，最终提高生存的能力。

值得庆幸的是，现在大多数负责任的教师都不再是直接将"桃子"扔给学生，或者是强塞给学生，而是让学生自己去摘"桃子"，不管学生喜欢不喜欢"吃桃子"，他们能动手去摘本身就是学生主体地位一个了不起的呈现。但我们还必须清楚，学生学习或者受教育的目的不应该只是"桃子"，而更应该有体验摘桃子的跳跃和在摘不到桃子的时候对困难的克服和对方法的寻找。

好老师不应该在学生跳一跳便能摘到桃的情况下给他们梯子，甚至在他们跳了也摘不到的时候还不给他们梯子。老师的作用是在这个时候创设激励机制，让他们在强烈的解决困难的欲望之下寻找梯子，或者想到比梯子更好的办法。

课堂的主体是学生，教学的主要任务是实现对教学目标准确的定位与个性地、创造性的探索，从而实现对学生兴趣与能力的无限开发。

这对于传统课堂下的优秀教师是一个不小的挑战，因为你的优秀和强烈的展示欲望势必会占用本属于学生的时间，也会无意中扼杀了本该属于学生的思维。从这个角度分析，我们不能过于看重"桃子"，同时也不能过于看重"梯子"的制造和优化，前者是应试，后者则叫作秀。我们要做的是在安全与文明允许的情况之下培养学生面对困难的乐观与勇气，在苦尽甘来的体验中诱发真实的教育原始状态。

别把需要变成负担

饿了就需要觅食，这是自然规律更是生命的需要。可是我们却惊奇地发现了"厌食"这个词语，为什么会排斥生命成长的需要呢？好奇就要学习，这是所有高级生灵特有的成长欲望，也是与生俱来的生命特质，可是却又无奈地出现了"厌学"。是什么让客观的自然规律、生命的常态出现了倒行逆施呢？也许正是我们太多无私的付出与自私的爱。

我们不妨先来分析孩子吃饭，当他感觉到饿的时候，必然会有吃饭的需求与渴望，这个时候饭对他们而言是营养的补给，更是心灵的满足。作为成年人的家长，我们要做的就是在他需要的时候用合理的膳食满足他的要求。但也正是因为我们的无私付出，让我们准备的更多、更营养的食物远远超出了孩子的需求，而我们过胜的爱也逼着孩子在他还没有强烈需要的时候就接收了各类营养。当这些营养不再是需要而是为了回报父母的爱，而是为了应付或者是讨好家长的时候，食物的摄取就变成了责任进而变成了负担。于是我们就不难想象伟大的父母们为了能让孩子多吃些东西而追着、哄着、逼着等窘态百出的景象了。

再来看看我们的学校吧，我们又何时真正考虑过孩子兴趣的需求和对知识的渴望。那种如饥似渴，如痴如醉的原生态的学习景象早已经被我们淡忘、陌生。想想不也正是因为我们太多的付出和自私的爱吗？教师情感与体力的双重透支使我们的学生一点点拉大与真科学的距离。脱离了需求之后的学习，只能是被动的灌输，失去了渴望的求知，也只能变成越来越重的精神负担。

如何把"需要"还给学生，如何找回学习的原生态，是学生能否良性成长的关键，也是我们每一位教师准确定位并找回教育幸福感的出发点。

"需要"须先给孩子松绑。现在的孩子之所以没有自己的需要，是因为有太多的枷锁对他们的言行举止甚至思想进行约束。学生们在动辄受阻甚至受罚的情况下哪里还敢有自己的需要。所以，要让孩子有自己的需要，我们必须给他们松绑，去掉所有我们成人加之于身的束缚。让他们可以犯点小错，可以出点小格，可以发表点另类的言论，只要不是伤筋动骨的危险举动，皆可以在适当的引导下让他们发泄。

"需要"须给孩子创造"饥饿"的环境。当学生被"松绑"之后，也许他们会在难得的自由中忘乎所以，甚至迷失自己。这很正常，因为他们没有过自由，在很多原有的积食没有彻底消化之前，没有饥饿的感觉也自然没有真正的需要。我们要在耐心的等待中为孩子创造一个"饥饿"的环境。课堂上，我们可以试着将知识变成问题，同时我们以教材为依托在生活中寻找与之相关的更多的问题。这就如同是在不吃饭的状态下却要干更多的活，促进原有积食消化的同时也必然会让他们有"饥饿"的感觉。

"需要"须耐心的等待。当学生感到"饥饿"的时候，我们更要耐心地等待，如果此时直接将"食物"抛给他们的话，学生解决的只是生理的满足而没有能力的提升与心灵的激活。

"需要"要我们变成"无为"的教师。当下教育出现众多的问题，原因不是因为教师们偷工减料懒惰应付，而是因为我们有太多的殚精竭虑的敬业与执着。学生生命的"需要"呼唤我们都变成"无为"的教师，但"无为"绝非"不为"，需要我们变通的、适时的"为"，而这种"为"需要我们在等待中寻找智慧入口，在尊重中坚持对学生潜能不断的开发。

生理的欢愉在于需要不断地被满足，而精神的幸福则体现在需要被不断满足过程中个人价值所体现的程度，而这一切皆源于我们教师"懒惰"一点之后的放生。请不要拒绝生命成长的自然规律，请不要用爱的理由捆绑了鸟儿自由飞翔的翅膀。让学习成为孩子成长的需要，让课堂重现争先恐后的激情。

不要在"模式"中迷失了自己

随着课堂改革的不断深入与发展，各类课堂教学的模式如雨后春笋般层出不穷，其势头之足如新一期的百家争鸣。这其中当然不乏优秀的经典之作，引领之下，自然会有许多的好学之师争相效仿。在这样一个让很多人为模式而近乎疯狂的时期，我们真的有必要冷静思考，用旁观者的心态去审视我们模式之下的涵养。

任何教学模式只能作为一个课堂的载体或者说是平台，是一个附属品，因此，它绝对不能独立于教育内容之上，而好的教学模式也不应该是某个人或者某个学校的发明，它们应该是对教育规律的发现和无限的靠近，由此我们可以大胆地推断，所有好的教学模式都应该是相近的、相通的，最后也必然实现形神的统一。

面对好的教学模式，我们应该学习，但我们在欣赏它们精妙的表象之余，更应该关注它们经历了怎么样的过程，还应该了解它们学校发展的背景。如果我们抛弃了过程而是照搬华丽的模式外衣，其结局也必然会在"东施"的尴尬与"南郭先生"的无奈中夭折。我不反对好的模式会对课堂有促进作用，更不反对谦虚的学习有利于我们学识的提高，但我们每一个学习者都更加需要深刻地了解自己的教学实际和所在学校的基础特点，了解我们需要什么，更要了解自己缺少什么。也只有这样，我们才能实现学习别人、为我所用，再结合自己的特点做最好的特色创新。

不知道为什么2000多年的中庸思想却依然培养出了不少的爱走极端的中国人。照搬不成就全盘排斥，他们总是用批判的眼光看待别人的模式，而对于自己要么故步自封，要么闭门造车。我不喜欢故步自封的人，因为我们每个人都可以预见到他终将被历史淘汰。闭门造车呢？我觉得他们至少还有"造"的勇气和决心。但在这些人的心里总有一种不正常的心理在作祟，他们不愿意走别人走过的路，因为那样不容易出名，他们总希望用求异求新的心态向别人展示不一样的自己，太强的功利性让他们忘记了自己改变的初衷。在这种不良的心态下，就很容易在唯模式的进程中迷失掉自己。

我们究竟应该用一种什么样的心态面对模式、面对自己课堂的改变呢？首先，我们要明白自己为什么要改，更要清楚自己改的方向与理想化的效果。其次，我们要用学习者的心态从别人，也从自己身上长期形成的经验中批判着继承。我们需要站在巨人的肩膀上，别人行进的经验可以让我们少走很多弯路，从而使我们成长得更快；我们要学会在过去的失败中继承，至少它告诉我们此路不通。

随着生命需求的不断提高，教育已经不再是某一个人、某一个学校的事情，各学校、所有的教育工作者都必须在相互学习的促进中赢得共同的发展。困难可以商讨，经验可以共享，也只有这样，我们的教育才能更加全面、深入、健康地发展，我们的孩子也才能在有限的时间里享受最大化的课堂资源。

少一些投机与功利，多一份耐心与良知，为了共同的教育梦想，为了祖国的未来，我们必须手牵手、心连心，突破一个又一个教育的瓶颈，让智慧最大化，让成长看得见。

教育需要心灵的广场

晚上一个人闲来无趣就想找个宽敞开阔的地方消暑乘凉，去哪呢？文化宫中心广场距离家太远了，于是我想到距家不远处的小区旁边的那块空地，以前在那里放过风筝，虽然不是什么花香草绿，却也是一个没有被太多污染的"静"地。

穿过喧嚣的街道，躲避着疾驰的各类为生计奔波的小车，排斥着各类建筑垃圾扬起的灰尘，我迫不及待地驶向那块可以让我大口呼吸，心灵畅游的土地。渐渐的，我发现人多了，他们三五成群，或谈笑风生，或沉默不语，或刚刚结束，或正要前往。但相同的是他们都行色匆匆，好像要快些到达某处胜境，又好像要逃离某处魔区。我于是加快脚步，赶上了一拨与我同向的谈论者。"快点，马上就到了，那里空气可好了，天地开阔，心胸也就开阔了，呵呵!"我终于明白了，那些匆匆同向的人群都是我所要去的那个地方的"回头客"。而匆匆的背后，一方面是对那里清新舒畅空间的渴求，同时也流露出了对中间街道环境的厌恶，也许那些匆匆离去的身影也同样有此感慨吧。

走进广场马上就有了一种豁然开朗的感觉，听说最近政府出了很多经费在这里改建，不仅硬化了部分路面，还增加了各类花草树木的培育，所以它也就很自然的由"空地"变成了广场。广场的人很多，却不拥挤，天气虽然很热，却没有了让人厌恶的心灵浮躁。或走或跑地进行一下身体锻炼，或远望或俯视感受最本真的自然，这些小时候百姓田野里最平凡的景象，现在却成了城市居民奢求的心灵盛宴，这不得不让我们感慨经济发展之下双刃效应的连带。

这让我不禁想到了学校教育，想到了学生学习的心灵空间，太多的应试让我们在教育的天空下无限制地盖起了高楼大厦，不在乎什么通风与采光，更不在乎有没有心灵休息的广场。我们不忍心浪费一分一毫的时间让学生休息，更不舍得留出一丁点的空间让学生辗转。我们老师们仿佛已经习惯了以牺牲自己的空闲来剥夺学生的休息，习惯了在"苦作舟"的坚持中"忘我"到永远。

教育即生活，学习也应该是学生时代朴素生活的写照，就如同我们成年人的生活一样，需要休息的空间与自由，需要在一张一弛的和谐中寻找心灵的平衡。所以说教育天空下更需要及时地停下脚步让心灵思考，激烈的竞争中更需要给孩子建设一些心灵的广场。

这个广场不是简单的停止上课之后的那块突兀的空地，而应该是有艺术熏陶，有职业引导的"草绿花香"。给孩子一个读书的广场，让他们能汲取课本以外更多的营养；给孩子一个文学交流的广场，让灵感与智慧在那里碰撞；给孩子一个竞技的广场，让越来越多的孩子培养特长，并在自信的展示中积蓄成功的力量；给孩子一个感恩的广场，让真爱涌动，让回馈悠长……

一个广场的建设可能会丧失建设高楼大厦经济利益，却在百姓的生活中带去了幸福的震荡，城市的建设者们不能总盯着经济的发展，更要为市民的生活指标和幸福指数提供立体的考量。一个学校要开设几个特色空间也许会占用不少学生学习的时间，但如愿了教育空间里本该拥有的七色阳光，学校的领导与教师们，不能把所有精力都放在分数与升学率上，我们培养的是人，他们需要知识，更需要身心全面发展的和谐与健康。

广场的多少代表了城市的发展水平，广场的宽度印证着发展的力量，作为有良知的教师，我们更应该努力为孩子建设心灵的广场，让他们享受自由和快乐，让他们在七色阳光的沐浴下茁壮成长。

如果教育只剩下传承

曾经看过这样一则故事：一个赌徒到深山里向一位高僧寻求不输的秘诀，高僧给了他两个碗，其中一个碗里装满了水。高僧让这个虔诚的赌徒将这一碗水小心地倒进另一个碗里去而不让水洒出来，然后再倒回去，如此反复不停地进行，一天之后自然会得到永胜的诀窍。赌徒于是就按照高僧的要求反复操作，他虽然像保护金钱一样去保护碗中的每一滴水，但是碗里的水还是越来越少，直到最后一滴也没有了。于是这位赌徒有了人生的顿悟，哪里有什么不会输的诀窍，赌术再高明的赌徒也会输得一无所有。

这个故事旨在告诫那些深陷赌博中的人们要迷途知返，同时也告诫我们普通人要脚踏实地，不能投机取巧。而面对教育，我觉得这个故事还可以告诉我们更多，如果我们的教育只剩下简单的传承，那么，不论我们如何小心地将自己碗中的水倒给自己的学生，水也会在我们一碗碗向后倒的过程中减少、消耗，也就注定弟子永远不可能贤于师了。

还记得我们曾经努力地盛装自己的一桶水来应对学生的一碗水，但后来当我们发现一桶水并不能满足学生需要的时候就开始再次提高要求，所以教师要成为滔滔不绝的江河，要成为永不枯竭的水源。我们先不说自己的能力到底能不能达到这么高的水量要求，仅仅是无限增加自己的水量就一定能满足学生的要求吗？这值得我们每一位师者深思。

首先，我们要在学习中不断增加自己的水量，更要在不断创新与实践中净化自己的水质。随着时间的推移与工作周而复始的单调重复，我们好像已经习惯了以不变应万变的洒脱去书写教育人生的"清闲"，虽然不再会有什么出人头地的风光，但也在平凡中享受着作为教师的别样自由。可悲的是在这种单调的应付中，自己的学识水平一点点萎缩，到最后，也只剩下"教啥啥水平了"。我们抱怨孩子越来越难教了，学生越来越不知道学习了，但我们有没有反思过自己又何尝保持过学习的姿态？所以，我们要学习，不仅仅是为了更好地教学，而是为了更好地感受教育灵动的滋养与成长的幸福。

其次，我们应该明白，现在的学生需要的不仅仅是水，他们更需要的是寻找水源和对普通水进行深加工的能力。

以人为本的课改理念让我们重新定位教育的对象是有着鲜明个性的生命，正所谓"一沙一世界，一叶一如来"，每个学生都有其自己的特点，我们不可能给每个孩子供应同样多的水，更不能给他们同样类型的水。他们生命的成长离不开水，但他们在满足基本生命需求水量的基础上更愿意自己去找水，找适合自己的水，他们更愿意在兴趣的引导下对自己的水进行深加工，喝着自己找到的水，品尝着自己加工过的水，相信他们收获到的不仅有生理的满足，更多的是心理的丰腴与精神的自豪。所以，在我们为顺利完成自己的"教学任务"而自居的时候，在我们因为学生的听话乖巧而欣慰的时候，在我们为能够解决了学生所有问题而满足的时候，请不要忘记，学生也正在我们越俎代庖式的付出中削减着自己成为优秀的资本。

再次，教育不应该只是给予与索取的过程，更应该是创造与生产的平台，更应该是增强动力与幸福指数的加油站。应试的魔掌之下，我们恨不得将所有与成绩提升无关的东西统统削减掉，就如同农田里的棉花，为了多结棉花我们不惜掐掉所有枝头的花尖，只让棉花横向发展，这在农田中可以称之为高产的技术，但在学生身上就是可怕的摧残了。很多时候，我们发现本来博大精深的教育正在变得越来越简单，老师讲，学生听，学生从老师那里索取考试的素材，而教师则在学生知识搬家的过程中盼望着学生的高分。在这种单调输出式的教学过程中，教师的敬业催生的是学生的厌学。课堂应该是学生享受科学魅力、感悟知识情感的空间与平台，而师生则应该在自主平等、交流共赢的基础上升华对知识认知的灵感，学生也应该可以在学习知识的基础之上收获更多知识之外的东西。在课堂上学生的感觉应该是忙碌而不疲倦，紧张而不慌乱，充实并快乐着，因为他们能感受到学习真正的魅力，更能体味到成长的力量。

最后，教师不应该仅仅局限于传道授业的高高在上，而应该用学习的姿态、交流的方式触及学生快乐成长的神经。

教师不可能给学生想要的一切，甚至我们并不知道学生到底想要什么。所以，我们应该学会虚心的聆听，应该学会平等的交流，应该学会不耻下问，更应该用学生的身份，用学习的姿态加入到学生中去。教师需要威严，但绝不是摆架子，而是以深厚的文化底蕴与虚怀若谷的气度让学生折服；教师应该讲授，但绝不是照本宣科，而是融入自己对教材的理解，结合学生的实际激发学生认识的共鸣。当知识变成了学生兴趣的需要，当课业变成了孩子乐于探索的奥妙，相信不再厌学的学生会把四十分钟的课堂无限地向生活的每一个角落延伸。

教育不能没有传承，因为在传统的学历表上有着很多优秀的教育积淀值得我们学习与参考，但教育更不能只有传承，因为没有创新就没有发展，不破不立。我们要在承前启后的教学中使教育的过程趋于完美，更要在优化创新的变化中展示教育的博大精深。不做文化知识的二传手，做学生学习调料的制造者，要做学生探索前进的指引者，做学生学术研究的合伙人。当我们抛却自己那先知先觉的智者身份，当我们忽略了自己师道尊严的无聊与虚伪，当我们闭上嘴巴虔诚地聆听学生的心声，当我们走进学生的中间与他们一起快乐嬉戏成长，我们就会发现教育除了传承之外还有更广阔的空间。

优秀教师不能止步于"导演"

课改进行到今天，虽然还有不少的"演员"式的教师在课堂"独角戏"中不肯淡出，但百分百的教师都已经认同了自己应该为学生的发展让道，优秀的教师应该从舞台上跳下来。那么退出舞台的教师们应该做些什么呢？很多的教育家、评论家们都倾向于教师"导演"论，说优秀的教师应该从台前到幕后，从演员变成导演。

说实话，我们做教师的如果真的能从"演员"变成"导演"，无论是从行为上还是从观念上都已经实现了质的飞跃，但细细品来，"导演"绝不应该是教师角色最终的归宿和定位。我们先来分析一下现实中演员与导演角色的不同，再来分析我们的定位是否合理。演员是舞台上的表演者，好的演员要用自己精湛的演技博得观众的赞许和肯定，好的演员也是很不容易练就的，他不仅仅需要强化自己的技艺，还要揣测观众的爱好与心理，到头来偌大的舞台成就了演员，娱乐了观众。回想到我们的课堂，传统下优秀的教师不就是一个个演技一流的演员吗？讲台上讲得精彩，而台下同学听得有味，但师生双方好像都忘记了彼此最终的目的是什么。当然，这里没有计算那些占大多数的"演技"一般或者很差的二流"演员"。也难怪，课改的舆论让我们这些喜欢表现的"演员"们下台，因为长此以往，教师们会在连续出场的苦累中心理与体力双重透支，而学生们也会在长期"欣赏"与填鸭的眼高而手低的落差中偏离教育的本原。

再来看导演，很明显教师的"出镜率"大大减少了，但角色定位的权重却比以前增加了。把舞台让出来给需要锻炼的演员，虽然远不如教师演出的精彩，但演出了真角色的未来。导演在提前准备好的剧本的严格要求下，学生演员们虽然有些生涩却也有条不紊地演出。在这种演出中，学生投入到了自己真正的角色，课堂也因为学生主体性的参与而焕发出了质感的活力。教师由原来投入的演出到现在对整个舞台效果的整体调控，教师由原来思考应如何优化自己的技艺，到现在关注规范舞台上演员的动作要领，如何激发参演者的热情。

说了这么多，好像教师们真的找到了自己应有的角色定位，于是将课堂上的好导演作为很多追求卓越的教师优秀的目标与标准。导演真的就是我们教师角色最好的定位吗？我们先来理一理导演的权利与义务。

我们也许会在很多电影拍摄的现场花絮中看到导演的一两个镜头，他总是在大呼小叫地指挥着什么。"停！""重新再来！""你应该这样做！"……导演手中拿着剧本，心里却揣着自己拍摄的规则。演员们只有角色的服从却没有个性的自己，细细想来电影里的那些演员们不就是一个个导演所支配的无线木偶吗？好的电影演员，我想大多数是因为他更能理解导演的意思，更能揣摩剧本的内涵，更能把握好个人的角色定位。

再回到我们的教育、我们的课堂，难道我们的导演角色也要用自己的思想与设定好的剧本来操控教室里每一个学生的思想吗？很多教师自豪于自己的剧本多么完美，甚至精细到每个问题细节的台词；很多教师欣慰于自己的演员多么的听话乖巧，多么的善解人意，甚至猜得到自己下一步的动作要领。让我们扪心自问，难道这就是我们要的优秀学生吗？一个被套牢在预先设定好的套子里的学生，永远也无法摆脱知识"二传手"的局限，一个没有个性没有创新的乖孩子，永远找不到人生辉煌的突破。

当然，我并没有否认"导演"与"演员"相比之下的进步性，但想成长为卓越的教师，我们不能止步于此。如果非要给教师角色一个更高层面比喻的话，可以将教师按照学识的深浅分为两类，学识渊博的教师可以做森林中万物生长的沃土，用自己的博大与包容为所有的绿色植物提供所需的养分，我们用自己默默无闻的坚持培养各尽其材的植物，而初为人师的年轻人可以暂时成为加工制造厂的原材料保管员，为一个个创意设计师们提供充足的材料供应。

十年树木，百年树人，我们今天正确的角色定位可能改变的就是十年后的家庭幸福，就是三十年后的国家体系。

课堂要"换衣"首先要"洗澡"

一个再简单不过的生活道理，想换新衣服就应该先洗洗澡，这样才能让新衣服更加适合身心，也才能让新衣服新得更久。以此推及课堂改革，当我们准备为自己课堂"换衣"的时候是否也应该想到应该先给传统下的师生、课堂"洗个澡"呢？

很多地方，很多学校，总是热衷于追风跟潮，看到别的学校用了某种模式有了高平均分，高升学率，有更生动的课堂，于是就想通过几节课堂的观摩照搬到自己的课堂上，却总会出现师生的排斥反应。就好像某些人看到别人穿着某件衣服很好看，就费尽九牛二虎之力淘来一件，自己穿上后却发现没有想象中那么漂亮，甚至还会觉得浑身不舒服。问题出在哪里？不外乎两个方面，其一，我们不能只接纳精彩的表象，还需要有配套的理念与行为，这是一个整体，而这里的很多东西是一个长期积淀的过程，短短的几节课是不可能学习完整的；其二，我们有太多顽固的思想与行为，我们已经在自己长期的重复中依靠惯性向前，即便是我们很清楚其中有不少教育的顽疾，却依然愿意在抱残守缺中享受着懒惰的蔓延，就算是迫不得已要改，也更愿意在原来不变的基础上进行叠加。这就无异于在不洗澡的情况下就换上了新的衣服，身体脏臭也将直接影响到新衣服的质量。

课堂要"洗澡"刻不容缓，关键是怎么"洗"，"洗"什么。

第一，要"洗"脑，洗教师的脑。要让每一位从事教育的人都明白教育是服务行业，我们是为学生的终身发展提供教育性服务的，不仅要有"让上帝满意"的虔诚，更要有"送货上门，服务到家"的坚持。我们的工作目的不只是让学生考高分，更要让他学会生活，懂得感恩，要让他们具备适应社会的全面素质，我们的角色不是填充与灌输而是激发与点燃。还要"洗"学生的脑，让他们明白课堂是他们的，知识不能等、靠，而是需要自己主动去获取的。要让他们知道老师不是万能的，是可以也终将被超越的，要让他们知道课本不是资源的全部，分数不是学习的全部，学习不是生活的全部，他们有权利争取生活的七色阳光，有资本开发自己的兴趣与爱好。

第二，我们要"洗"师生关系。教师应该是学生中间某一学科的学习中的首席，在人格上是平等的，在权利上是统一的，师生之间的爱与尊重也是相互的、无私的。教师不应该在师道尊严的外衣下摆出救世主的高傲姿态，学生也不应该在委曲求全中忘记自己的权利与个性。

第三，要"洗"备课的思路。我们习惯于将课本的知识搬到教案本上，再从教案本上搬到黑板上，然后再试图将黑板上的东西塞到学生的心里。我们习惯于陈述的备课方式，习惯于将知识点详细地罗列。在这种没有技术含量的备课方式下，教材成了我们工作的唯一。我们应该"洗掉"这种备课思想；应该多站在学生的立场上提一些值得探究、引发思考的问题；应该从学生的生活实际出发，连接学生的生长点与兴奋点；应该备生活教育的课，备科技发展的课，备学生感兴趣的课，备学科互动与渗透的课。

第四，要"洗"教师的学习。很多教师在单调的应付中已经慢慢沦落为"教啥啥水平"，有不少教师拒绝学习，因为在他们的思想深处觉得学习是对工作的额外加班。我们应该清楚地认识到，学习是教师成长的必然需要，就如同吃饭睡觉一样，是自己学识肌体营养的需要。我们必须端正一种思想，也就是学习不是为了别人而是为了自己，我们学习的内容不一定都是与教学有关的。知识爆炸、百家争鸣的今天已经不再是"开卷必有益"的时代，所以我们要知道自己需要什么，喜欢什么，更要清楚自己缺少什么，然后有针对性地汲取营养。

面对课改下的"款款新衣"，我们要冷静选择，面对选定的"新衣"，我们还要认真地"清洗"自己，新衣不一定经常换，但澡一定要勤洗，只有这样，我们才能在更加清净的环境下舒服地迈开步子向前，也只有这样，我们才能在更加健康的体魄下幸福地享受教育的七色阳光。

教育是水磨石的艺术

喜欢大海，更喜欢那些被海水无数次冲刷之后而形成的柔滑精美的石头，和短时打磨而成的各类雕刻艺术品相比，它们需要经历更长时间的洗礼与浸泡，但它们在变化的过程中不会经历镌刻的疼痛，更不会有雕琢的划痕。

这不禁让我想到教育，想到我们这些教育工作者的为师之道，教育又何尝不是一种或雕刻、或打磨、或冲刷的过程呢？所以把教师定义为人类灵魂的工程师是很恰当的比喻。但雕刻与水磨两个过程相比哪一个更适合对学生的教育呢？我更加倾向于后者。教育要有水的情怀与胸襟，教师要有水的细腻与包容，而学生更需要在水一样教育情怀的细心而持久的打磨下幸福快乐地实现心灵的转向。

"十年树木，百年树人"不仅说明了一个人生理成长过程的漫长，更深层的喻意是人的心灵成长完善需要长期的滋养、积淀。我们要做的不是急切地用刻刀将石头刻成我们想要的形状，而是要用心创设一种实现我们教育目标的心灵环境，像水一样去包围和浸泡，一点点冲掉杂质，冲掉浮尘，一点点在快乐成长中趋近于心灵的完美。

首先，我们所有的教育手段与教育方法的动机都应该源于对学生无私的关爱，所有暂时的教育行为都是为了学生终身的可持续发展。这是我们教育最原始的出发点，但也常常会因为我们出发太久而忘记了它的位置与重要。为了知识的结果我们淡化了对过程的理解，为了分数的提高我们忽略了对学科魅力的挖掘，为了应试的升学率我们过滤掉了教育天空本该拥有的七色阳光。我们忙碌着、辛苦着，但只看到了眼前既得的利益而忘却了教育本真的目的，忘却了学生终生发展所需要的内涵。于是，我们的课堂上出现了哑巴英语，只能答在试卷上却不敢张口交流；我们的实验室出现了背实验，将实验探究简化成了考试的符号；我们的学生出现了厌学与应付，因为他们找不到学习的乐趣与进步的激情。在这种变质的"水"的浸泡下，心灵的石头是乌黑的，失去了生命的波涛又怎能得来心灵姿态的改变。

其次，我们实施的所有教育手段都应该是让学生快乐和幸福的。理想、高效的课堂首先要让学生快乐，快乐气氛的营造是课堂成功的第一标志，而课堂最大的收获应该是让学生感受到成长的幸福，而知识只是让孩子获得快乐与幸福的载体而已。我们不能否认知识的掌握对于学生升学的重要，但也心知肚明现在给学生灌输的那些知识将来对他们走向社会后的影响很小。在这种矛盾的夹缝之中我们绝不能昧着良心用以牺牲学生现在的快乐与幸福为代价去叠加对学生将来的成长无用的数字与符号，就算应试也应该让学生快乐的应试，学海无涯乐作舟。

再次，一切惩罚都应该是和缓的。面对班级里的问题学生，面对学生在所难免的违纪现象，我们必须端正处理问题的心态，更要优化解决问题的方法。为什么体罚现象屡禁不绝，为什么处罚措施简单粗暴？一个最直接的原因就是这些方式操作简单而且效果明显，可以取得立竿见影的效果，但我们必须明白这种威逼粗暴之下所谓的方法和手段都违背科学的，都是违背教育规律的。我们是教师而不是狱卒，所以我们要进行的是心灵的抚慰而不是躯体的折磨；我们是学校而不是监狱，我们面对的是纯真的孩子而不是十恶不赦的罪犯。他们的错误与问题是成长空间自然生态的流露，他们的心灵最需要理智乐观的引导与滋养。

让我们用水一样的耐心与坚持等待每一颗心灵跳跃的精彩，让我们用水一样的打磨与包容去寻找每一次教育契机。教育首先给孩子的应该是成长的快乐与幸福，只有建立在快乐之上的知识才有生命的价值，只有铺设在幸福之中的成长才有持续发展的意义。让我们成为水吧，在柔美的坚持中展示人生的精彩；让我们的教育充满水磨石的行为吧，在持续的打磨中让孩子享受没有疼痛的成长，实现向善向美心灵的转向。

跌倒才能更好地成长

儿子跟风要学轮滑，扭不过他就买了一双轮滑鞋。可是和儿子一起学习轮滑的过程中却遇到颇多的困惑。我爱人害怕儿子摔倒，所以拼命地保护着他的每一个动作。在这种情况下儿子在不自觉中每一步都需要有依靠才敢向前迈步。可想而知学习的进度缓慢不说，还让我爱人每天都抱怨学习轮滑太累了。

我自告奋勇在放假后主动承担起了辅导儿子学习轮滑的重任，虽然我一向主张小孩子要自立，但是面对那双像是失去了重心的轮滑鞋，面对坚硬的水泥地，还有儿子那站都站不稳的初级水平，我当初坚硬的心还是软了下来，我不敢离开儿子的每一步，展开的双臂时刻准备着扶起要摔倒的儿子。也许儿子也知道了爸爸就在他的旁边随时都会负责他的安全，胆子倒是大了，但水平始终在原地踏步。心急如焚的我开始在网络上寻求帮助，发现很多教练的心得都是一致的，那就是学习轮滑首先要让孩子学会正确的摔跤，让他们敢于摔跤。

于是，新的一轮训练开始了，我提前给儿子做思想工作，告诉他身上已经带上了足够的防摔装备，只要在摔倒时把手掌张开，把头抬起来就不会有任何损伤。我还告诉他今天的训练要由他自己完成，爸爸只在旁边为他加油。似懂非懂的儿子还是勇敢地点头表示同意。训练开始了，在我的担心与忐忑中儿子摔了他学习轮滑以来的第一跤，他疼在身上，而我却痛在心里。但儿子按照我的要求做了，摔倒了的他没有哭而是对着我笑，这让我的担心也一下子消除了，接下来要做的就是让儿子勇敢地站起来。

那是怎样的一种挣扎呀，从开始的鼓励到后来的哄骗，再到最后的威胁，当儿子艰难地站起来的时候，他克服的不仅仅是地球的引力、鞋子的滚动，更重要的是克服了自己的胆怯。我庆幸自己在最后的时刻没有让自私的爱弱化了顽强的坚持，更庆幸儿子在汗水与泪水中又实现了自身的一次突破。

接下来的训练就是可想而知的轻松了，他不再害怕摔倒了，因为他知道了摔跤是训练中最正常不过的体验，而且他清楚应该如何正确操作来保护自己不去受伤。摔倒了，儿子也不再需要别人的帮助，他在跌倒与爬起的过程中懂得了什么是坚强，如何去坚持。看着儿子在不长的时间里就实现了这么多的突破，我欣慰之余，更有万千的感慨。先前的训练中，儿子的水平之所以停滞不前，就是因为我们过分的爱成了他勇敢前行的羁绊，当我们放开儿子手脚的时候，当我们把爱深埋在心间的时候，儿子在自由里虽然会有危险与恐惧，但在这种放手中让儿子找到了真正自我的历练。

反思我们的教育，我们无私的教师们又何尝不在犯着类似的错误呢？总是害怕学生学不会，总是担心学生会出错，所以我们恨不得将所有的食物都嚼碎了再喂他们，但到最后知识的掌握里除了死记硬背的东西之外，好像能力没有得到很大的提升。

我们应该明白，跌倒也是孩子必须经历体验的一项课程。小鸟迟早都要离开巢穴独自飞翔，我们要在正确的引导下给他们足够的自由，让他们敢于面对学习中的困难，敢于面对生活中的挫折，敢于承受跌倒的伤痛，更要敢于在跌倒处勇敢坚强地爬起来。一个没有跌倒过的人是不健全的，一个没有经历过挫败的孩子是永远长不大的。善待挫折，善待失败，让孩子坚强，更要让孩子勇敢。

师德可以很简单

很长时间以来我们在学校里大力弘扬师德师风建设，但究竟什么样的师德才是最好的境界却很没有一个明确而具体的描述。很多时候我们将那些为了学生不惜牺牲家庭与孩子而不顾的教师作为我们学习的楷模，把为了教育而耗尽自己精力甚至生命的教师作为师德的优秀榜样，为什么总是将师德的美丽笼罩上一层悲惨凄凉的色彩，为什么总是把教师的伟大同牺牲与煎熬株连。

我们似乎已经掉进了一个怪诞的旋涡，一边对那些处境悲惨的"师德典型"歌功颂德，而另一方面却又敬而远之。难道教师心灵的美丽就不能与教师的幸福盛放在同一架天平上吗？我认为不是师德出了问题，而是我们评价的方式与审美的标准出了问题。其实师德可以很简单，只要你愿意，平凡的工作中也可以彰显你美丽的师德。

什么是师德？可以简单到我们如何对待学生与课堂，可以平常到我们给学生一种什么样的学习环境和生活的心情。优秀的师德也可以简单到就是让学生更快乐地在课堂学习，更快乐地在学校生活。从这个角度讲，师德也是可以分层次的。

首先，我们可以通过自己的努力与付出为学生创造快乐的课堂生活，这种快乐也许需要我们付出很多努力与工作，也许这种努力与工作并不是我们所喜欢的，但为了学生的快乐还是做了。例如，我们为了某节课上一个精彩的展示而不惜牺牲休息的时间去准备，去尝试，去反复的实验，我们为了学生能够更加愉悦地学习而挖空心思准备很多的素材等等。这种准备让我们付出了比别的老师更多的努力与辛苦，而我们为了学生的快乐也会坚持到底，这是一种境界，也是师德一种最朴素的体现。但我说它是第一个层次就是因为，虽然这样做是为了学生能更快乐，但其前提是教师的心中充满了苦累与辛苦，他是用毅力与责任在坚持，疲惫地坚持着。

其次，我们很享受教育，并能够将这种享受教育的幸福传递给孩子们，这是师德的第二种境界，用教师的快乐给予学生。这种境界中的教师都是乐天派，在他们心目中教育是幸福的，他们教学的过程也是快乐的，在这些教师幸福心态的熏陶之下，学生自然会享受到快乐与幸福。但细细想来，这种幸福与快乐对学生而言是外来的，是老师感染给他们的；而对教师来说，这种幸福更多地来自于教师外向而开朗的性格和对生活的积极与乐观态度，但缺少内驱力与成长的持久性，时间久了，学生会疲于这种表象的幸福环境，快乐与幸福自然会形式化、肤浅化。

第三种境界是，教师很享受教育，并能在这种享受下的投入中不断给学生创造机会，使其实现成长的精彩。学生在这种精彩中体验到快乐，同时教师又可以在这种精彩中提升自己幸福的指数。这是一种互动中教学相长上升的幸福，也是我理想中平凡而珍贵的师德最朴素而真切的体现。在这种环境中，学生是快乐的，老师是幸福的，学生的学识也会在这种和谐而真诚的环境中滋长。

给学生课堂学习的自由，让他们有充分的自我创造快乐的空间，给学生安全温馨的生活环境，让他们在教师的幸福光环下靠近学习的无压状态，在原生态的兴趣体验中释放成长的激情。这就是师德的简单定位，也是在快乐自己的过程中快乐学生的良性循环。

后　记

教育，什么更重要？

"宁愿做方向正确的乌龟，也不做方向错误的兔子。"很喜欢这句简单而富有哲理的比喻。它让我明白无论做什么，必须选择正确的方向，选择正确的方法，过程中还要有正确的审美。在我们行动的过程中难免会遇到很多绕不开的岔口，会面对很多纠结的选择题、判断题，此时，我们应该慢下来认真地权衡，理智地选择，因为方向比速度更重要。就如同我们要让自己变得更美，就要先建立正确的审美观一样，有了正确的审美，并向着理想的美努力塑造，相信我们也会一点点靠近美。相反，如果我们的审美本身都存在问题，那么我们越是努力就会距离真实的美越远。作为一名教师，我们在努力劳作、无私奉献的同时更应该明白什么是正确的方向，什么是正确的选择。

第一，对于我们每一位师者，我觉得教育生活的幸福比教学业绩的优秀更重要。面对越来越大的升学压力，面对越来越复杂的教育对象，面对越来越挑剔的社会舆论，很多教师的教育生活变得单调而谨慎，无过便是功的"得过且过"让很多教师滋生了对工作的应付和职业的倦怠。细细品味就不难发现，这也正是学生厌学的源头所在。没有了创造热情的教师队伍，自然培养不出创新的人才；没有幸福感的教师，教出的也必然是一批又一批厌学的学生。在教师的队伍中也不乏有个性、有思想，敢冲敢闯的优秀教师代表，各类大赛中的精彩可以充分说明这一点。但如果我们再细心地跟踪观察就会发现，他们的优秀很难衍生出新的优秀，他们的精彩也很难成长为课堂的常态。问题在哪里？就在于教育对很多教师而言是一种职业的任务，而非生命幸福的支点。

当然，教育的幸福感不是说有就有的，但我们可从现在开始试着用接纳的心态去投入教育的每一个环节，不推诿，不逃避，不应付，不抱怨。将育人问题故事化，将学术困惑课题化，时刻告诫自己问题学生是教师幸福成长的源头，课堂问题是教师优化成长的动力。优秀的教师不一定幸福，但幸福的教师迟早都会成为能在教育战线上坚守到底的优秀。

第二，我们应该从内心深处明白，处于这个年龄的学生最需要的生命特质是快乐，快乐比成绩更重要。很多时候我们为了成绩的提升剥夺了太多本该属于学生的快乐，课外活动变成了强化作业的课堂延续，周末变成了"培优"和"补差"的强化资源。可怕的是我们的学生好像越来越适应这种没有快乐的成长模式，习惯了在无奈的应付与压抑中博取长辈们的欢笑。当然，这是对于成绩好的学生和那些"老实"的学生，而对于那些"会飞的"却每天必须经受跑步训练的"差生"而言，叛逆、反抗也会在他们自我放弃的心态下成为自然。

很佩服杜郎口中学课堂评价的"快乐"指标，一节优秀的课，首先学生应是快乐的，其他的优秀必须建立在学生快乐的基础之上，否则一切都等于零。这种在别人眼里看来的超前与大胆，正是对教育规律最真实的靠拢，也难怪他们的开放课堂做得如此成功，相信所有的模式与方法都必须有"快乐比成绩更重要"的理念作为支撑。快乐的课堂也许会很"乱"，但有谁敢说只有安静的课堂才是好的课堂呢？快乐的课堂也许会完不成"教学进度"，但又有多少教师考虑过学生幸福成长的进度呢？应试环境下的优秀学生很多时候被定义为只会学习并能考出高分的"书呆子"，这不仅是对学生天性的无情扼杀，更是对教育严重错位的曲解。不要再以"学海无涯苦作舟"的舆论误导学生，不要再以"牺牲自己的快乐为代价去掠夺学生的快乐"。我们可以让自己生活得更快乐，可以让学生学习得更快乐，我们有理由相信只有快乐的课堂才能催生更多的智慧，只有快乐的学生才能在主动的学习中乐观地超越自我。

第三，教师面对学生的心态，我认为尊重比爱更重要。面对望子成龙、望女成凤的父母，面对渴望成绩的老师，我们今天的学生仿佛并不缺少爱，甚至他们对太多挥之不去、如影随形的"关爱"产生抵触、叛逆的落差心理。而教师很多时候则会陷入"付出了却得不到回报"，甚至是"恩将仇报"的尴尬境地。为什么？就是因为我们太多的"爱"缺失了尊重的基础，我们爱得自私，爱得专制。

很多人都越来越清晰地认识到"没有爱就没有教育"，却忽略了不恰当的爱同样可以伤害人，甚至会"误人子弟"。有的教师以"爱"的理由重罚违反纪律的同学，有的教师以"爱"的理由为学生的学习加时加量，有的教师以"爱"的理由废寝忘食地"陪伴"着学生仅有的一点自由，有的教师以"爱"的理由揭露学生的隐私，阻断孩子的交往。当爱成为最理直气壮的理由时，一切的"劫杀"骤然之间就变得光明磊落了。也许我们还在为自己的"无私"自诩，也许我们还在为自己"爱"的付出而津津乐道，可是我们的学生呢？我们有没有考虑过，面对他们不需要的"爱"，面对太多制约他们本真成长的付出会是一种什么心态呢？我们不能追求教育中"爱"的一付为快，我们要先了解学生，要在尊重学生的基础上给他们最需要的爱，让我们的每一分努力都能给学生"雪中送炭"的温暖。尊重是爱的基础，也是让被爱者体验到爱和接受爱的前提，尊重可以让我们的爱更无私、透明，尊重可以让爱民主而不专制。离开了尊重与理解，我们的爱就可能是自私的、专制的，甚至是功利的、虚伪的。

第四，对于师生关系而言，我认为朋友比导师更重要。导师是一种地位与权力严重失衡的教学关系，而朋友则是倾心交流的平等和谐。"师道尊严"的根深蒂固让我们轻松获得"圣人"地位的同时，也越来越严重地疏远了孩子心灵的防线。这是课堂沉闷的起点，也是知识灌输、填鸭式教学盛行的根源。我们习惯了高高在上的导师角色，学生也习惯了在聆听与服从中压抑自己的观点。不知不觉中，我们在一点点拉大与学生之间心灵的距离，定向的思维中，我们也在一点点偏离教育最本真的内涵。

让我们忘记自己的年龄、自己的职业，更放下自己的架子，蹲下身子成为学生中间的一员，与他们交朋友，在交换信任与爱好的同时，"传道、授业、解惑"也会在相互欣赏的目光中成为教学相长的自然。

第五，来看我们的课堂，我认为交流比讲授更重要。为师越久仿佛越不相信学生一样，总感觉只有老师讲出来的内容学生才可能学会，只有教师强调的，学生才可能掌握。错误的思想定位，让教师越来越多地占用了学生自主的时间。但可喜的是，已经有不少的人意识到了课堂上学生主体地位的体现和交流的重要，也开始试着将时间放开交给学生。但"一放就乱，一收就死"的矛盾仍困扰着很多教师，对此，我觉得我们不能做一刀切，更不能走极端，我们在教学的过程中要充分体现交流的地位。教师要尽可能多地提供交流的机会，让同桌之间进行交流，在互补中强化对基础知识的记忆；让小组内成员之间交流，在困惑的呈现与解决中实现团队协作的共赢；让小组间进行交流，困难在争辩中清晰，智慧在碰撞中升华；让师生之间交流，个案的强化辅导，共性问题的集中解决让轻松的参与实现功效的最大化。

所以，交流比讲授更重要，我们应该将讲授的功力运用到课前交流问题的预设上，将自己的智慧运用到对学生交流平台的搭建与耐心的等待上。相信学生的潜能，相信习惯的力量，让交流常态化，让智慧最大化。

面对教育，我们就要面对很多努力方向的判断；面对生命，我们就要面对很多付出与坚守的抉择。所以，我们要正确自己的审美，在教育的答卷上及时写下正确答案的选项。